政治科学研究丛书

国家治理的中国底色与路径

徐勇 著

中国社会科学出版社

图书在版编目(CIP)数据

国家治理的中国底色与路径／徐勇著．—北京：中国社会科学出版社，2018.12（2021.4 重印）
　ISBN 978-7-5203-3156-2

　Ⅰ.①国… Ⅱ.①徐… Ⅲ.①国家—行政管理—研究—中国 Ⅳ.①D630.1

　中国版本图书馆 CIP 数据核字(2018)第 214978 号

出 版 人	赵剑英
责任编辑	冯春凤
责任校对	张爱华
责任印制	张雪娇

出　　版	中国社会科学出版社
社　　址	北京鼓楼西大街甲 158 号
邮　　编	100720
网　　址	http://www.csspw.cn
发 行 部	010-84083685
门 市 部	010-84029450
经　　销	新华书店及其他书店
印　　刷	北京君升印刷有限公司
装　　订	廊坊市广阳区广增装订厂
版　　次	2018 年 12 月第 1 版
印　　次	2021 年 4 月第 4 次印刷
开　　本	710×1000　1/16
印　　张	17
插　　页	2
字　　数	279 千字
定　　价	68.00 元

凡购买中国社会科学出版社图书，如有质量问题请与本社营销中心联系调换
电话：010-84083683
版权所有　侵权必究

"如将不尽，与古为新。"

——司空图

"人们自己创造自己的历史，但是他们并不是随心所欲地创造，并不是在他们自己选定的条件下创造，而是在直接碰到的、既定的、从过去承继下来的条件下创造。"

——马克思

"历史是至关重要的。它的重要性不仅仅在于我们可以向过去取经，而且还因为现在和未来是通过一个社会制度的连续性与过去连接起来的。"

——道格拉斯·C. 诺斯

目 录

自 序 …………………………………………………………（1）

上篇 国家治理的中国底色

第一章 历史延续性视角下的中国道路 …………………………（3）
　一 重建范式：在比较中发现中国 ………………………（4）
　二 时间没有停止：农耕帝国的动力与制度基因 ………（7）
　三 时间是弯曲的：农耕帝国的惰性与基因缺陷 ………（17）
　四 未了的接力：与历史接续的创新型中国道路 ………（24）

第二章 祖赋人权：同等、差等与对等 ……………………（31）
　一 理性与中国理性 ………………………………………（32）
　二 中国理性的血缘之源 …………………………………（33）
　三 祖赋人权：血缘理性的本体原则 ……………………（37）
　四 血缘理性第一法则：生命、财产、规则的同等性 …（41）
　五 血缘理性第二法则：年龄、性别、身份的差等性 …（45）
　六 血缘理性第三法则：位置、权力、责任的对等性 …（50）
　七 对血缘理性的理解与扬弃 ……………………………（53）

第三章 对"祖赋人权"命题的扩展认识 …………………（59）
　一 事实先于价值：从事实出发 …………………………（59）
　二 理解先于评价：以解释为重 …………………………（63）
　三 他我先于自我：历史是过程 …………………………（66）

第四章 东方自由主义传统的发掘 …………………………（72）
　一 被定格的东方专制主义 ………………………………（72）

二　被遮蔽的东方自由主义 …………………………………（78）
　　三　被提升的东方自由主义 …………………………………（90）

第五章　从中国事实看"东方专制论"的限度 ……………………（99）
　　一　对"东方"和"专制"的认识限度 ……………………（99）
　　二　对治水作为东方专制基础的认识限度 ………………（101）
　　三　对村社作为东方专制基础的认识限度 ………………（105）

第六章　用中国事实定义中国政治 ………………………………（112）
　　一　"先入为主"：先占原则与定义权 ……………………（112）
　　二　被定义的中国政治与"出格"的中国事实 …………（114）
　　三　建构新的分析框架与重新定义中国政治 ……………（117）
　　四　后来居上：从思维定式中解放出来 …………………（122）

中篇　国家治理的中国路径

第七章　国家治理条件：历史唯物主义视角 ……………………（127）
　　一　生活生产：国家治理的基础条件 ……………………（127）
　　二　生产方式：国家治理的决定条件 ……………………（129）
　　三　矛盾冲突：国家治理的动力条件 ……………………（131）
　　四　历史积累：国家治理的前置条件 ……………………（132）

第八章　对话国家治理体系和治理能力现代化 …………………（137）
　　一　对治理与国家治理概念的理解 ………………………（137）
　　二　善治与国家治理现代化 ………………………………（145）

第九章　现代化进程的节点与政治转型 …………………………（152）
　　一　现代化的第一节点与动员型政治 ……………………（152）
　　二　现代化的第二节点与回应型政治 ……………………（155）
　　三　政治转型的不适应性及调适 …………………………（157）

第十章　两种依赖关系视角下的"以文治理" …………………（162）
　　一　"费正清惊异"的追问及分析视角 …………………（162）
　　二　人的依赖关系与"以文治理" ………………………（163）
　　三　物的依赖关系与"以文治理" ………………………（167）

第十一章　中等收入社会难题与社会治理创新 …………………（171）

一　中等收入社会难题：共同缔造的背景 ………………（171）
　二　在"共同缔造"中创新社会治理 ……………………（176）
第十二章　国家一体化进程中的边疆治理 …………………（182）
　一　国家一体化：由"背靠背"到"面对面" ……………（182）
　二　"面对面"：社会大融合中的冲突 …………………（186）
　三　在"面对面"格局下实现"心连心" ………………（190）
第十三章　"寓法于治"与内生型法治 ………………………（193）
　一　寓法于治：基层治理现代化的必然要求 ……………（193）
　二　法治内生：基层治理法治化的内在机制 ……………（197）
　三　体制保障：深化基层治理法治化 ……………………（206）
第十四章　城市居民自治的有效实现形式 …………………（209）
　一　城市治理与居民自治的内在价值 ……………………（209）
　二　我国城市居民自治实现形式的三个波段及特点 ……（213）
　三　培育多层次多样式多类型的居民自治体系 …………（217）
第十五章　以服务为重心的基层与地方治理 ………………（221）
　一　以服务为重心的基层与地方治理的转变 ……………（221）
　二　以服务为重心的治理体系的背景与条件 ……………（225）
　三　以服务为重心的治理对中国的启示 …………………（227）

下篇　国家治理的研究方法

第十六章　政治学研究"田野学派"的崛起 ………………（231）
　一　政治学研究的两条路径 ………………………………（231）
　二　中国政治学"田野学派"的崛起 ……………………（236）
第十七章　"关系权"：关系与权力的双重视角 ……………（242）
　一　关系权：关系即权力 …………………………………（242）
　二　关系权：权力在关系中 ………………………………（248）
第十八章　学术创新中的概念解构与建构 …………………（252）
　一　概念并非永恒，解构必不可少 ………………………（252）
　二　概念创造不足，建构势所必然 ………………………（254）

自　序

本书是在2012年后发表的有关国家治理与中国政治发展的论文基础上合成的。

学术研究往往与时代节奏而合拍。本人长期致力于中国政治与农村问题研究，学术研究大体上可以分为三个阶段。一是1990年代及之前，主要从理论上探讨中国政治与农村问题，特别是进入村民自治领域，并开始尝试田野调查方法。二是进入2000年以后，将农村问题与村民自治置于现代国家建构的框架下加以解释，注重基层治理的民主导向和制度建构。三是2010年后，试图将中国政治与农村问题置于历史的深处，发现其独特性，并试图在事实经验基础上提炼出具有标识性的概念，更加突出原创性。

第三个阶段研究的转变基于以下背景。一是经过数十年的改革开放，中国经济持续增长，创造了"中国奇迹"，"中国特色""中国道路""中国崛起""中国经验"等"中国性"日益凸显。近代以来形成的中国对外部世界的单向仰视地位开始改变，人们得以以平视的眼光重新审视中国，发现被遗忘的"中国性"。二是中国正在迅速奔向现代化，虽有独特的路径，但非一路坦途。许多事实出乎预料。本人对此体会尤深。1998年，全世界的眼光都曾注目中国农村基层的"海选"，赋予"海选"村民直接选举村主任过高过分的政治期待，对于这一政治过程将会遭遇的困难和曲折缺乏足够的理论和心理准备。具有某种普遍性的东西为何难以在中国"落地"？以上两个背景将我的研究导向同一个目标，这就是必须将当下中国置于历史深处，发现制约和影响中国进程的制度底色，并由底色所造就的中国特色，关注在解决国家治理问题中形成中国路径。本书因此具有以下特点。

一　以时代问题为导向

以平视的眼光重新审视中国，可以发现当代"中国奇迹"在某种程度上来自数千年历史蕴藏着的深厚"底气"。只是近代以来文明落差造成历史悲情及其二元割裂的思维，遮蔽了长期历史上存在的积极要素，甚至视所有传统为落后。当学界从各个角度探讨"中国奇迹"发生的原因时，本人于2010年在《中国社会科学》发表长文《农民理性的扩张："中国奇迹"的创造主体分析——对既有理论的挑战及新的分析进路的提出》，认为解释"中国奇迹"的各种理论都忽视了创造"奇迹"的主体。作为主体的中国人主要是农民。正是农民的特性在改革开放中形成的"文明叠加优势"造就了"中国奇迹"。中国有史以来就是"农民国家"，"中国性"在一定意义上就是"农民性"。离开了"农民性"，何以谈"中国性"。此文开启了本人重新审视中国，重新评估中国传统底色，与既有理论进行对话的学术之路，并形成了自己的理论自觉。

这种理论自觉直接体现于"历史延续性"研究视角的提出。本人在《中国社会科学》2016年第7期发表的《历史延续性视角下的中国道路》长文认为，近代"落后就要挨打"的事实强化了国人的自我检讨和自我批判，忽视了对中国历史的理性分析，甚至形成"既然落后，传统都坏"的自我否定的历史观。当下的中国正在崛起，而当下是历史的延续。中国历史主要是农耕文明，其中既有内生活力及其制度基因，也有惰性元素及其基因缺陷。这种历史的延续性而非断裂性，为当下的中国道路提供了深厚的历史根基，同时也预示中国道路是未了的接力创新过程。

历史延续性是相对历史断裂性而言的。在传统与现代交替之际，人们的理论思维最容易产生传统与现代的二元割裂和对立性。愈是后发现代化国家，愈是前现代历史辉煌的国家，愈是容易产生历史落差造成的历史悲情，也愈是容易趋于这样的历史断裂性的极化思维。这也是近代以来的国人极力拥抱西方世界的重要原因，也是当1998年出现农村"海选"之后引起人们无限政治想象的重要原因。这种政治想象的主要背景是基于"东方专制主义"政治的界定。改革开放后，大量西方自由主义学说被引进。自由无疑是人类共同的价值。但是否只有西方才有自由，东方只有专制？如果自由没有自己的土壤，完全依靠从空中降临，也难以扎根、生长和开花。基于此，本人在《学术月刊》2012年第4期发表长篇论文《东方自由主义传统的发掘——兼论西方话语中的"东方专制主义"》，认为在中国文明的历史长河里，流淌着生生不息的自由泉源，并不时翻卷起层层激浪。只是这一泉源长期被高高矗立的上层外壳所掩盖。改革开放极大地释放了潜藏在中国历史长河的自由活力，并促成了中国崛起。

二 发现被遮蔽的事实

由于近代历史落差造成的历史悲情，很容易造成学界的两极化思维。一极是伴随中国崛起形成的历史翻转，认识极度膨胀，更多的是政治张扬，由对外部世界的仰视翻转为居高临下的俯视，但这种俯视很难"以理服人"。一极是尽管承认中国的崛起，但思维框架仍然限定在既有的范式内，仍然视既有理论为"唯一准则"并以此剪裁事实。要改变这种两极化困境，唯有以历史事实为依据。由于知识生产的"先占原则"，西方学术理论取得了大量成果，并形成了强势的话语权。这是不争的事实。但任何理论都有一定限度，都会因为事实的局限而产生理论的局限，甚至是偏见。在对中国的认识方面，长期存在两个遮蔽：一是既有理论遮蔽着丰富的事实；二是上层政治遮蔽了下层社会。要改变既有理论的限定，就需要发现被遮蔽的事实，并以事实为依据进行理论对话，在对话中获得话语优势。

本人所在单位自1980年代就开始就将田野调查视为政治学研究的基本方法，进行了长达30多年的乡村调查，但这些调查主要是当下的、现象的、对策的。2015年，为了从理论上认识"中国性"，开启了"深度中国调查"，是一种历史的社会形态调查。这在于受断裂性思维的影响，传统农村社会形态更多处于被否定状态，而未能客观和全面发现社会事实。通过"深度中国调查"，我们发现了大量鲜为人知，或被忽略的事实，而这些事实恰恰构成了中国道路的历史底色，也成为国家治理现代化需要进一步着力的历史要素。正是基于大量社会事实的发现，本人在《中国社会科学》2018年第1期发表长文《祖赋人权：源于血缘理性的本体建构原则》。论文以对传统宗族社会调查为基础，阐释了在传统中国，人们的行为理据是基于血缘关系形成的祖宗崇拜,是祖宗赋予后人以生命、资格、地位、权利与责任。

"东方专制主义"在中国影响久矣。这一理论在中国受到尖锐的批判。本人有针对性地提出了"东方自由主义",以打破这一定义中国政治的唯一定论,但总觉不够。因为"东方专制主义"理论的集大成者引述了马克思、恩格斯的大量论述,且这些论述有事实依据,如东方大型治水工程。要打破"东方专制主义"的限定,还得在事实层面进行对话。本人在《政治学研究》2017年第4期发表的《从中国事实看"东方专制论"的限度——兼对马克思恩格斯有关东方政治论断的辨析与补充》一文,运用"深度中国调查"的事实材料,从治水和村社制度两个层面,阐释了"东方专制论"的限度。

三 基于事实的概念提炼

以调查发现事实,以事实发现既有理论的限度,这是必要的,也是远远不够的。西方社会科学得以走在前列,重要原因是擅于创造概念,并在概念基础上搭建知识体系,从而广泛传播,形成话语权。而概念的建构恰恰是中国学者的弱项。尽管发现了事实,但如果没有概念加以概括,也难以产生影响。正如习近平总书记所说:"在解读中国实践、构建中国理论上,我们应该最有发言权,但实际上我国哲学社会科学在国际上的声音还比较小,还处于有理说不出、说了传不开的境地。要善于提炼标识性概念,打造易于为国际社会所理解和接受的新概念、新范畴、新表述,引导国际学术界展开研究和讨论。"① 因此,学术研究一是要发现新的事实,如哥伦布发现"新大陆"一样;二是对大量社会事实现象进行提炼总结,创造概念,获得对事实的定义权。

作为中国底色的宗族社会是远古传承下来的社会现象,前人有过研究,近些年历史人类学界也有过调查,甚至成为一个"学派"。"深度中国调查"所调查的村庄类型,第一种就是华南宗族村庄,获得了数千万字的调查材料。本人在充分掌握材料的基础上,创建了"祖赋人权"的

---

① 习近平:《在哲学社会科学工作座谈会上的讲话》,新华社,2016年5月18日。

概念，其中包括同等、差等和对等原则，用来概括宗族社会现象。

概念具有标识性。特别是"祖赋人权"这一概念与近世人们普遍接受的"天赋人权"的概念有所不同，构成了将"天赋人权"视为"唯一准则"的知识格局的挑战，因此产生不同的意见和看法。好在杂志社大度将论文发表出来。本人非常希望听取不同意见，并进行讨论。只是这些意见主要属于价值主张性，即不同于论文的命题。根据我过往的经验，这些主张类的意见很难写成论文加以争鸣。① 由于涉及研究方法的差异，我试图专门从方法论的角度对论文的命题作出进一步阐述，希望读者进入作者的实证思维通道加以理解。

除了概念建构以外，分析框架也非常重要。这在于分析框架作为一种学术工具，更具有普遍性。专制主义、威权主义与全能主义是西方对中国政治的主要定义。其共同特点是依据政权组织与社会民众的纵向关系。但人类分析政治现象不能仅仅是一个框架。如果只是限定在既有的框架内，就永远无法突破理论的限度。为此，本人在《河南社会科学》2018年第3期发表《用中国事实定义中国政治——基于"横向竞争与纵向整合"的分析框架》（论文为《新华文摘》2018年第12期转载）一文，提出对中国政治的定义除了被定义以外，更要自定义，条件就是建立新的分析框架。

四　探讨变动社会中的治理难题

底色毕竟已属于过去，尽管它仍然在继续发生作用。当今中国政治的重要特点就是处于变动之中。至于为何变动，如何变动，变动走向，大有可探讨的空间。中共十八届三中全会提出了"推进国家治理体系与治理能力现代化"的重大命题。

国家治理体系与治理能力现代化是一个目标论题，但要实现这一目标，必须充分考虑条件因素。国家治理是一个复杂的历史过程，其结果有

---

① 本人在《中国社会科学》2010年第1期发表《农民理性的扩张："中国奇迹"的创造主体分析——对既有理论的挑战及新的分析进路的提出》。根据中国知网统计，论文中英文下载近8000次，被引近300次。论文发表后有读者对"农民理性"的命题有不同意见，可惜的是迄今没有能够看到商榷性论文发表。

所不同，甚至大相径庭，如"良治"与"恶政"、"有效治理"与"失败治理"。国家治理为什么是这样而不是那样？并不是一厢情愿按人们设定的目标发展，这就需要探讨国家治理的根基，即国家治理的根源与原因，寻找制约国家治理的内在规律。由马克思、恩格斯创立的历史唯物主义是研究国家治理根基的基础性方法。

中央提出了"国家治理体系与治理能力现代化"的重大命题之后，国家治理成为学术热点，但也有许多待解的理论问题。在政治学界，对"治理"的定义有多种解释，有人统计达140多种。1990年代中期，"治理"进入中国政治学界，但当时也有不同的解释，就是对"治理"的英文"GOVERNANCE"如何翻译也有不少争论。正因为如此，我在1997年《政治学研究》发表了《GOVERNANCE：治理的阐释》一文，认为有学者将"GOVERNANCE"译为"治道"不合适，而译为"治理"较好。并在文中提出：治理是通过对公共事务的处理，以支配、影响和调控社会。后来，"GOVERNANCE"普遍译为"治理"。当国家治理成为热词后，更需要明确其概念。从政治学的角度看，应将国家治理放在"国家"及国家与社会关系的角度来分析。

国家治理体系与治理能力现代化是一个目标，更是一个实现这一目标的实践过程。在这一过程中，由于社会历史条件的变化，会产生大量问题。解决问题的政治实践，便构成了国家治理的路径。当下的中国现代化正处于第二个节点上，传统的动员型政治正在向回应型政治转变。传统中国的国家治理的一个重要特点是"以文治理"。只是当时的基础是"人的依赖关系"的社会形态。在当下的"物的依赖关系"的社会格局下，"以文治理"可以注解为"为物所困"，但需要赋予新的内容。当下中国正在由一个低收入社会进入到一个中等收入社会，并面临着中等收入的社会难题，由此需要创新社会治理。

中国是一个地域辽阔，发展很不平衡的大国。国家治理的难点在处于权力末梢的边疆和基层。当下的中国，内地与边疆正处于地域相隔的"背靠背"向交流频繁的"面对面"状态转变。大碰撞难以避免，大整合更待努力。法治是国家治理现代化的目标，如何落地，则需要在地方治理中将法治元素寓于治理之中。长期历史以来，中国的城市治理是官治。面对迅速变化的新型城市社会，培育自治已是迫在眉睫。

中国正在建设社会主义现代化国家，现阶段正在由现代化初级阶段向高级阶段迈进，基层与地方治理正处在转变之中。毫无疑问，中国有自己的历史与国情，基层与地方治理的转变也有自己的方式。而且发达国家基层与地方治理的走向，也为中国提供了不少借鉴。否则，中国的许多改革可能是无效改革。国家治理现代化也有必要借鉴外国，吸收外来经验。

五　形成独特的学术风格

人类文明是丰富多彩的。将中国的国家治理置于历史深处，从人类文明进程中发现国家治理的中国底色与路径，必然要求学术方法的创新，并形成独特的学术风格。作为中国学者，有幸生活于一个传统与现代的大更替时代，有幸见证大时代的转换和丰富复杂的立体形态；作为最早进入基层治理领域的学者，有幸能够较早地将实证方法引入规范性甚强的政治学，有幸进入田野现场发现事实，获得灵感，引发想象，从而形成围绕历史进程中具体的"人"，并以事实为依据的学术风格。这就是政治学研究中的"田野学派"的崛起。

一个学派、一种风格的形成，不是自我标榜，更不是政治宣示，而是在长期的学术努力中，一个个概念的建构，一个个观点的形成，才得以成立和成熟的。这种概念既是对事实的概括，也是对具体事实的超越。"关系权"的提出便是这一努力的结果。"关系"既是对中国久远的人际关系事实的抽象，也反映了事物的普遍联系。从前者看，关系即权力；从后者看，权力在关系之中。

在人类历史长河里，中国正在迅速崛起，为中国的社会科学提供了前所未有的历史平台。但要提升中国的社会科学还得一代代人极其艰辛的努力。相比物质生产，知识生产的提升更难。万丈高楼平地起。概念是人类知识体系的基本单位，"是构建人类知识大厦的基石"[①]。构建中国特色的哲学社会科学体系，进行学术创新，当从概念入手，包括解构与建构双管齐下。其中，创造具有标识性的规范性概念属于难中之难。

[①] ［美］安德鲁·海伍德：《政治学核心概念》，吴勇译，中国人民大学出版社 2017 年版，第 2 页。

国家治理现代化是一个需要不断努力的过程。国家治理的中国研究才刚刚起步，尚缺乏长时段的历史深度、独特新颖的认识角度、能够立说的理论厚度。习近平总书记认为："我国今天的国家治理体系，是在我国历史传承、文化传统、经济社会发展的基础上长期发展、渐进改进、内生性演化的结果。"① 中国的国家治理是如何发展、改进和演化的，还有待破解。

随着时间的推移，"中国性"愈益引起人们关注，也经常会产生误解。即使是世界"中国学"最昌盛的美国也会发生这样的偏差，甚至是偏见。对此，美国第一代"中国学"大家费正清早在20世纪反思美国对华政策为何失败时，就提到："当时我们美国人接触到那个现代中国，是轻敷在古老文明表面的一层粉饰。在这层虚饰底下，旧中国仍在半个大陆的农村里继承存在。"近代以来的"新中国的生活和我们外国的生活相互渗透，但在它的下面和后面却潜藏着古老的中国社会"，"这是西方人所不能理解的，而且往往现代的中国人也不能理解。""我们不能理解的部分原因，在于我们误认为中国现代那层虚饰的薄盖就是中国的全部。"② 与年轻的美国相比，中国是一个历史悠久和地域差别极大的大国。要从人类文明进程多样性中认识和把握"中国性"，需要引进新的思维和方法，这就是"时间国家"和"空间国家"，从时间和空间的维度发现中国，发现中国国家治理的进程。

学问如登山，一山更比一山高。

本书是一个阶段的结束，也是一个新阶段的开始。

已是老骥，尚存小志。

2018 年 7 月 15 日于武汉陋室

---

① 习近平：《坚定制度自信不是要固步自封》，新华网，2014 年 2 月 17 日。
② ［美］费正清：《美国与中国》，世界知识出版社 1999 年版，第 228—229 页。

上篇　国家治理的中国底色

第一章　历史延续性视角下的中国道路

中国由衰到强是不争的事实。但这种转变是突然爆发的，还是具有深厚的历史根基？如果是前者，其兴也勃，其衰也忽，不可持续；如果是后者，那么就意味着中国基于长期历史积淀，抓住了重大契机而崛起，其崛起具有历史的延续性，是可持续的。与中国崛起相伴随的中国特色社会主义道路在改革开放后逐渐形成，这不仅有改革开放之前社会制度变革的重要基础，也有再往前的中华文明进程的历史底蕴。"中国特色社会主义不是从天上掉下来的，是党和人民历经千辛万苦，付出巨大代价取得的根本成就。"① 只有充分理解中华文明进程的历史根基及其曲折进程，才能充分理解中国人民如何在中国共产党的领导下开辟中国特色社会主义道路并实现中国崛起的伟大意义。中国道路的鲜明特点是历史延续性而不是断裂性，而延续性的主要力量在于内在的动力与活力。长期的农耕文明历史为中国的现代化道路准备了基本的形式要素，一旦注入新的元素，便可迅速激发其巨大活力，使古老的文明国家重新焕发青春。正如习近平总书记所说："中国共产党领导中国人民取得的伟大胜利，使具有5000多年文明历史的中华民族全面迈向现代化，让中华文明在现代化进程中焕发出新的蓬勃生机"。② 因此，中国的"道路自信"不是一时陶醉，而是"来自历史深处和有深厚底蕴的自信"。当然，中国道路的延续性底蕴中也具有回复性要素，仍然需要继续寻求合理的变革加以延续。研究中国道路，需要建构新的分析范式，以"世界进程"为坐标，以"长时段"为量度，在比

---

① 习近平：《在庆祝中国共产党成立95周年大会上的讲话》，《光明日报》2016年7月2日第二版。

② 同上。

较中重新发现中国，发现中国历史传承的积极基因及基因缺陷；发现中国道路的历史底蕴中包含的普遍价值、独特功能及其历史限度。

一　重建范式：在比较中发现中国

对事物的认识基于人的自觉。人的自觉来自于外部影响。在相当长时间里，中国人生活在万邦来朝的盛世景象中，尽管历经动乱、王朝更迭，但总是能够重新复活；尽管屡屡遭受异族统治，但终皆为华夏文明所消化。在这样一种态势下，中国人很难对自身进行反思性认识。直到19世纪，中国遭遇三千年未有的大变局，才开始自我觉醒和反思。只是，这种反思更多的是对于无法抵制咄咄逼人的工业文明的一种自我批判，尚难对自身的历史进行正常的省思。而这种状态一直延续到21世纪。

近代以来，西方人对中国的认识具有强烈的"俯视性"。当他们进入中国时，除了强烈的陌生感，还有着巨大的优越感。因为那时的中国与西方列强正处于"文明更替"和"国运兴衰"的时期。中国第一次遭遇比农业文明远为强大的工业文明挑战之时，正值数百年王朝的衰败期，可谓"屋漏偏逢连夜雨，船迟又遇打头风"。正是在这种背景下，西方人在认识和发现中国时，具有文明和国运双重优势的傲慢，他们是以西方为中心来俯视中国的。"从18世纪末至20世纪初，几乎没有一个欧洲（包括德国）思想家认为中国社会及文化有可取之处。"[①] 这是历史落差形成的认识偏见。

对事物的认识有其特定的范式。认识范式是包括思维、方法和话语在内的体系。当中国作为一种认识对象时，必然会形成相应的认识范式。20世纪以来，由于西方工业文明的强盛以及自认"落后"的中国也以西方为学习对象，居于主导的认识范式无疑具有西方中心主义的特点。

将近现代中国作为一门学科对象看待的开创者是美国学者费正清。费正清与其他西方人不同，他深入中国内部，在美国制定对华政策中发挥了重要作用。他是以相对理性的态度认识中国和发现中国特性的。他不是像

---

① 夏瑞春编：《德国思想家论中国》，陈爱政等译，江苏人民出版社1995年版，"中文版序言"，第2页。

一般西方人那样简单嘲弄中国的愚昧贫穷，而是更多地加以理解和分析。与此同时，他建构起认识和发现中国的视角，这就是"冲击—回应"模式。在费正清看来，近代以来中国的任何变革都是由于西方冲击引起的，是中国为回应西方冲击而发生的。他由此强化"中国传统的停滞和被动性，突出西方力量充满活力和发展的特征"，"看不出中国历史有自生自发的转化和创新能力"。①"近代创新的中心，显然在中国的境外。"② 随着现代化在西方的率先发生，"中国对自己的特性的看法可以保持无损，但它的自信心理却可能从根本上发生动摇"。③ 应该指出的是，这一认识范式的形成有其客观原因，当时映入费正清眼帘的中国的确是积贫积弱的"东亚病夫"。后来，他对中国的认识发生了很大变化，能够以相对客观理性和平等的态度看待中国。这集中反映在他多次再版修订的代表作《美国与中国》一书之中。④

进入20世纪60年代，费正清的"冲击—回应"范式受到挑战和质疑。其代表人物是美国新生代学者柯文，代表作是《在中国发现历史——中国中心观在中国的兴起》一书。在柯文看来，费正清过度关注沿海地区，没有将中国的内陆地区纳入研究视野；将中国的变化都归之于"西方冲击"，没有能够从中国人的立场去发现中国，具有"西方中心论"的特点。柯文的认识反映了20世纪50年代以后非殖民化的时代走向，但更多的是提醒人们充分认识非西方国家的复杂性和独特性，并没有对费正清关于传统中国的停滞性和被动性的基本观点构成颠覆性挑战。

20世纪80年代以来，伴随中国改革开放的巨大成功，国外对中国的认识有了进一步的变化，甚至形成了截然对立的两种观点：一是以"华盛顿共识"为代表，认为中国的成就是因为接受了西方的价值，是西方价值又一成功的范例。这一观点只是"冲击—回应"范式的延续和扩展。一是以"北京共识"为代表，认为中国具有独特性，形成了中国模式，

---

① 杨念群：《美国中国学的范式转变与中国史研究的现实处境》，载黄宗智主编：《中国研究的范式问题讨论》，社会科学文献出版社2003年版，第291页。
② ［美］费正清：《美国与中国》，张理京译，世界知识出版社1999年版，第134页。
③ 同上书，第134页。
④ 费正清在20世纪70年代美国总统访华后表示："承认中国与我国的不易减少的差别，然而又要把中国当作一个成熟而独立的平等国家看待。"费正清：《美国与中国》，第303页。

走出了一条非西方道路。这一观点注重从中国内部看中国，努力建构中国特色，是"在中国发现中国"观点的延续和扩展。

以上两种观点反映了西方人对中国认识的变化，但其基本认识范式仍然没有超越前人，因此都很难更为充分和准确地认识和发现中国，由此出现了"范式危机"。

造成这种"范式危机"是有深刻历史原因的。自近代以来，中国人对中国的认识基本上是跟随西方给出的议题。这反映了近代以来"文明更替"和"国运兴衰"的事实，特别是两者叠加，落后性尤其突出。而"落后就要挨打"意识更强化了国人的自我检讨和自我批判，但忽视了对中国历史的理性分析，甚至形成"既然落后，传统都坏"的自我否定的历史观。20世纪初期的中国思想界对中国传统的彻底否定便与其对"落后"的感受和体认相关。

但是，这一事实正在发生根本性变化。中国正在迅速由农业文明转向工业文明，而且形成"两种文明的叠加优势"，[1] 以致创造了经济高速增长的"中国奇迹"；1949年以后中国进入了长达60多年的和平发展，特别是经历了改革开放的经济高速发展时期，这是中国历史上少见的"国运昌盛"时期。与此相对应的是，西方正处于"发展乏力"时期。[2] 这一事实大大改变了近代以来中西方"极度倾斜"的格局，促使中国人以平常心态重新审视自己，由此建构新的认识范式。这一范式就是"在比较中发现中国"。

比较是一种认识工具，它将不同的对象置于同一时空下进行比较，发现各自的特性。比较更加注重还原历史，而不是以今天度量历史，即一切以时间、地点和条件为转移。这种比较既没有文明叠加的傲慢，也没有国力反转的历史悲情，而是将不同国家作为同等的对象置于同样的历史条件

---

[1] 任何一种文明形态都有其内在的优质因素，即通常所说的"精华"。这些优质因素在原有文明形态框架下所产生的作用是相对有限的。但在两种文明形态转换中，不同文明形态中的优质因素可能会重合，而形成叠加优势，产生出原有文明形态框架所局限的巨大能量。（参见徐勇《农民理性的扩张："中国奇迹"的创造主体分析——对既有理论的挑战及新的分析进路的提出》，《中国社会科学》2010年第1期）

[2] 参见亚里山大·伍思德《在西方发展乏力时代中国和西方理论世界的调和》，载黄宗智主编：《中国研究的范式问题讨论》，第27页。

下进行比较分析，是一种平等的对话。正如恩格斯所说："我们只能在我们时代的条件下去认识，而且这些条件达到什么程度，我们就认识到什么程度。"①

当下是历史的延续。中国的发展和中国的道路是在长期历史进程中形成的。正如马克思所说，"人们自己创造自己的历史，但是他们并不是随心所欲地创造，并不是在他们自己选定的条件下创造，而是在直接碰到的、既定的、从过去承继下来的条件下创造。"② 在"比较中发现中国"是一种历史比较方法，即将中国置于长时段的"世界历史"进程中进行对比，从中发现中国发展和中国道路的历史底色和进程。发现中国决不能割断历史，割断历史就无法认识中国的由来；同时，发现中国也决不能没有比较，没有比较就无法发现中国的长短。

历史比较作为分析社会发展的一种方法，注重以下方面：一是社会发展的方式，是延续性，还是停滞性或跳跃性；二是社会发展的动力及其来源，是内在的，还是外部的；三是社会发展的持续性，是制度性的，还是人为偶然的；四是社会发展的线索，是单线，还是复线或者多线。

二 时间没有停止：农耕帝国的动力与制度基因

在西方，尽管从亚里士多德开始就以贬抑的态度看待东方中国，但只有黑格尔真正从人类历史发展的宏大视野来看待中国，而且他更为集中地表达了以西方人为中心的中国观。在他看来，东方中国只有空间而没有时间，是个"永无变动的单一"③。"中国历史从本质上看是没有历史的，它只是君主覆灭的一再重复而已。任何进步都不可能从中产生。"④ 就连马克思也表达过中国的"社会基础停滞不动"⑤ 的思想。费正清的"冲击—

---

① 《马克思恩格斯选集》第3卷，人民出版社2012年版，第933页。
② 《马克思恩格斯选集》第1卷，人民出版社2012年版，第669页。
③ 黑格尔：《历史哲学》，王造时译，商务印书馆2007年版，第71页。
④ 阿兰·佩雷菲特：《停滞的帝国：两个世界的撞击》，王国卿等译，三联书店2013年版，"卷首引语"。
⑤ 中共中央马克思恩格斯列宁斯大林著作编译局编：《马克思恩格斯论中国》，人民出版社1997年版，第114页。

回应"模式只是一种学术表达。发展的停滞性可以说是处于现代化急剧变动之中的西方人观察中国的普遍结论,甚至论述古代中国的著作名称便为《停滞的帝国》。① 这一思想也影响到中国学界,其典型代表是20世纪80年代金观涛、刘青峰等人关于传统中国是一个超稳定的社会结构的论述。②

但无论怎样发现中国,至少有几个基本事实是不可忽视的。一是中国曾经创造了世界上最为灿烂的农业文明(有人甚至认为中国的GDP曾经占世界的80%,这在当时是无法统计的,但国力强大是不争的事实);二是中国的帝国历史是世界上最长的;三是中国丰富的治国学说具有世界性影响。而这一切都是在中国作为最为悠久的农耕帝国的历史中形成的。农耕帝国并不是简单的"停滞的帝国"。所谓"停滞性"是相对现代工业文明而言。如果以今天一日千里的现代工业文明视角看,传统世界的一切都具有"停滞性",甚至是"野蛮性"。③ 所以,根据历史比较的分析范式,需要将世界不同国家置于同一时空下分析。根据这一范式,中国作为一个最古老的农耕帝国,就不宜简单用"停滞性"来概括,否则无法解释上述三个基本事实。④ 而对以上事实也不可能用以近代中国为对象的"冲击—回应"模式加以解释。只能从中国作为农耕帝国的长时段历史中寻找原因。这就是,推动创造出世界上最为灿烂的农业文明的动力主要来自农耕帝国内部,而且这种动力不是瞬间的"爆发力",而是一种可持续的制度化动力,主要包括自主性的家户农民、内生性的政府能力和调适性的国家治理。其精髓可以概括为:自由人、强政府与有效治理,并由家户制、郡县制与科举制三大制度支撑。它们不仅创造了灿烂的农业文明,而且为中国进入现代世界提供了基本的制度形式要素。

(一) 自主性的家户农民

由生产力与生产关系构成的生产方式是马克思主义分析社会发展的基

---

① 参见阿兰·佩雷菲特《停滞的帝国:两个世界的撞击》。
② 参见金观涛、刘青峰《兴盛与危机:论中国社会超稳定结构》,法律出版社2011年版。
③ 马克思、恩格斯也曾将现代资本主义文明时代之前出现的事物以野蛮性加以概括,尽管其认为这一提法是资本主义文明的傲慢表现。(参见《共产党宣言》,人民出版社1997年版)
④ 已有分析范式的重要不足是对农耕帝国缺乏深度的认识,而不了解世界最为发达的"农耕帝国",就无法充分发现中国。

本出发点。自人类产生以来，经历了三次社会大分工，由此出现了三种产业：游牧业、农业和商业。在这三种产业中，农业是稳定性最强的产业，游牧业高度依赖大自然，商业主要是交换，自身并不生产产品。在物质并不充裕和交往受地域限制的条件下，商业的创造性作用较小。唯有农业，可以在固定的土地上反复从事生产，持续不断地获取财富。因此，在现代工业没有出现之前，农业是最具先进性的产业。这也是古代中国统治者奉行"重农抑商"的重要原因。

温带的自然气候和平原条件为中国提供了最为优越的农业基础。中国的核心地带一开始就是以农业作为主要产业，在产业上具有世界领先地位。这种先进的生产力要求有先进的生产关系相匹配，并在两千多年间形成了世界上独一无二的经济社会组织制度——家户制，其精髓是由自主性产生的积极性。这在于文明的积累是人持续不断创造的结果，只有具有自主性的人才有创造文明的持续自觉性和积极性。

根据马克思主义原理，人类的发展就是人的解放和获得自由的过程。在人类初期，由于生产力水平低下，人们只能采取共同体的方式，个人高度依赖于共同体。只是随着文明的进步，人们才逐渐从狭隘的地域共同体中走出来，寻求新的社会结合方式，由此产生经济社会基本单位，并构成了经济社会发展的动力机制。

在现代工业文明出现之前，世界出现了若干类稳定的经济社会组织制度，主要包括：部落制、村社制和庄园制等。部落制是世界上最为古老的经济社会组织制度，包括农业部落和游牧业部落。村社制和庄园制都是农业经济社会组织制度。这三类制度的共同特点是血缘共同体与地缘共同体的叠加，其内部具有突出的共同性，形成了人对人的依附关系；其外部具有地域的狭隘性，缺乏相互之间的联系。

以上三种制度都与人类最初从原始状态走出来不得不以共同体的方式存在发展相关，并受到一定自然条件的制约。以"逐草为生"的游牧业，面对变化不定的自然环境，人们只能依靠部落这种集体组织方式生存。印度和俄国的村社制最为典型，与这两个国家极其炎热和极其寒冷的气候有关。而有利的气候和地理条件使中国农业生产相对发达，并促使中国人在世界历史进程中率先从狭隘的地域共同体走出来，形成了先进的经济社会组织制度——家户制。①

家户制是以一家一户为基本单位的经济社会组织制度。与部落制、村社制和庄园制不同，它更加强化核心血缘家庭的作用和功能。根据农业的自然禀赋和生产特点，家庭是最适合农业生产的组织单位。这已为人类历史所证明。除此之外，更重要的是"家"与"户"的叠加。"户"是中国独一无二的组织单位。它是基于国家管理而产生的，是国家对人口的管理单位，同时也是国家征收赋税的单位。"家"是经济社会单位，"户"是政治单位。"户"的出现具有革命性意义，这就意味着个人从狭隘的地域共同体走了出来，成为更大的共同体——国家的成员。这一革命发生于春秋战国时代，后来为秦王朝所定制。可以说，秦王朝正是凭借家户获得了统一中国的基础，进而又将这一基础制度化，形成家户制。秦始皇的伟大功绩不仅仅在于修建万里长城，更重要的是再生产出一代代自主的家户农民。

家户制的价值在于寻找到农业生产的最佳组织单位，同时使人得以超越狭隘的地域共同体及由此产生的人对人的依附关系。农民作为生产者是国家的"编户齐民"，是在经济社会政治地位上平等的、具有独立自主身份的"自由人"。②而部落制、村社制和庄园制都与共同体内部的奴役有关，农牧民具有奴隶制的特性。正是自主的家户农民，为创造中国灿烂的农业文明提供了基本的动力。

其一是责任机制。当人从地域共同体走出来，不仅意味着个人的独立和自主，更意味着要承担相应的责任。血缘关系是最古老、最原始也是最基本的关系。家庭是由血缘关系构成的。在中国，以姓氏命名的家庭单位很早就产生了，而村庄地域共同体则是很晚才出现的。古代中国人的自由不是个体自然人的自由，它是以家庭为单位的自由。每个个体都是家庭的

---

① 遗憾的是，世界学术界对于社会经济组织体制的认识还局限在部落制、村社制和庄园制等模式，尚未将中国的家户制视为一种经济社会组织体制。这不仅极大影响了对中国的认识，而且也不利于中国的决策行为。（参见徐勇《中国家户制传统与农村发展道路——以俄国、印度的村社传统为参照》，《中国社会科学》2013 年第 8 期）

② 当然，我们不能用现代眼光度量古代的自由，古代中国的农民自由是相对农奴制而言的。（参见徐勇《东方自由主义传统的发掘——兼论东方只有专制主义吗？》，《学术月刊》2012 年第 4 期）

一分子，只有当履行了对家庭的责任之后才能获得相应的回报。家庭内部的关系是不均衡的，而是一种对等关系和分工关系，即"父慈子孝""男耕女织"。每个家庭成员都要根据其名分承担相应的责任。如费正清所说，这种家庭制度的"一个好处是，一个人自动认识到他在他的家庭或社会中所处的地位。他有一种安全感，因为他知道，如果他履行了指定给他的那部分职责，他可指望这体系内的其他成员反过来也对他履行应尽的职责"。① 家户制放大和强化了血缘关系，赋予中国家庭成员以超强的责任。家庭成员不仅要养家糊口，还要传承血脉，由此促使他们拼命劳作，以最大限度获取生存发展资料。中国人在成家前，可以任性顽皮，而一旦成家，就肩负着无限责任。家户制实际上是一种责任制。这种责任不同于奴隶是基于外在压力，而是基于生命传递形成的内心认同。②

其二是压力机制。自主的家户农民在获得自主性的同时，也获得了生存的竞争压力。部落制、村社制和庄园制缺失个体的自主，但也会给其成员提供相应的保护。在古代中国，农业进步和血统延续带来人口急剧增多。人多地少始终是根本性问题。而分家析产制度造成家庭土地和财富的经常性均分，不断缩小经营规模。尽管农民从国家那里获得了自主性，其代价就是提供赋税和劳役。以上因素构成了家户农民强大的生存竞争压力。他们没有依靠和庇护，一切只能靠自己的辛苦劳作和极端节俭才能勉强度日。

其三是希望机制。自主的家户农民具有自主支配其行为的制度化可能。由于狭隘地域关系的突破，使得古代中国的土地支配权可以自由流动，"田无常主"。对于每个农民来说，发家致富以光宗耀祖是他们的梦想。尽管这种梦想对于绝大多数人是不可能实现的，但它给人以希望，并促使人全力以赴去实现这一梦想。部落制、村社制和庄园制在提供其成员基本保障的同时，并没有一般成员发家致富的制度化可能。在与印度村社制相伴随的种姓制下，低种姓的人根本没有改变世代命运的任何可能。在俄国村社制下，个体家庭的发家致富甚至成为一种耻辱。

---

① ［美］费正清：《美国与中国》，第24页。
② 有人将当下农村家庭内部青年人对年长者的劳动和财富的获取视为"代际剥削"，实在是照搬概念，对中国家庭关系缺乏深刻的理解。

正是由于以上合力，造就了中国家户农民的勤劳和进取心："敬时爱日，非老不休，非疾不息，非死不舍。"（《吕氏春秋集释·士容论·上农》）中国农民的勤劳是世界上无与伦比的。孟德斯鸠承认中国人的勤劳精神，韦伯更是对中国人的勤劳给予极高评价："中国人的勤奋与劳动能力一直被认为无与伦比。"① 正是这种勤奋与劳动能力造就了灿烂的农业文明。同时，家户制将血缘传承、财产传承与国家延续三位一体结合起来，为农耕文明在一个国家内的长期延续提供了重要基础。远古以来，无论经历多么大的历史曲折，只要有人，有以土地为生的农民，以农耕文明为基础的国家就会延续下来。

（二）内生性的政府能力

中国农民得以较早地从狭隘的共同体中走出来，成为自主性的家户农民，相伴随的是政府的产生。只有具有超越狭隘性的政府的产生，才有可能形成更大范围的国家共同体，并将狭隘共同体成员变为国家共同体的"编户齐民"。政府作为一种建立在大规模地域基础上、以赋税和强制为支撑的政治组织，具有动员资源、统驭社会的能力，它能够获得其他社会力量所不可能具有的强大能力，并在扩大统治规模基础上形成更大的帝国。

在世界文明进程中，先后产生了各种政府，并形成了不同的帝国，有的帝国规模相当大，政府能力也相当强大。但就帝国延续的历史看，没有哪一个帝国能够如中华帝国延续那么长的时间。相当多的帝国能够延续数百年已是很长时间了，表现为"其兴也勃，其亡也忽"，如古罗马帝国、蒙古帝国和奥斯曼帝国。其重要原因就是中华帝国作为一个农耕帝国，其强大的政府能力具有内生性，是国家内部提供了持续不断的公共需求和能力，且高度制度化。

其一是内生的公共建设需求。中华帝国是以农耕作为其存在基础的。农耕的重要条件是水利。中国有着世界上独一无二的农耕条件，就在于有两条世界大河——黄河和长江及其相应的水系。大江大河及其水系给农业带来了优越条件，也可能因为水患给人们造成灭顶之灾。而将水患变成水

---

① ［德］马克斯·韦伯：《儒教与道教》，王容芬译，商务印书馆1995年版，第115页。

利，绝非一姓一族一地可以完成的。在世界历史进程中，正是治水的需要推动了中国先民率先超越血缘和地缘的限度，形成规模更大的国家共同体。中国因此很早就有"大禹治水"的传说。"当尧之时，天下犹未平，洪水横流，泛滥于天下……禹疏九河，瀹济漯，而注诸海；决汝汉，排淮泗，而注之江。然后中国可得而食也。当是时也，禹八年于外，三过其门而不入，虽欲耕，得乎？"（《孟子·滕文公上》）也正是在治水的过程中，政府能力得到了增强。马克思对东方社会与西方社会作过对比，认为东方社会的国家有一个重要职能，就是公共工程。"节省用水和共同用水是基本的要求……在东方，由于文明程度太低，幅员太大，不能产生自愿的联合，因而需要中央集权的政府进行干预。所以亚洲的一切政府都不能不执行一种经济职能，即举办公共工程的职能。这种用人工方法提高土壤肥沃程度的设施归中央政府管理"。[1] 中华帝国作为世界上最为典型的农耕帝国，其政府都设有专门的包括治水在内的公共机构，如清王朝的工部。

其二是内生的武装防卫需求。农耕帝国以农耕为基础，农业耕作的特点是在固定的土地上进行反复生产。特别是中国的农耕生产以家户为单位，组织规模较小。而中国西北方却是干旱少雨的高原游牧地区。恶劣的自然环境时常造成西北方的游牧民族对东南方农耕地区的侵扰。固定在农地上的单个家户是很难抵御以部落为单位且流动性极强的游牧民族的。单个家户和村落只能寻求超越游牧部落的力量的保护，这一力量就是更为强大的组织——政府。中华帝国正是在与边缘地带的部落民族的战争中形成和发展的，其政府具有保护本国民众不受侵犯的职能，如古代政府的兵部。

其三是内生的社会管理需求。在古代世界，部落、村社和庄园既是经济社会单位，又是政治单位，拥有许多国家才能拥有的权力，如司法权。中国的家户主要是经济社会单位，其作为政治单位主要是对国家的责任，而不是权力。由于土地、山林、河流、住宅等资源边界的不确定性，家户之间、扩大了的家户——宗族之间以及由若干家户共同构成的村落地方之间，乃至这些组织内部经常发生冲突。这些冲突有些是依靠家户、家族进行自我调节的，但有相当一部分需要国家加以调节，由此内生出社会管理

---

[1] 《马克思恩格斯选集》第1卷，第850—851页。

的职能，如古代政府的礼部和刑部。

社会内生的公共需求形成了政府的强大能力。一是动员能力。无论是修建公共工程，还是军事防御，都需要征用大量的人力和物力，在短时间内迅速有效地进行动员和集聚，如万里长城、大运河的修建。二是汲取能力。政府的存在和职能的履行都是建立在对社会资源的汲取基础上的。古代中国强化"户"为单位，主要目的就是更便于直接从家户手中汲取资源。相反，部落、村社和庄园作为地方自治单位，具有抵制外部力量汲取资源的功能。三是组织能力。政府是超越血缘和地缘的强制性组织，拥有将一个个小规模的家户组织为一个整体加以管理的强大能力，单个的家户个体是无法抗拒政府这一强大组织的。

古代中国作为农耕帝国其强大的政府能力不仅仅来源于内生需求，而且加以制度化，其主要制度支撑便是郡县制。郡县制与家户制可以说是帝国体制的两大支撑。

郡县制与中央集权国家的形成相伴随。随着帝国规模的扩大，统治者对土地和人口的直接管理显得捉襟见肘，必须形成稳定的地方行政体制代表中央行使管辖权。秦王朝最早实行郡县制，在一定意义上正是凭借郡县制统一了中国，之后更是凭借郡县制统治国家。郡县制的突出特点是通过服从中央的地方政府，将中央权力带到全国各地，保证在全国形成统一的法律、统一的制度，获得国家统一性。政府的动员、汲取和组织能力依托郡县制加以落实。正因为如此，在中国，县制作为完备的基层政权得以长期延续，相当一部分县从设立至今都未改变过。这在世界历史上是极其少见的。

在马克思主义看来，国家是阶级统治的工具。这一论述具有普遍性。但是不同的国家，其政府能力及相应的制度有所不同。古代中国与其他帝国一样，都具有统治和压迫的性质。但是，与其他帝国不同的是政府能力的性质及其体制性的支撑。在世界文明史上，古罗马帝国、蒙古帝国和奥斯曼帝国等都是大规模的帝国，其规模和能力甚至远远超过中华帝国。但这些帝国的根基是商业和游牧业，帝国的建立主要依靠军事征服，帝国的维系也主要依靠暴力强制。它们强大的政府能力主要源于外部性的暴力强制，而不是满足内生的公共需求。被统治者更多的是基于恐惧而不是需求才服从统治。因此，帝国只是一种外部性力量，这种外部性力量为维系统治会无节制地进行掠夺,最后造成帝国内部的反抗。同时,军事帝国也未能建立起稳定的地方建制,将政府能力制度化,以保持其可持续性。世界史专家斯塔夫里亚诺斯对此有过精辟的阐述,他在对比中国和印度时说:在印度,"村一级以上的政府通常被看作外人强加的多余的和寄生性的赘疣。所有这一切同中国的情况截然不同,在中国,帝国官僚制度给社会提供了强大的政治内聚力。中国农民周期性地造反,以实质上一模一样的'好'政府来取代'坏'政府。"① 专攻现代化道路的学者巴林顿·摩尔也作过比较:"中国也像印度那样每隔几年就要遭受一次灾荒。但从很早的时候起,中国农民就为自己的能力和精耕细作而普遍感到自豪。"②

(三) 调适性的国家治理

古代中国作为农耕帝国能得以长期延续,并创造出最为灿烂的农业文明,不是自动发生的,而是人为地经营或治理的结果。

与具有流动性的游牧业和商业不同,农业的特性是稳定。人在固定的土地上精心耕作和经营才能获得理想的结果。在耕作过程中,人们必须面对各种问题,并有效处理问题,由此就形成了经营或治理的理念。治理在中国的国家形成和发展中具有重要地位。远古时期的"大禹治水"便反映了治理在中国的地位和作用。

随着帝国这一更大规模的国家共同体的产生,对治理的要求更高。一般来讲,帝国均是家族统治,如韦伯所说的"家产官僚制国家"。③ 农耕帝国的农耕思维更追求家族对国家的经营,将国家作为家族产业精耕细作,以保持其可持续性,实现江山永固。这就使得农耕帝国的治理具有调适性的特性。帝国统治者深知经营国家与经营庄稼一样,既有风调雨顺,也有灾害频频。帝国统治必须因时而变,不断调适治理方式。

---

① [美] 斯塔夫里亚诺斯:《全球分裂——第三世界的历史进程》,迟越等译,商务印书馆1993年版,第235页。

② [美] 巴林顿·摩尔:《民主与专制的社会起源》,拓夫等译,华夏出版社1987年版,第267页。

③ [德] 韦伯:《韦伯作品集Ⅴ:中国的宗教 宗教与世界》,康乐等译,广西师范大学出版社2004年版,第8页。

其一，以民为本的治理思维。中华农耕帝国实行"编户齐民"，将社会民众都纳入国家体系，成为国家的子民。国家统治者是最大的"地主"，全国的子民都成为为国家干活的"长工"。"地主"与"长工"存在于一个国家共同体之中，"地主"对"长工"进行盘剥，但这是有限度的，否则被视为缺乏正当性的"苛政"。其中的道理就是没有了"长工"，"地主"也难以存在。因此，作为一项事业经营的统治者必须明白国家治理以民为本，统治权威需要从民众的内心同意中获得。正因为如此，在君民关系方面，古代强调"民贵君轻""民为贵，社稷次之，君为轻。"其内在的根源是"民能载舟，亦能覆舟"。当民在国家治理中具有"本位性"时，民众也就获得了某种可延续的积极性。而世界上其他古代帝国均由军事征服而来，军事征服的战败者成为任人驱使的奴隶，统治者根本不可能将奴隶作为"人民"，更不可能"以民为本"。建立在奴隶统治基础上的帝国可能会凭借暴力创造瞬间辉煌，但缺乏延续性。

其二，具有弹性的治理政策。国家统治具有强制性，这是国家的天性。但国家治理也具有两种方式，一是暴力压制的刚性统治，一是体恤民力的柔性治理。中国远古时期就有极具智慧的治理方式，如"大禹治水"的宜疏不宜堵。随着帝国的形成，远古的治理智慧仍然在发挥作用。尽管统治能力大大增强，但因为有"以民为本"的治理思维，统治者的治理政策具有弹性，能够吸取前人治理的经验和教训，根据不同条件和问题进行调适。这种调适能够给民众提供自主性和积极性，从而创造更大的财富。西汉初吸取秦朝短命的教训，在战乱之后实行"与民休息"的政策，从而创造了"文景之治"。唐初也是如此，创造了"贞观之治"的太平盛世。中国的统治者十分注重借鉴前人的治理经验和教训。一部浩繁的《资治通鉴》便是治国之道的集中体现。古代其他帝国主要依靠军事征服而形成，也主要依靠军事暴力加以维护，使其治理之策极具刚性和征服性，要么是通过暴力强制对人身的征服，要么是通过宗教对人心的征服。作为外部性力量的臣服者，社会缺乏自主性及相应的进取性。

其三，竞争开放的治理精英。在农耕帝国，国是家的放大，家是国的缩小。国家的规模扩大后，仅仅依靠"君主"当家远远不够，由此需要雇佣"管家"代主人管理国家事务，形成一个"职业经理人"阶层。这就是帝国官僚。帝国官僚的特性是竞争开放，将天下精英吸纳到治理体系中来,代统治者经营国家。帝国官僚阶层是在"政治市场"中充分竞争形成的,最早来源于春秋战国时代的"士"。"士"不论先赋性的出身门第,而是完全依靠自己的知识与能力获取地位。随着帝国的形成,通过竞争开放选拔治理精英逐步制度化了,即科举制的建立。科举制通过定期考试选拔出有"亲民爱民""忠君报国"思想的"管家",让他们处理各种国家事务,因此成为农耕帝国体系的支柱,"为中国提供了一个有效率而且稳定的政府"。① 古代其他帝国则主要依靠军事征服而形成,并主要依靠军事贵族加以统治。军事贵族具有身份等级限制,无法形成竞争充分的"政治市场",也难以网罗天下英才作为治理者。

自主的小农为社会发展提供了动力和财富,内生的政府能力为社会发展提供了制度性保障,有效的国家治理为社会发展提供了调节机制,使得中国在稳定的国家版图上得以长期延续下来,形成统一稳定的政治共同体。这在古代世界历史进程中是少见的。正如费正清所评价的:"尽管中国疆土广袤而各地景象又千差万别,但这次大陆始终维持一个政治统一体,而欧洲却未能做到这一点,这是不足为奇的,因为维系整个中国在一起的生活方式,比我们西方的更加根深蒂固,并且自古一直延续到今,可以说是更加源远流长。"② "近代学者的研究表明,中国并不是那些多少世纪毫无变化的世界早期帝国的残存实例。事实恰恰相反。""制度和文化的持续性曾经产生了体现为气势澎湃和坚守既有方针的惯性,而并非不动的惰性。"③ 而中国的变化动力来自于自身内部,特别是作为财富创造者的农民。否则就无法解释在西方还未进入中国之前,中国何以有世界最为持久和灿烂的农业文明了!

三 时间是弯曲的:农耕帝国的惰性与基因缺陷

人类社会的发展不是直线,而是呈螺旋式上升。这一论断对于理解古代中国特别合适。在比较中发现中国时,以下几个基本事实是不可忽

---

① [美] 斯塔夫里亚诺斯:《全球分裂——第三世界的历史进程》,第316页。
② [美] 费正清:《美国与中国》,第8页。
③ 同上书,第30、75页。

视的。一是中国曾经创造了世界上最为灿烂的农业文明,但也经常性地使文明受到毁灭性破坏;二是中国的帝国历史是世界上最长的,却是以若干王朝的轮替实现的;三是中国有着具有世界性影响的治国学说,但国家治理却是以一治一乱方式实现的。由此使得中国的延续性具有很强的回返性,其历史经常会拐个弯,貌似已在新天地的门口,突然间又折返到前进的起点。费正清因此将中国的变化分为两类,一类是"持久性的变革",指"不可逆转的趋势";一类是"周期式的变动",指"钟摆式的变动"。① 而西方人看待中国恰恰是后者,并由此形成偏见。我们在指出中国发展"持久性的变革"主旋律的同时,确实也不可忽视其"周期式的变动"的副线。其深刻的根源同样隐藏在农耕帝国的内在基因之中。

(一)"自由人"的依附性

自主性的人是文明创造与积累的动力。古代农耕帝国在社会关系方面造就了一个个"自由人",使人们得以超越狭隘的人对人的依附关系。但是,这种超越只是相对于人对人的直接隶属和等级关系而言。农耕帝国使人获得某种自主性的同时,也伴随着其他的依附关系,从而限制了人的进取性和创造性,形成文明进程中的"惰性"。

其一,人对土地的高度依赖。农业是一种人们在固定的土地上重复生产的产业。人们在土地上日复一日、世世代代的重复生产,形成了人对土地的熟悉和感情。同时,在古代,只有土地才能给人们提供稳定的生活和财富来源,是最为可靠的资源。由此便产生了对土地的依赖,用费孝通先生的话讲这是一种"粘性"。人们即使在家乡实在难以生存不得不背井离乡,其目的也只是换一个地方继续耕种而已。

分家析产的财产继承制、国家的人口和赋税制度又进一步强化了这种"粘性",形成一种制度化的"粘性"。"诸子均分"的土地财产继承制使家庭内部的每个成年男性都有可能获得一份均等的土地财产,由此造成土地的不断重分和细碎化。这一制度无法进行财富积累和规模经营,其结果是不断再生产出只能拥有小块土地的小农。小块土地无论怎样精耕细

---

① [美] 费正清:《美国与中国》,第163页。

作，其产量和剩余都是有限的。因此，小农经济总体上只能是"糊口经济"。同时，国家为获得稳定的赋税，以户籍制等方式将人口限制在土地上。对土地的制度化"粘性"导致人们难以走出土地，寻求更为广阔的生存发展空间。

而在西欧庄园制条件下，人们耕种土地的历史并不长，对土地的依恋远远不如中国人那么深厚。更重要的是，土地财产实行长子继承制，非长子根本没有可能继承土地财产，他们成年后必须寻求新的生存来源。而在土地不能买卖的庄园制条件下，他们也不可能依靠买卖土地重建与土地的关系。为此，他们只能从土地上走出来，利用良好的贸易条件从事工商业，一个新型的阶级在世界历史进程中率先摆脱土地的羁绊而产生。

其二，人对家庭的高度依赖。农业耕作依靠的是世代传递的经验，传递方式主要是在家庭内部从家长那里获得。同时，人的生命也要以家庭方式传递。由此形成人对家庭的依恋。而家户制和国家法律则大大强化了人对家庭关系的依赖，形成制度化的"粘性"。在家户制条件下，人只是家庭中的一员，只有根据其名分对家户承担责任才能获得成员资格。在家庭内部，每个人都具有其特定的名分地位，形成长幼有序、男女有别的秩序。违背秩序将被视为"大逆不道"。而国家的家族连带制造成"一损俱损、一荣俱荣"的格局，从制度上强化了家庭固有秩序。由此将人限制在家庭秩序内，难有代际上的突破。

在西欧庄园制长子继承制条件下，走出庄园的人是单个个体，他们不再有长辈家庭所依赖，必须独自闯天下。他们所获得的自由是作为自然人的个体自由，这使得他们较少受人际关系的羁绊，更大程度依靠自我的力量自主发展，由此造成近代个人主义的兴起，成为世界历史进程中的新兴力量。

其三，人对国家的高度依赖。在农耕帝国，国家的产生有强大的内生需要，小农对国家有一种天然的崇拜。正如马克思在讲到法国小农时说到的，"他们不能代表自己，一定要别人来代表他们。他们的代表一定要同时是他们的主宰，是高高站在他们上面的权威，是不受限制的政府权力，这种权力保护他们不受其他阶级侵犯，并从上面赐给他们雨水和阳光。所以，归根到底，小农的政治影响表现为行政权支配社会。"① 在农耕帝国，国家统治者成为全国土地的终极所有者，不仅可以对无主地进行分配，而且可以利用国家垄断性权力直接支配土地，成为土地的最高主人。这种土地所有权与国家统治权合二为一的土地制度更加强化了人们对国家权力的崇拜。即便人们铤而走险进行反抗，也只是改变权力的占有者，而不是改变制度化的国家权力。"王侯将相宁有种乎"不是不要"王侯将相"，而是取而代之，且将此作为人生的荣耀。

在农耕帝国，商人是一个异数，是最有可能具有突破性和进取性的阶层。但是，在强大的国家权力格局下，商人关心的是与权力的结合，获得垄断性利润。费正清对此的认识很有见地："按照中国的传统，经济生活中的人经营得最得法的，不是依靠增加生产，而是依靠增加他在已生产出来的产品中可取得的份额。他愿意靠他在竞争中直接胜过他的同伙来发财致富，而不是依靠征服自然或更多地利用自然资源或使用改进的技术，来创造新的财富。这是因为从很早以来，中国的经济就表现为由最大数量的人共同争取少量的自然资源，而不是去开发大陆和新的工业。从事创新的企业、为新产品争取市场的推动力，不如争取垄断、通过买通官方取得市场控制权的推动力来得大。中国的传统做法不是造出较好的捕鼠笼来捕捉更多的老鼠，而是向官府谋取捕鼠专利。"②

在中世纪的西欧，商人阶层并无国家所依赖，相反他们还需要有一个统一的国家来保护他们。只是这个国家是按照他们的理想创造的一个属于自己的政治共同体。由此产生了所谓资产阶级革命，使得西方在世界历史进程中率先按照新兴的资产阶级意愿建立起新兴的国家，并因此获得了征服世界的能力，尽管这种能力伴随着一系列带给其他国家的痛苦。

（二）官僚惰性

农耕帝国依靠郡县制及其相应的官僚体系管理国家。官僚体系而不是市场体系将无数个小农粘连在一起，形成强大的国家及国家能力。但是官僚体系一旦生成就难以避免产生其内在的惰性，抑制着社会的发展，甚至

---

① 《马克思恩格斯选集》第1卷，第763页。
② ［美］费正清：《美国与中国》，第46页。

导致王朝秩序的破坏。

1. 官僚的责任制是对上负责，保证中央集权治理

但对上负责造成了官僚的被动性，他们的主要职责是维护秩序，保证国家税收兵役的完成，很难有推动地方经济发展的自主性动力。因此，"这也是一个抑制独创性、培养顺从性的制度。"① 这种体制难以保障政府持续不断地有效履行其公共性职能。正如马克思所说："农业在一个政府统治下衰败下去，而在另一个政府统治下又复兴起来。在那里收成取决于政府的好坏，正像在欧洲随时令的好坏而变化一样。"②

2. 官僚的上升通道狭窄

科举制的开放竞争性使得天下英才进入官僚体系，但是官僚体系内部却缺乏开放的竞争机制。一则在于中央高层权力有相当一部分属于非竞争性，由与皇帝最亲密的人或者关系最密切的人执掌，包括皇亲国戚、宦官等。特别是元朝、清朝等朝代有相当一部分官职仅仅是凭借其族群身份而垄断，形成了一个身份固化的阶层。这个阶层阻碍了大部分官员依靠业绩正常上升的通道，使得他们缺乏有所作为的积极性。古语"家贫思贤妻，国难思良将"。只有在国难之时，精英人才才有可能破壳而出。二则在于官僚体系缺乏必要的政绩考核所形成的上升通道，官员的上升只能通过各种"关系"，如门生故吏、亲友乡党等保荐提名，由此形成私人性的恩庇关系。这种具有人身依附关系的体系抑制了官员的职务活力，使得他们不得不用相当一部分甚至主要精力去寻找各种升迁门路，而不是创造性地行使职务权力。

3. "管家"自肥。官僚是皇帝雇用的"管家"

皇帝以极其低廉的正式报酬雇用"管家"，并以"君子重义"的儒家思想教导"管家"。但是，官僚是一个职业阶层，特别是在古代中国，要成为官员需要全家族力量的支持，一旦获得官职则会光宗耀祖，甚至世代恩庇。当官与发财，升大官与发大财始终联结在一起。由此造成官僚利用其"管家"身份获取各种非正式好处。而这些"好处"主要是侵占公众利益，造成社会成员负担沉重，严重抑制了社会财富的积累，甚至造成王

---

① ［美］斯塔夫里亚诺斯：《全球分裂——第三世界的历史进程》，第316页。
② 《马克思恩格斯选集》第1卷，第851页。

朝的颠覆。所以，古代中国的官僚自肥形成了一个结构化的利益集团，贪官屡禁不绝。如费正清评价的："官员们靠我们今天称为'系统化的贪污'行为来谋生，而这种行为有时变成了敲诈勒索。这是错综复杂的私人关系制度必然会出现的伴生物，而每个官员则必须跟他的上司、同僚和下属保持那样的关系。"① 正是这种结构化的关系，因此他将政府视为"有组织的'贪污集体'"。② 大量官僚地主的存在也阻碍了一般社会成员依靠生产获取财富的可能，甚至造成大量农民的破产。

（三）权力任性

农耕帝国属于家产制国家，由此形成理论与事实的二律背反。理论上是"天下为公""以民为本"，但国家的家产制属性又使其事实上成为"家天下""以君为上"，造成公共权力的私人化。"天下为公""以民为本"的学说缺乏制度性支持，也就难以约制公共权力的使用，从而形成权力任性，即权力的随意性。

1. 权力的公共性与私人性难以界定

古代国家权力的使用具有双重属性。一是满足公共需求，如大型水利工程、灾害救治、军事防御等；二是满足统治者的自身需求，如皇家的消费。但是这两种属性的权力缺乏清晰的边界限制。如秦始皇可以集聚大量人力财力修建长城驿道，同时又为自己修建奢华的陵墓，其统治的残暴引起全国性反抗。大量官僚也特别热衷于公共工程和皇家事务，可以在"办公差"过程中自肥。古代中国许多有作为的皇帝之所以充满争议，便在于权力的公共性与私人性之间缺乏明确的界限，由此造成的权力任性积累了巨大的民怨，所引起的反抗又极大地伤害了社会的累积式发展。

2. 社会权力无能为力

古代中国的土地属于国家终极所有，一般社会成员对土地和财富的占有都是建立在承认和服从国家统治的前提基础上。不仅一般农民，即使占有财富较多的社会成员也无法抗拒国家权力，由此造成国家权力行使缺乏社会的制约而呈随意性。比如，税收是国家的支柱，也是国家权力行使的

---

① ［美］费正清：《美国与中国》，第107页。
② 同上书，第106页。

主要领域。在古代中国，是否收税，收多少税完全由统治者决定，无须取得纳税者的同意。当超出纳税承受能力时，纳税人也没有制度性渠道加以抵制，最后只能采用暴力反抗。摩尔指出："社会系统中缺少有效率的机构来制止官员的压榨行为这一点，可以说是中国社会中最基本的结构性弱点之一。"① 中国古代王朝的更迭在相当程度上是由于民众负担沉重引起的，由此又影响了社会的延续性发展。

3. 最高权力不受节制

古代中国的国家权力行使最终定于君主一人，没有其他体制性权力对最高权力加以约制。这对最高权力的行使者要求特别高。中国政治特别强调"治道"，即治理要有道，要有方，便是如此。但能够真正掌握"治道"的人不具有体制上的普遍性。如果最高权力的行使者作为明君圣主励精图治，则民众有幸；如果统治者"暴虐无道"，社会毫无力量加以纠正，最后只能采用以暴易暴的方式改朝换代。由此造成政治上的"代际周期率"：第一代君王打江山，第二代君王注重建设，第三、四代延续并伴随大量问题的产生，第五、六代之后开始进入下行通道。中国历史上著名的"文景之治""贞观之治""康乾盛世"均产生于第二代至第四代之间。由此使得中国社会的发展和民众生活极具代际偶然性，其向上的延续性经常会中断。

不可否认，帝国对民众的保护是以民众提供赋税为前提的。由于国家和地主的双重剥夺，中国民众的沉重赋役是世界上最为深重的国家之一。他们除了遭受经济剥削，还要遭受超经济强制。但是，自主、自在和自足的生活始终是农民的梦想。当他们的理想状态生活得不到基本保障时，他们并不是完全屈服于命运的摆布，而是奋起反抗，从而迫使统治者让步，"轻徭薄赋、与民休息"，改变土地占有关系，"均分土地"，由此或多或少地推动着社会的进步。"因为每一次较大的农民起义和农民战争的结果，都打击了当时的封建统治，因而也就多少推动了社会生产力的发展。"② 只是这种造反是缺乏先进生产力和先进思想条件下的反抗，因此

---

① ［美］巴林顿·摩尔：《民主与专制的社会起源》，第135页。
② 《毛泽东选集》第2卷，人民出版社1991年版，第625页。

属于"有造反而无革命",① 王朝的周期率仍然左右着中国发展的步伐,"社会基础停滞不动,而夺得政治上层建筑的人物和种族却不断更迭"。② 特别是具有随意性的暴力反抗,表现为一种"野性的、盲目的、放纵的破坏力量",③ 从而造成对文明的巨大伤害,影响了中国发展的延续性。

四 未了的接力:与历史接续的创新型中国道路

尽管中国的发展道路极具回返性,但总体上是持续发展的,并没有停滞不前。"在几千年的历史发展中,中华民族创造了悠久灿烂的中华文明,为人类作出了卓越贡献,成为世界上伟大的民族。"④ 但是,近代以来,中华民族遭遇了前所未有的文明挑战,这就是在西方率先崛起的工业文明。

中国历史上屡遭游牧文明的挑战,但是,由于农耕文明的优越性,使得中国有足够的消化能力去应对挑战,即便是异族入主中原也会被同化。但工业文明显然比农业文明程度更高,不受自然的约制,使工业文明创造财富的能力远远高于农业文明。"以手工劳动为基础的中国工业经不住机器的竞争。牢固的中华帝国遭受了社会危机。"⑤ 面对强大的工业文明的挑战,已进入下行通道的晚清帝国缺乏足够的能力去应对。伴随帝国数千年的沉疴与惰性在新型工业文明的挑战下暴露无遗。"满族王朝的声威一遇到英国的枪炮就扫地以尽,天朝帝国万世长存的迷信破了产。"⑥

虽然晚清王朝难以应对前所未有的挑战,但中国并没有消极坐等命运的摆布,而是在其内部生成出强大的自我变革力量。⑦

---

① [美]斯塔夫里亚诺斯:《全球分裂——第三世界的历史进程》,第318页。
② 中共中央马克思恩格斯列宁斯大林著作编译局编:《马克思恩格斯论中国》,第114页。
③ 《马克思恩格斯选集》第1卷,第854页。
④ 习近平:《在庆祝中国共产党成立95周年大会上的讲话》,《光明日报》2016年7月2日第二版。
⑤ 《马克思恩格斯全集》第10卷,人民出版社1998年版,第277页。
⑥ 《马克思恩格斯选集》第1卷,第779页。
⑦ 马克思曾经尖锐地指出:"印度本来就逃不掉被征服的命运,而它过去的全部历史,……就是一次又一次被征服的历史。""他们就在这个一无抵抗、二无变化的社会的消极基础上建立了他们的帝国。"(《马克思恩格斯选集》第1卷,第856—857页)

其一是农耕帝国的整体性为中国的国家延续提供了底气。尽管受到外来挑战,但长期以来的大型国家的统一性、整体性和由家国一体产生的内聚力使得远道而来的外国力量难以分别统治中国。据马克思描述,在第一次鸦片战争时,民众还是抱着东方宿命论的态度屈从敌人的暴力,但之后则是"所有中国人普遍奋起反抗所有外国人的局面",因为这是"'保卫社稷和家园'的战争","是一场维护中华民族生存的人民战争"。① 只有作为近邻的日本,因为晚清帝制崩溃造成国家四分五裂才得以深入到中国的腹地。即便如此,中国的国家整体统治仍然执掌在本国人手中,沦陷的只是部分地区,并且激发出更为顽强的抵抗力量。正如斯塔夫里亚诺斯所说:"混乱不堪的印度比高度有组织的中华帝国容易遭受外国的入侵和操纵。"②

其二是面对挑战,率先觉醒的仁人志士不仅激发出保持种族延续的能量,更有强盛国家的历史使命,并凝聚为"落后就要挨打"和复兴中华的共识。在马克思看来,"与外界完全隔绝曾是保存旧中国的首要条件,而当这种隔绝状态通过英国而为暴力所打破的时候,接踵而来的必然是解体的过程,正如小心保存在密闭棺材里的木乃伊一接触新鲜空气便必然要解体一样。"③ 正是在这一背景下,那些"睁大眼睛看世界"的一代又一代知识精英努力接受先进思想,并以空前的力量动员全社会参与,通过激烈的革命方式推翻帝制和旧的上层建筑,着力清除历史延续下来的沉疴痼疾。推翻帝制和建立人民共和的两次革命,其烈度和深度在世界历史进程中是空前的,并产生出改天换地的巨大能量。在摩尔看来,印度在现代化道路上始终步履蹒跚、徘徊不前,或许是没有经历一场暴力革命付出的代价。④

在中国内部生成的强大变革力量最为集中地体现于中国共产党的诞生。"中国产生了共产党,这是开天辟地的大事变。这一开天辟地的大事变,深刻改变了近代以来中华民族发展的方向和进程,深刻改变了中国人

---

① 《马克思恩格斯选集》第 1 卷,第 798 页。
② [美] 斯塔夫里亚诺斯:《全球分裂——第三世界的历史进程》,第 235 页。
③ 《马克思恩格斯选集》第 1 卷,第 780—781 页。
④ [美] 巴林顿·摩尔:《民主与专制的社会起源》,第 5 页。

民和中华民族的前途和命运，深刻改变了世界发展的趋势和格局。"① 在中国共产党领导下的变革极大地改造了国家，使古老的中国重新焕发出活力，并推动中国步入走向中国特色社会主义道路的全新历史轨道。而在这一过程中，历史保留下来的积极元素发挥了重要作用。1949年建立的中华人民共和国，其历史转折意义就在于实现了国家空前的独立和统一。秦王朝统一中国，事实上是"统而不一"，国家权力并没有直接进入广大乡村和边疆地区，即"皇权不下县"和"皇权不到边"。② 而中华人民共和国借助革命的力量将国家政权直接延伸到县以下和边疆地区。这其中就有长期历史延续的郡县制的基本制度架构，由此保证国家权力可以持续不断向下和向边延展，迅速建立起现代国家体系。革命改变了国家的统治者，而没有改变历史延续下来的行政架构。更重要的是，革命为制度形式注入了崭新的内容，将以人为本的理念发展到为人民服务，强化人民的主体性，并由此激发了广大人民的热情和积极性。通过革命建立起来的人民民主政权及制度体系，在中国历史上第一次将权力赋予普通民众，从而第一次建立起国家与广大民众之间的有机联系，由此也为中国特色社会主义道路的形成奠定了基本的政治制度基础。

总体上看，近代以来的中国变革是以革命的方式进行的。革命的思维建立在对过去的彻底否定基础上。马克思、恩格斯在《共产党宣言》中充分表达了这一思维逻辑，这就是"两个决裂"。这种革命性思维在社会转变的关键节点上是十分必要的。但革命性思维不会因为革命的结束而停止，它有可能成为惯性思维延续到后革命时代。这种思维有可能影响对历史延续中积极因素的承接。1949年中华人民共和国的建立，不是历史上的改朝换代，而是以建立社会主义为目标的制度革命。只是这一新型制度的建立是前所未有的探索。受革命性思维的影响，缺乏对中国历史延续性及造成这种历史延续性的积极因素的正确认识，从而出现了历史的曲折。如家户制内在的家庭经营形式仍然有强大的生命力，但因担心其引起社会分化而遭受彻底否定。在农业社会主义改造中建立的人民公社体制，借鉴

---

① 习近平：《在庆祝中国共产党成立95周年大会上的讲话》，《光明日报》2016年7月2日第二版。

② 徐勇：《大碰撞：国家一体化进程中的边疆治理》，《南国学术》（澳门）2015年第3期。

了苏联的农业集体化。而苏联农业集体化在相当程度上来源于俄国久远的农村村社制。人民公社体制在抑制社会分化、举办水利工程、支持国家工业化战略方面发挥了重要作用，但未能充分依据本国历史和国情，特别是忽略了长期历史以来的家户制的积极作用，从而抑制了农业生产力的发展。

历史的曲折和挫折没有终止中国的发展，而是激发起执政党和中国人民的反思，重新思考中国的发展道路。特别是以放权搞活为核心的农村改革成就极大地鼓舞了探索中国道路的胆识和勇气。农村改革的最大特点是重新确立了家户经营的自主地位，吸纳和承接了历史上的家户制积极因素。特别是通过废除人民公社体制，将亿万农民从原有体制和土地上解放出来，极大调动了农民的积极性。农村改革的成就不仅在于经济迅速增长，更是促使执政党对中国发展道路的探索，并形成中国特色社会主义的思路。其主要特点是走自己的路，不照抄照搬他国模式。走自己的路就是要符合中国国情，其中包括承接中国历史的优秀传统。只是这种与历史延续性的对接是一种创新型的接续。①

改革开放是决定中国命运的关键，也是中国特色社会主义道路形成的节点。中国的改革开放具有前所未有的广度和深度。特别是社会主义市场经济体制的确立，极大地激活了中国长期历史上的积极因素，推动了中国经济社会的发展。"中国这个世界上最大的发展中国家在短短30多年里摆脱贫困并跃升为世界第二大经济体，彻底摆脱被开除球籍的危险，创造人类社会发展史上惊天动地的发展奇迹，使中华民族焕发出新的蓬勃生机。"② 而中国的改革开放之所以能够取得巨大成就，与中国长期历史积累的底气和底色相关。

首先，中国的改革开放是以本国为主体的主动性改革开放。这与长期历史延续的人的自主性和国家统一性密切相关。近代以来，个人的自主性提升到国家层面转换为国家的自主性。1949年后得以迅速实现国家的统一，也在于长期历史以来的郡县体制为现代国家提供了形式要件。国家的

---

① 胡锦涛：《高举中国特色社会主义伟大旗帜　为夺取全面建设小康社会新胜利而奋斗》；胡锦涛：《坚定不移沿着中国特色社会主义道路前进　为全面建成小康社会而奋斗》。

② 习近平：《在庆祝中国共产党成立95周年大会上的讲话》，《光明日报》2016年7月2日第二版。

自主性和统一性为中国的改革开放提供了基本的主体性的历史条件，使得改革开放的内容和形式具有自主选择性，先改什么，后改什么，开放什么，开放到什么程度，都以本国利益为基点，目的是有利于生产力发展。

其次，正是由于国家的主体性和自觉性，使得改革开放能够将一切有利于发展的积极要素最大限度集聚在一起，从而创造了中国经济持续高速增长的奇迹。从世界超大农业文明国家看，这一奇迹无疑是世界独一无二的。创造奇迹的元素包括长期历史延续的积极元素，如在经济发展中发挥关键作用的开放市场、积极政府与勤奋劳动，都可以从历史中找到源流。"中国奇迹"具有工业文明和农业文明两种文明优质要素的叠加优势。① 这进一步说明五千年历史并不都是历史的惰性，其中也有非常积极活跃的要素，只是这些要素在相当程度上被消极制度压抑了。一旦消极制度被改革，原来被压抑的积极因素就会以极大的能量释放出来。

再次，改革开放后所取得的成就，使得执政党从自己选择的道路中获得足够的自信，并根据变化了的情况及时调整治理思维和方式，以实现对变化了的超大国家进行有效治理。比如，当市场经济发展与固有意识形态相冲突时，执政党提出"三个代表"思想，强调执政党要与时俱进；当经济社会发展出现不平衡的格局时，执政党提出"科学发展观"，走统筹发展之路；当中国成为世界经济大国并伴随大量新问题之时，执政党提出了全面推进国家治理体系和治理能力现代化，由此不断深化和推进中国特色社会主义道路。

中国道路决不是凭空而来的，而是有着足够的历史底气，因此它具有可持续性而不是断裂性。在中国道路的历史底气中的积极因素，不仅在当下中国发展中发挥着积极作用，而且在赋予其创新性的时代含义后，使其在具有中国特色的同时也获得了相当的世界普遍意义。

其一，人是文明的创造者，只有自主的人才能充分激发起创造性。中国道路的核心要素是以人为本，充分激发和调动人的积极性和创造性。而世界的历史就是人的解放史。人从一切束缚和压制中解放出来，从而创造出灿烂的世界文明。古代中国人民率先从狭隘的地域共同体中解放出来，

---

① 徐勇：《农民理性的扩张："中国奇迹"的创造主体分析——对既有理论的挑战及新的分析进路的提出》，《中国社会科学》2010年第1期。

创造了世界最为灿烂的农业文明，近代以来的革命和改革再次将人从压制关系中解放出来，"人民立场是中国共产党的根本政治立场"，[①] 并因此获得了巨大的人民力量，创造了中国发展奇迹，最终形成了中国道路。从人的自主性和创造性看，中国道路蕴含的历史价值具有世界普遍性。

其二，人类进入文明的标志是国家的产生。自有国家之后，国家就具有强制性，并生成出超越个人的能力。但是，只有那种内生于社会需求并造福于人类的国家能力才具有可持续性。相反那种外在于社会需求的横暴国家能力无论多么强大都是难以持续的。中国的国家起源于公共需求，其公共职能一直延续下来，近代以来的革命和改革更是赋予国家公共职能的应当性，要求国家不断满足民众需求，推进国家治理体系与治理能力现代化，从而获得空前的政府能力，使得中国经济社会得以迅速发展。从内生于民众需求的政府能力看，中国道路蕴含的历史价值具有世界普遍性。

其三，人类社会是一个不断变化的过程。只有根据变化的社会进行可调适的治理才能推进社会有序发展。没有一成不变的社会，也就没有一成不变的治理模式。只有适合于不同情况、能够推动社会发展的治理才是人们所期盼的治理。中国从"大禹治水"开始，国家治理就一直处于不断的调适之中，只是调适的范围、程度和性质有所不同而已，即使是近代以来的中国革命和改革，也属于国家治理如何因应时代的变化而加以调适，根据时代要求求变，根据历史国情求变的内容和方式。从可调适的治理看，中国道路蕴含的历史价值具有世界普遍性。

正如西方谚语所说，罗马不是一天建成的，中国道路也不是短时间形成的，它是在漫长的历史进程中，经过无数代人努力而形成的。漫长的历史进程为中国道路提供了丰富的积极基因，增强了中国道路的延续性，使中国道路获得了深厚的历史自信。这种自信来自于历史深处，而不是瞬间的辉煌。近代以来，由于屡遭侵略，使得国人缺乏自信。随着国运的翻转，国人的自信有所增强，但因为缺乏从"世界进程"的角度对中国长时段历史的理性检视，道路自信的底气还不足。只有在世界进程中充分发掘中国历史基因的积极因子，才能重新发现中国，发现中国并不是一直

[①] 习近平：《在庆祝中国共产党成立95周年大会上的讲话》，《光明日报》2016年7月2日第二版。

"落后",更不是永远"落后",由此建立起强大的道路自信。

当然,我们也不能因为获得了历史自信而失去了自我反省。历史对于现实和未来永远具有两面性。应该看到,在中国道路的历史底色中也还积淀着大量消极元素。这些元素同样会在新的历史条件下顽强地再现和再复制,与中国的发展如影相随。比如制度粘性、官僚惰性、权力任性等无时无刻不在侵蚀着国家健康的肌体,甚至有可能恶性生长,使得中国道路还充满着相当的不可预见性。从"文明更替"看,当两种文明优质要素叠加优势不复存在,而两种文明中的劣质要素叠加的劣势就有可能出现。从"国运兴衰"看,中国历史上的代际政治衰退率仍有待克服。这也是中国道路在获得自信的同时,还存在有可能造成不自信的元素,也是世界对中国道路出现巨大争议的重要原因所在。我们在承认中国道路的历史延续性中的积极元素的同时,也要重视历史延续性中的消极元素,从而以创新性变革加以克服。正如中共十八大报告所指出的:"发展中国特色社会主义是一项长期的艰巨的历史任务,必须准备进行具有许多新的历史特点的伟大斗争。"①

因此,伟大的中国道路还只是开始,远没有终结;但中国道路形成的巨大延续性势必将推动中国以不断的创新开辟新的未来。"办好中国的事情,关键在党。中国特色社会主义最本质的特征是中国共产党领导"。②在中国,"持久性的变革"是发展主线,并最终在世界文明进程中形成独特的中国道路,关键在于有先进的中国共产党的领导;而"周期式的变动"只是副线,并最终会为主线所克服,同样在于有中国共产党领导下的持续变革,尽管这是一个未了接力的漫长过程!

(原文刊载《中国社会科学》2016 年第 7 期)

---

① 胡锦涛:《坚定不移沿着中国特色社会主义道路前进　为全面建成小康社会而奋斗》。《十八大报告辅导读本》,人民出版社 2012 年版,第 14 页。
② 习近平:《在庆祝中国共产党成立 95 周年大会上的讲话》,《光明日报》2016 年 7 月 2 日第二版。

第二章 祖赋人权:同等、差等与对等

人类社会是一个漫长的历史过程。人类社会发展的起点相同,过程却会以不同的路径演进,并会形成路径依赖。习近平总书记认为:"我国今天的国家治理体系,是在我国历史传承、文化传统、经济社会发展的基础上长期发展、渐进改进、内生性演化的结果。"① 在世界上,中国与其他国家一样,经历了无数变化,但唯一不变的是源远流长、生生不息的血缘关系。人类最初的甚至是唯一的血缘关系,没有因为国家的产生而完全"炸毁"和"断裂",而由于独特的农业文明长期延续下来,至今,中国人常常将自己视为"炎黄子孙"并以此为荣,由此形成从未中断的中国文明进程。这一文明进程产生了独特的血缘理性,是祖先赋予同一血缘关系的人的权利,即"祖赋人权",并形成了丰富的权利体系,内生着社会与国家共生共荣的命运共同体价值。从中国自己的文明进程中开发、总结、提炼自己的理论,有助于增强文化自信,并为世界贡献中国理论。当然,随着历史的进步,地缘性及其之上的利益性愈益重要,但血缘理性在实际生活中的作用和影响仍然不小,构成我国治理体系内生性演化的历史底色,并提供着推进国家治理体系和治理能力现代化的历史标识。本文的问题意识起源于田野调查,并将以华中师范大学中国农村研究院的"深度中国调查"为事实依据进行论证。②

---

① 习近平:《坚定制度自信不是要固步自封》,新华网2014年2月17日。
② 华中师范大学中国农村研究院将实证调查作为主要方法,经历了三个阶段。一是自1986年开始的个案调查;二是自2006年开始的"百村观察计划",对300个村庄5000个农户进行每年跟踪观察,为政策提供依据;三是自2015年开始的"深度中国调查"基础性调查,目的是建构中国理论。其中包括以传统社会形态为主要内容的分区域村庄调查。现已调查华南、长江、黄河三大区域16个省份185个村庄,每个村庄住村调查数月以上,掌握了丰富的调查(转下页注)

一　理性与中国理性

理性是一个多重含义的名词。从认识论看，相对于感性，是指处理问题按照事物发展的规律和自然进化原则来考虑的态度；从人的认识进化看，相对于蒙昧，是指获得对事物本质的认识，如"理性的光芒"；从人的活动看，指人的行为理据，决定着人们这样而不是那样行为。

由于理性是一个由西方引入的概念，人们在使用这一概念时往往受到两种意识的束缚：一是理性的西方性。作为一种主义的理性，的确产生于西方，但这不意味着其他国家就处于非理性状态。二是理性的精英性。作为一种认识，理性确实是从大量感性现象抽象而来，但这并不意味着一般民众就处于非理性状态。人作为有意识的高级动物，总会为自己的存在和行为思考和寻求其理由和依据。任何人的存在和行为都不是随心所欲，都有其内在的逻辑和依据，只是这种逻辑和依据蕴含在人们的日常生活之中。这是因为，理性作为一种主观意识，来自于特定的生产方式和环境，是客观环境的主观反映。马克思认为："人们是自己的观念、思想等等的生产者，但这里所说的人们是现实的、从事活动的人们，他们受自己的生产力和与之相适应的交往的一定发展——直到交往的最遥远的形态——所制约。"① 从人的行为理据看，每个国家每个人都有其特定的理性。②

（接上页注）材料。其中，笔者直接去过61个村庄。在去过的华南宗族村庄以供奉祖先的祠堂为中心，在黄河长江区域村庄的老宅正厅都会供奉先祖，并有大量祭祀活动。这些普遍性景象给我强烈冲击，并引发思考：为何中国历经多变，而以血缘关系为基础的古老社会现象却长期延续？在阅读第一手调查材料时，笔者发现大量类似现象。本文的事实材料取自于这一调查，并凝结了上百位调查员的心血。特此说明并致谢！

① 《马克思恩格斯选集》第1卷，人民出版社2012年版，第152页。
② 笔者2010年发表在《中国社会科学》上的《农民理性的扩张："中国奇迹"的创造主体分析——对既有理论的挑战及新的分析进路的提出》一文，提出了"农民理性"的概念，引起了学界的关注并引发了个别学者的批评，认为农民并无理性可言。其实，概念具有开放性，可从不同的角度加以使用和界定，学界往往从不同的角度来使用"理性"一词，如"经济人理性"指基于个人利益最大化的原则，"理性小农"指基于经济效益考虑的小农，基于目的合理性的价值理性和基于功利合理性的工具理性等等。笔者所用的"理性"只是一个分析性概念，主要指决定和影响人们行为的基本原则、观念和道理，是一种经过头脑加工或成为习惯的思想，由此制约着人们为什么这样做而不是那样做。使用"理性"的概念，目的是从中国本位的角度理解和建构中国理性。

中国有着数千年的文明历史。在漫长的历史长河里，人们不仅生产生活，而且会在生产生活中形成自己的观念、思想，并反过来又支配着人们的行为。这种观念和思想就是中国人的行为理据，即"中国理性"。在中国人的行为活动中，经常可见"天经地义"的说法。这一说法出自《左传·昭公二十五年》："夫礼，天之经也，地之义也，民之行也。""经"指常规、原则；"义"指正理、准则。万物中，天地最大，由此比喻正确的，不可改变的因而也不容置疑的道理，即理所当然。中国人的理性具有很强的实践性，不是一般的形而上的道理，而是为人们在实践活动中的准则，是"民之行"的依据。程颐在《答杨时书》和《遗书》中阐述了"理一分殊"的思想观点。理、命、心和性是分别存在于不同事物载体中的同一个主体事物。"在天为命、在义为理、在人为性、主于身为心（心意）、其实一也。"人的生命活动遵循着统一的理性原则。人类社会由不同的人构成。不同的人的存在和行为有着共同的理由和依据，并因此构成共同的理性，且深深植根于人的内心。美国学者费正清在进行比较研究时说："对一个享有较高物质生活水平的美国人来说，使他感到惊异的是中国农民在这样困苦的生活条件下，竟能维持一种高度文明的生活。问题的答案在于他们的社会习俗，这些习俗使每个家庭的人员，按照根深蒂固的行为准则经历人生的各个阶段和变迁。这些习俗和行为准则，一向是世界上最古老而又最牢固不变的社会现象。"① 习惯成自然。习惯成为人们共同遵循的习俗，便成为不言自明、与生俱来、默认一致的"自然法则"。高度文明的生活及其支撑的行为准则和习俗中蕴含着丰富的理性元素，是经过人的头脑加工思考长期积累沉淀下来的思想观念。

二 中国理性的血缘之源

理性作为一种思想、观念和行为理据不是无本之木，无源之水，它产生于人们的生产实践活动之中，是在长期历史实践中形成的。中国理性生成于中国人的长期历史实践活动中。

恩格斯认为："根据历史唯物主义观点，历史中的决定性因素，归根

---

① ［美］费正清：《美国与中国》，张理京译，世界知识出版社1999年版，第21页。

到底是直接生活的生产和再生产。但是，生产本身又有两种。一方面是生活资料即食物、衣服、住房以及为此所必需的工具的生产；另一方面是人自身的生产，即种的繁衍。一定历史时代和一定地区内的人们生活于其下的社会制度，受着两种生产的制约：一方面受劳动的发展阶段的制约；另一方面受家庭的发展阶段的制约。劳动越不发展，劳动产品的数量，从而社会的财富越受到限制，社会制度就越在较大程度上受血族关系的支配。"① 在人类初始，两种生产寓为一体，都以血缘的氏族社会组织的方式进行。如马克思所说："我们越往前追溯历史，个人，从而也是进行生产的个人，就越表现为不独立，从属于一个较大的整体；最初还十分自然地在家庭和扩大成为氏族的家庭中"。② "亲属关系在一切蒙昧民族和野蛮民族的社会制度中起着决定作用"。③ 血缘关系可以说是人类最初始和本源的关系。马克思因此认为："血缘家庭起初是唯一的社会关系。"④

只是随着生产力的发展，私有制和交换、财产差别、使用他人劳动以及阶级的对立等新社会成分的生长，"以血缘团体为基础的旧社会，由于新形成的各社会阶级的冲突而被炸毁；代之而起的是组成为国家的新社会，而国家的基层单位已经不是血族团体，而是地区团体了。"⑤ 因此，"国家和旧的氏族组织不同的地方，第一点就是它按地区来划分它的国民。""这种按照居住地组织国民的办法是一切国家共同的。""第二个不同点，是公共权力的设立"。"构成这种权力的，不仅有武装的人，而且有物质的附属物，如监狱和各种强制措施，这些东西都是以前氏族社会所没有的。""为了维持这种公共权力，就需要公民缴纳费用——捐税。"⑥

恩格斯在《家庭、私有制和国家的起源》中正确指出了人类社会演进的一般规律，但他丝毫没有否定人类社会演进道路的多样性。事实上，自国家产生以后，人类社会的演进便出现了"大分流"的趋势，展现出以下三种状况：

---

① 《马克思恩格斯选集》第4卷，人民出版社2012年版，第13页。
② 《马克思恩格斯选集》第2卷，人民出版社2012年版，第684页。
③ 《马克思恩格斯选集》第4卷，人民出版社2012年版，第36页。
④ 《马克思恩格斯选集》第1卷，人民出版社2012年版，第159页。
⑤ 《马克思恩格斯选集》第4卷，人民出版社2012年版，第13页。
⑥ 同上书，第187—188页。

其一，由于文明进化不一，在许多地方仍然处于前国家状态，保留着前国家的原始状态，尚没有"组成为国家的新社会"。"在阶级对立还没有发展起来的社会和偏远的地区，这种公共权力可能极其微小，几乎是若有若无的，像有时在美利坚合众国的某些地方所看到的那样。"①

其二，由于国家组织规模大，官吏和赋税有限，造成国家统治鞭长莫及，存在着大量国家直接统治不及的地方，在这些地方，国家统治只是象征性的，前国家形态大量被保存下来，并自我缓慢地发展。如国家的边缘地带。

其三，任何时代，物质生产和人口生产都是必要因素，血缘关系都是原初和本原的关系。在相当长时期，社会按照两种生产的规律自我演化，与原始社会母体的脐带未能切断，原始血族团体的特性长期延续下来，并根据其特质自我运行。国家统治尽可能利用社会内在的力量加以治理，由此使得久远的原初血缘关系延续下来。

中国属于典型的第三种状况。其重要根源在于血缘关系与农业文明的结合，物质生产和人口生产都以血缘家庭的方式进行。"农业是整个古代世界的决定性的生产部门"。② 中国核心地区是世界上少有的适宜农耕的地区。中国正是因为农耕需要治水而产生了国家。相对采集、狩猎、渔业、游牧、商业等生产方式，农业生产的重要特点，一是能够获得稳定的物品，二是人们在固定的土地上耕作，长期居住于一个地方。"定"是农业生产生活的特质。人们以家庭组织的方式在固定的地方从事物质生产和"种的繁衍"。一个地方一个家庭，若干血缘关系的家庭形成一个村落，若干个村落组成一个国家。因此，当国家产生以后，血缘关系并没有割断，反而在国家组织中延续下来。这种生生不息的延续性来源于血缘关系要求的"种的繁衍"的血缘继替，来自于农业文明能够持续不断为同一血缘继替提供物质资料，还来自于财产以血缘家庭方式的继承。原初的血缘关系、国家产生后的地缘关系与物质生产关系（财产关系）三位一体是中国文明的基本底色，也是血缘社会长期延续的重要基础。

相对中国而言，西方国家在社会三次大分工中，以发达的商业为特

---

① 《马克思恩格斯选集》第4卷，第187—188页。
② 同上书，第165页。

点，非西方的一些国家则以游牧业见长，其共同特点是流动性。不断的流动、交往、分化和冲突，割断和改变了固定的血缘关系。① 特别是商业文明切割了与原始血缘母体的联系。如恩格斯所说，"氏族制度与货币经济绝对不能相容"。② 只是通过宗教信仰将不同血缘关系的人整合为一体。

因此，尽管中国在历史演进中发生了诸多变化，但血缘关系的同一性和延续性始终没有变。得到马克思和恩格斯高度评价的摩尔根，对比因人类社会基于血缘关系形成的组织的延续时，专门针对中国说，"当野蛮阶段早已过去之后，它们竟一直维持到现代，这却是值得惊异的事，同时，这也是他们这个民族十分固定的又一证据。"③ 而在社会学家韦伯看来："氏族，在西方的中世纪实际上已销声匿迹了，在中国则完整地被保存于地方行政的最小单位，以及经济团体的运作中。并且，氏族发展的程度是世界上其他各地，甚至是印度，所不能及的。"④ 韦伯认为，中国在长期历史进程中有许多变化，但是唯一不变的是氏族血缘纽带（或拟血缘性的凝聚关系）。⑤ 他在论述"中国法"时专门引述道："氏族团体在中国从未崩解，不像在西方，氏族团体早因城市的发展和基督教的缘故而瓦解了。"⑥ 愈是早期社会，血缘关系的地位愈益重要。如早期中国便属于具有血缘性的宗法国家。只是随着历史发展，血缘宗法底色逐渐褪去，但永远也无法去掉，因为血缘关系是永恒存在的。在中国众多思想流派中，独有儒家学说经久不衰，并成为中国文化的标志，关键在于其根基于中国的血缘关系。这一关系上延远古，下伸当下。迄今，中国人将自己视为"炎黄子孙"，并以此为荣。这种认同便是基于共同的血缘关系。这种血缘关系正是中国理性持续不断的源泉。因此，我们需要从血缘关系内部

---

① 王三义：《"游牧"的概念与文明史的抉择》，《学术研究》2001年第10期。
② 《马克思恩格斯选集》第4卷，第125页。
③ ［美］路易斯·亨利·摩尔根：《古代社会》（下册），杨东莼、马雍、马巨译，商务印书馆1977年版，第363页。
④ ［德］韦伯：《中国的宗教 宗教与世界》，康乐、简惠美译，广西师范大学出版社2004年版，第140页。
⑤ 同上书，第9页。
⑥ ［德］韦伯：《法律社会学》，康乐、简惠美译，广西师范大学出版社2005年版，第231页。

去寻找和理解中国理性的根源，并发现其特有的价值，建立符合中国自己特性的理论体系。否则就容易陷入马克思所说的"他们无法表述自己，他们必须被别人来表述"的困境。①

三 祖赋人权：血缘理性的本体原则

理性为人的存在和行为提供正当性，使人们意识到自己的存在和行为是合理的、正当的。在现代社会科学中，这种合理性、正当性以权利的方式加以表达。权利是人们根据一定习俗、道德、法律获得某种资格和利益的可能性。

人是有意识的动物。人总是会追问自己的来源，并以此为自己的存在和行为寻求正当性和合理性，即具有终极和本体意义的价值体系。在西方，长期流行的是"天赋人权"，即人具有与生俱来的自然权利。这里的"天"具有本源性、本体性和终极性，以宗教的解释即是超越人间的"上帝"，即"上帝造人"。而"人"则是抽象的个体的人。"天赋人权"的理论基础是社会契约论。在社会契约论创始人霍布斯看来，人生而平等，一切"权威"必须给出人为的"理由"，获得"同意"。② 这一理论事实上只是一种假设，因为在实际生活中并不是每个人在任何时候任何事情上都要订立契约并理解其后果，如父亲对孩子的权威。因此，"天赋人权"，从本质上看是一种建构理性。

"天赋人权"是近代产生的理论，反映人的自觉。它要解决的是人作为个体如何摆脱束缚和压制，建立新的国家这一时代问题，具有一定的时代合理性，也有其时代局限性。这就是在近代之前，人们是根据什么理由赋予自己以地位和资格的呢？不能将"天赋人权"之前的时代都归于蒙昧时代。事实上，比天赋人权这一建构理性更为古老的是自然形成的血缘理性。"原先，最好的权威是祖传的，或者说一切权威的来

---

① 马克思：《路易·波拿巴的雾月十八日》，萨义德：《东方学》，王宇根译，生活·读书·新知三联书店1999年版，扉页。
② 孙向晨：《现代社会中的"家庭"及其所代表的伦理性原则——黑格尔《法哲学原理》中的"家庭"问题的解读》，《学术月刊》2017年第4期。

源都是祖传的。"① 中国是一个农业民族,其思维具有经验性。他们以其直观性视角,认定人的生命及其生命活动来源于与自己具有血缘关系的祖先,是祖先赋予了自己生命及其存在的正当性。从血缘关系看,作为血缘起始者的祖先就是具有本源性、本体性和终极性的"天"。"万物本乎天,人本乎祖。"② "血缘决定了成员资格、身份、责任、权利和活动。"③ 祖先是血缘关系的人格化。而由祖先赋予其生命的人是具体的"人",是处于血缘继替关系中的后人。祖先赋予后人以存在资格和地位是不言自明的,由此所产生的祖先"权威"也是不言而喻、自然天成的,无需也不可能由后人与祖先签订契约,经由"同意"而获得权威。因此,"祖赋人权"是基于人类最古老最原初的血缘理性而生成的,也是血缘理性的最高本体原则。

作为人类活动的本体原则会被赋予神圣地位。人作为生命活动体,对自己的生命来源有着本能的崇拜。"人类社会初期,人们就产生自然崇拜、人造物崇拜、祖先崇拜,人们对祖先崇拜最为持久,因为它同人类生存及其自身再生产联系在一起。"④ 人们对生命来源的不同认识,会形成共同体成员共有的情感和信仰。共同的情感和信仰造成共同体成员的精神纽带。其中,信仰具有最高价值,反映了人们对某一对象的执着相信,并会通过一定的物质形态加以表征和一定的仪式加以表现。

仅仅就表象看,中国与西方比,有许多不同之处。在西方,随处可见的是教堂,教堂在社会生活中居于中心地位,由此有"教区"之说。西方创设"天赋人权"理论是借用了宗教至高无上的神圣性。而在中国,特别是当下的华南农村,随处可见的是祠堂,祠堂在社会生活中居于中心地位,由此有"宗族"之说。教堂和祠堂均是敬奉神灵的地方,也是人

---

① [美] 列奥·施特劳斯:《自然权利与历史》,彭刚译,生活·读书·新知三联书店2003年版,第92页。

② 白雪娇:《分形同气:农工并举之族的裂变与整合——粤北福岭村调查》,徐勇、邓大才:《中国农村调查》(总第4卷·村庄类第3卷·华南区域第3卷),社会科学文献出版社2017年版,第39页。

③ [美] 丹尼尔·哈尼森·葛学溥:《华南的乡村生活——广东凤凰村的家族主义社会学研究》,周大鸣译,知识产权出版社2012年版,第81页。

④ [法] 爱弥尔·涂尔干:《宗教生活的基本形式》,渠东、汲喆译,上海人民出版社2010年版,第161页。

们追溯自己来源的地方。但教堂和祠堂供奉的神灵却不同,教堂是上帝,祠堂是祖宗。在我们调查的中国农业文明核心区域,至今还到处可见农村家户供奉着祖宗先人的牌位,并有各种祭祀活动。这些活动已成为人们日常生活最为重要的部分。"中国的宗的理念历经长久的历史而毫不减弱地一直维持到最近的最大的原因,大概应在并非是权力而是植根于对血脉这种自然性的事物所具有的一定看法这一点上来求得"。① 华南一些地方因为偏远,血缘关系及其信仰受到的冲击较小,还保留着大量的历史遗迹。在那里,每个村庄都有祠堂。祠堂在人们心中具有神圣性地位。所谓"聚族而居",实际上是围绕祠堂而居。祠堂是供奉祖宗的场所。族人从出生到死亡的生命活动都要在祠堂举办仪式,以表示"认祖归宗"。即使是死后也要通过祠堂为灵魂寻找一片安息之地。涉及宗族共同体的大事、对族人奖励等都要在祠堂,即在祖宗面前进行。祖宗如"上帝",在每时每刻关注着族人的存在和延续。正如韦伯所说,"氏族的凝聚,无疑地,全然仰赖于祖先崇拜"②。"不管怎样,在历史时期,中国人民最根本的信仰是对于祖先——虽然并不止于自己的祖先,但特别是对自己的祖先——的神灵力量的信仰。"③"祖先崇拜是中国人的宗教,也是联系中国人活着的世界与神鬼世界的关键。"④

从"深度中国调查"看,祖先崇拜体现在多个方面:一是祖坟崇拜。祖坟是安葬祖先的地方,一定要求风水好,以泽佑后人。二是族谱崇拜。族谱记录祖先功德和后人传承,"贵于金玉"。"族谱的存在意义,首先是对宗族成员资格的确认,并为本族成员提供了与其他同姓宗亲发生关系的依据;其次,它在一个父系观念强大的社会中,明确地标志出作为本人及其群体自我认同根基的父系祖先源流。""对于宗族这一中国式父系集团来说,可以被称为'宪章'的则是它们的族谱。"⑤ "通过它就可以找到

---

① [日]滋贺秀三:《中国家族法原理》,张建国、李力译,商务印书馆2013年版,第46页。

② [德]韦伯:《中国的宗教 宗教与世界》,康乐、简惠美译,广西师范大学出版社2004年版,第140页。

③ 同上书,第141页。

④ [美]许烺光:《美国人与中国人》,徐德隆译,台湾:巨流图书公司,第312页。

⑤ [日]濑川昌久:《族谱:华南汉族的宗族·风水·移居》,钱杭译,上海书店出版社1999年版,第21、2页。

自己的根，体现了'水流万里共一源，树长千枝同根生'的渊源关系。"①三是祠堂崇拜。祠堂是供奉祖先的地方，也是血缘共同体的精神归宿，居于人生的中心地位。四是崇拜仪式活动。这种活动贯穿人们的一生和长年累月之中。春节大年三十全家人团圆，首先要敬祖先，在祖先灵前烧香，还会在桌子上摆上一副碗筷，敬请祖先与家人团圆。清明节则是专门祭祀祖先的节日。

人们之所以形成祖先崇拜的观念，从根本上在于，是祖先赋予自己生命及其存在的正当性。人们理所当然，不言自明地会认为：没有祖先哪有我？"祠堂是供奉我们老祖宗的，敬老祖是我们的规矩，没有老祖宗就没有现在的我们。"② 同族之人，"必始自一人"。③ 人们具有家庭成员资格，是因为与祖先的关系，与生俱来的，而不依赖于任何外界的裁决。人们对祖先的崇拜过程也是确立自己血缘位置和生命正当性的过程。当然，祖先是一个生命继替的开放性概念，既包括终极性、唯一性的远祖，也包括与个人生命活动直接相关的近祖或先人。这在于血缘关系的组织单位有大有小。最基本的单位是核心家庭，因为血缘关系而扩大的由若干核心家庭构成家族，而由若干家庭和家族，共同供奉同一祖先而形成宗族。在华南宗族村庄，远祖可以追溯到50多代人以前。有一个村的蓝氏族谱甚至将自己的姓氏追溯到炎帝神农氏，从始祖起已繁衍108代。④ 在黄河和长江区域的村庄，大量存在的是血缘家庭和家族，常见的是单一血缘的家祠，其先人在数代以上。无论如何，对祖先（包括先人、前辈）的敬奉，源于人对生命来源的认知。正是基于这种认知，才有了根据血缘关系获得某种资格和利益的可能，由此将过去、现在与未来打通，体现了血脉相承、代际延续的血缘理性。祖先崇拜最终体现为"不忘根本"，祖赋人权因此构

---

① 史亚峰：《以房兴族：官商并举之族的分化与整合——粤北下镇村调查》（调查报告）。
② 李华胤：《因规而合：穷家小族的延续与发展——粤北坪村调查》，徐勇、邓大才：《中国农村调查》（总第2卷·村庄类第1卷·华南区域第1卷），社会科学文献出版社2017年版，第264页。
③ 晏俊杰：《商农互助：分化外行宗族社会的聚合——赣中燕坊村调查》，徐勇、邓大才：《中国农村调查》（总第3卷·村庄类第2卷·华南区域第2卷），社会科学文献出版社2017年版，第574页。
④ 李华胤：《因规而合：穷家小族的延续与发展——粤北坪村调查》，徐勇、邓大才：《中国农村调查》（总第2卷·村庄类第1卷·华南区域第1卷），第243—244页。

成血缘理性的本体原则。

四 血缘理性第一法则：生命、财产、规则的同等性

"祖赋人权"指的是血缘共同体成员因为祖先而享有与生俱来的自然权利。这种权利不言自明，赋予血缘共同体成员获得资格和利益的正当性和合理性。这种正当性和合理性尽管是不成文的，但为血缘共同体所普遍接受和共同认可，因此是一种"自然法则"或者"习惯法则"，也是支配血缘共同体的最高理性原则。

"祖赋人权"不是赋予血缘共同体某一个或者某一类成员专有的权利，而是赋予所有共同体成员同等的权利，只要是本族人，在共同体内享有同等的地位。"夫族之众虽千万人，皆由始祖一人之身所出也。"① 同等性是血缘理性由"祖赋人权"最高原则派生出来的第一法则。它标志着在血缘共同体内，成员之间具有某种无差别的同等地位。

从"深度中国调查"看，血缘共同体的成员具有以下同等的权利：

其一，同等的生命权。血缘共同体是以血缘关系为基础的，血缘关系特别重视人口的繁衍和延续。世上万事万物，人口为大。理由在于"今世的人是已故祖先生命的延续"。② 新的生命一旦降临，不仅具有生存下来的正当性，而且赋予其神圣性。族人出生后要到祠堂挂灯，举办仪式，向祖先禀报"添丁"，告知祖先，血脉得以延续，并加以庆贺。"'灯'与'丁'谐音，灯火寓意生生不息，薪火相传。"③ 相反，如果不能生育人口，则被视为对祖先的不敬，"不孝有三，无后为大"。如果某人不能生育，血缘共同体有义务帮助成员繁衍人口，使其血脉能够传承下去，如过继。

任何血缘共同体成员一旦获得生命，就有同等存在的正当性，因为他

---

① 晏俊杰：《商农互助：分化外行宗族社会的聚合——赣中燕坊村调查》，徐勇、邓大才：《中国农村调查》（总第3卷·村庄类第2卷·华南区域第2卷），第622页。
② 麻国庆：《家与中国社会结构》，文物出版社1999年版，第99页。
③ 张利明：《和合共生：农商并举之族的立与兴——粤北司前村调查》，徐勇、邓大才：《中国农村调查》（总第3卷·村庄类第2卷·华南区域第2卷），社会科学文献出版社2017年版，第129页。

们的生命都是同一个祖先所赋予的。"宗族子姓，情同手足"。一是当人们生存发生困难时，血缘共同体有义务帮助其度过难关。家庭财产为家庭成员共有，除此之外，扩大了的家庭——家族和宗族还有共有的族田、族山、族林。它们将优先提供给生存困难的家人或者族人劳作，以获得生存之源。血缘共同体为生存困难的家人、族人提供必要的救济。"族长的职责就是保护族人，不能让一个族人饿死。"① 二是家人和族人受到他家和外族人攻击，生命有可能受到威胁时，本家和本族人有帮助的义务，具有同生死共患难的责任。广东清远市新城村曾姓宗族在20世纪与外姓发生冲突时，全族村庄遭受毁灭性破坏。先行回村的村民首先是重建祠堂，其他族人才陆续回村。村民解释是"有祠就有根，有根就有人"。② 三是本家和本族人有可能受到剥夺生命权的惩罚，但这种惩罚并不轻易实施，且依据的是为包括受惩罚者自动认可的家法和族规。

其二，同等的财产权。生命的产生与延续均需要财产提供保障。在血缘共同体内，家人和族人享有同等的财产权。主要体现在四个方面：

一是财产继承实行"诸子均分"。血缘共同体强调血缘的传承，而血缘的传承又与财产的继承相关。作为家人和族人一出生便具有同等的生命权，同时也具有同等的财产继承权。从所调查的村庄看，在财产继承方面都实行的是"诸子均分"，即每个儿子都能够获得同等的财产，且一般采取抓阄方式，以示公平。在我们询问老人为什么要实行这一制度时，老人基本上都表示，同是父母所生，理所当然一视同仁，"手心手背都是肉"。"平分了才合理，这样都没意见，显得兄弟和气团结，也是对父母的共同尊敬。"③ 即使是领养的孩子也同样分得一份财产。虽然家长有处置财产的权力，但也不可以厚此薄彼。"父亲至少在常态下不能剥夺任何一个儿子作为继承人的资格。"法律规定的"'诸应分者，田宅及财物，兄弟均

---

① 李华胤：《因规而合：穷家小族的延续与发展——粤北坪村调查》，徐勇、邓大才：《中国农村调查》（总第2卷·村庄类第1卷·华南区域第1卷），第448页。

② 陈军亚：《贫弱小族的生存与兴盛——粤北新城村调查》，徐勇、邓大才：《中国农村调查》（总第4卷·村庄类第3卷·华南区域第3卷），社会科学文献出版社2017年版，第304、319页。

③ 张利明：《和合共生：农商并举之族的立与兴——粤北司前村调查》，徐勇、邓大才：《中国农村调查》（总第3卷·村庄类第2卷·华南区域第2卷），第71页。

分'，无非是对中国人的意识之中所谓作为自然法存在的规范也给以实定法上的承认这种意义上的规定。"① 这与西方国家实行具有血缘排他性的"长子继承制"的逻辑完全不同。

二是血缘共同体拥有共同财产，为成员同等享有。中国的血缘共同体由氏族到宗族，再到家族和家庭，其财产由完全公有到公有和私有并存。但即使是私有部分也是以血缘家庭而不是独立的个体为单位的。家庭私有财产为家庭成员同等享有，任何个体不得私自占有，只能通过"分家"的方式同等占有。除家庭私有财产之外，家族和宗族还有祠堂、祖坟、族山、族田、族林等族产。这些族产属于族人共同所有，并赋予其神圣价值，即是祖先传承下来的共同财产，任何人不得私自占有和处理。"如果族人自己偷偷将族田或房田卖出被房内人发现，则房长可以处理，认为其不是好人，不是祖公的子孙，将其开除房籍，逐出本房，房内人也不承认其是本房人。如果卖公田的族人犯了法或其他事情，房内不会给其保护，不会理他。如果房内分蒸尝等，也不会分给他。因此房内人都不敢卖祖公的财产。"② 在宗族村庄进行土地改革时，大量存在所谓"死地主"，即祖先传承而没有明确产权人的宗族公共土地。

三是即使是个体家庭的私有财产，家族和宗族也有干预的正当性。一般来讲，个体家庭的财产可以由个体家庭自由处置。但是对于血缘共同体来讲，即使是个体家庭的财产，也受到宗族的制约。如个体家庭土地的买卖转让要优先本族人，买卖转让过程要经过本族人同意。其背后的理念是个体家庭并非是完全独立的，而是同一祖先的后代；个体家庭的财产也不是完全能由个体家庭独立支配的，它的终极来源于同一祖先，因此要受到本族人的制约，保证本族人在支配财产方面具有同等的权利。"因为有些东西可能都是老祖宗留下来的，卖给外人岂不是对祖宗不敬，会影响子嗣

---

① ［日］滋贺秀三：《中国家族法原理》，张建国、李力译，商务印书馆2013年版，第198、257页。
② 胡平江：《大族崛起：以分促合的治理——粤北山池村调查》，徐勇、邓大才：《中国农村调查》（总第2卷·村庄类第1卷·华南区域第1卷），社会科学文献出版社2017年版，第59—60页。

的，对后代的命运也不好。"①

四是对土地的使用方面可以进行调整，以保证同族人有同等的财产权利。在宗族共同体内，尽管土地为个体家庭所使用，但并不具有终极意义的所有权，即不能永恒的使用。宗族共同体可以根据情况进行调整，以保证本族人都有同等的生存条件。其背后的理念便是宗族共同体的土地等生产资料均是祖先传承下来的，本族人人人有份，有获得同等条件的正当性。

当下中国的土地政策是"增人不增地，减人不减地"。但在许多地方，其土地是"三年一小调，五年一大调"，重要原因正是历史传承下来的血缘理性的结果，即每个人都有生存的同等条件。

同等的财产权是维持血缘共同体长期存续的经济基础。在世界上其他地方，乃至中国一些区域的血缘共同体未能延续下来的重要原因就是缺乏血缘团体的共同经济基础。国外历史学家魏特夫因此认为"中国南方的'氏族家族主义（Clan familism）'是一个令人费解的现象"。②为此，人类学家弗里德曼特别关注中国血缘团体的共同经济基础。而科大卫通过实地观察发现，在宗族村庄，"外地人与本地人之分，前提为入住权之有无"。"所谓入住权，是在一指定疆域内享有公共资源的权利"。"村民们很清楚哪些人拥有、哪些人没有这些权利"。"拥有入住权的理据是：这权利是祖先传下来的。""村民们正是通过追溯祖先的历史来决定谁有没有入住权、是不是村落的成员。"③

其三，同等的规则权。血缘共同体是由同一血缘关系的人构成的。即使是同一血缘关系的人也会产生矛盾和冲突，于是需要共同的规则对成员的行为加以规范。这种规则通过家规、家法、族规、习俗等方式加以表现出来。特别是"作为一种生活习俗和内在信仰，铭刻在人们内心，传承于族人之间，并完全依靠其日常生活实践而实现言行相袭，代

---

① 李华胤：《因规而合：穷家小族的延续与发展——粤北坪村调查》，徐勇、邓大才：《中国农村调查》（总第2卷·村庄类第1卷·华南区域第1卷），第289页。

② [英] 莫里斯·弗里德曼：《中国东南的宗族组织》，刘晓春译，上海人民出版社2000年版，第1—2页。

③ [香港] 科大卫：《皇帝和祖宗：华南的国家与宗族》，卜永坚译，江苏人民出版社2010年版，第5页。

代相传。"① 在血缘共同体内,成员享受同等的规则权,即在家法和族规面前人人平等。"宗族虽亲疏不同,本吾祖一气,不可富欺贫,强凌弱,众暴寡,必以其伦按以礼可也。"②

一是家法族规等规则为"祖宗之法",是祖先传承,与生俱来,家人和族人一出生就受其规训,从而内化于心,人人得以自觉遵守。

二是家法族规属于约定性规则,即本家和本族人默认一致的行为规范,凡是本家和本族人都必须遵守,否则共同体就会受到损害,"家法大于天"。我们调查的一个安徽宗族村庄,有一族人在外当了大官,回乡后试图超越族规,结果受到族人的拼死共同抵制而作罢。

三是规则权威是执行规则的模范。通常制定和执行规则的人具有比一般人更高的权威,也因此成为特权者。而在血缘共同体内,家长和族长等血缘领袖不仅仅要如一般成员一样遵守规则,且要成为典范。"为了维持俞氏族规的神圣性,族长、房长和绅衿不但没有任何特权,反而会以身作则,以族规为准则,进行更为严苛的自律和自省。"③ 因为,他们的公共权威正是建立在模范遵守祖先传承的内在规则基础上,一旦逾越规则,其权威迅速流失。正因为如此,血缘共同体的领袖同时也是道德权威。"族长并不是可以轻易充任的,有着十分严格的条件。只有有品行、有实力、有文化、有地位的人才能做到族长。"④

五 血缘理性第二法则:年龄、性别、身份的差等性

"祖赋人权"的本体原则赋予了血缘共同体成员在生命、财产、规则的起点同等,体现着"人生而平等"的法则。但人一旦出生,进入具体

---

① 陈军亚:《贫弱小族的生存与兴盛——粤北新城村调查》,徐勇、邓大才:《中国农村调查》(总第4卷·村庄类第3卷·华南区域第3卷),社会科学文献出版社2017年版,第319页。

② 付振奇:《族推儒助:仕贾并举的兴族之道——徽州呈坎村调查》,徐勇、邓大才:《中国农村调查》(总第2卷·村庄类第1卷·华南区域第1卷),社会科学文献出版社2017年版,第733页。

③ 罗丹:《商优哺农:僻乡大族的合族共荣之道——浙中俞源村调查》,徐勇、邓大才:《中国农村调查》(总第3卷·村庄类第2卷·华南区域第2卷),社会科学文献出版社2017年版,第858页。

④ 史亚峰:《以房兴族:官商并举之族的分化与整合——粤北下镇村调查》(调查报告)。

的生命活动时期，每个成员的地位又具有差等性，即在血缘共同体中的实际存在具有差异、差别性，并享受不同的待遇。费正清进行中西比较时说：在中国，"亲属关系不仅比西方的关系名义明确，区分精细，而且还附有按其地位而定的不容争辩的权利和义务。"① 这种生命过程中具有差别性的权利和义务而产生的差等性是基于血缘关系而产生的，是血缘共同体存续的条件，并为其成员自然认可，因此构成血缘理性的第二法则。其主要表现是：

其一，长幼有序。"祖赋人权"意味着生命起源于先人，后人的生命虽然都要受到同等的尊重，但从血缘传承看，后人的生命、财产毕竟都来自于先人，因此在具体的生命活动关系中，表现为"长幼有序"，长者的地位高于幼者。在日常生活中，幼者要敬重长者。长者为一家之长，享有支配性的权力，由此构成共同体的生命次序。在辈分称呼上，后辈对前辈不能直呼其名，需要尊称。在排位座次上，年长者位居中心。在血缘共同体的职位资格方面，以长者为先。年长或者辈分高者才能担任家长、房长、族长。"理由就是：辈分越高则血缘离先祖越近，辈分越低则血缘离先祖越远，长辈自然要比晚辈尊贵。"②

"长幼有序"的血缘理性首先是有与生俱来的自然法则。幼者为长者所生、所养，从一出生开始就要遵循长者的意志，即"听话"。这一法则因为血缘情感关系而获得不言自明、不教自会的"默认一致"。家长权威不是人为建构的，而是因出生次序及其对后人的抚育自然形成的。"父母生身之根本，故需事养，疾则医治，殁要祭葬。"③

"长幼有序"除了长辈与后辈的关系外，还包括长子与次子的关系。在众多儿子中，长子的地位更高。在财产继承时，长子通常能够居于较高地位。"一般而言，房屋以左为大，因此一家人如果有两个儿子，

---

① ［美］费正清：《美国与中国》，张理京译，世界知识出版社1999年版，第24页。
② 李鹏飞：《制锦储才：商宦大族的兴盛之道——徽州雄村调查》，徐勇、邓大才：《中国农村调查》（总第6卷·村庄类第5卷·华南区域第5卷），社会科学文献出版社2017年版，第112页。
③ 付振奇：《族推儒助：仕贾并举的兴族之道——徽州呈坎村调查》，徐勇、邓大才：《中国农村调查》（总第2卷·村庄类第1卷·华南区域第1卷），社会科学文献出版社2017年版，第732页。

则左边房屋分给长房。"① "分家的时候，长子不需要搬迁出去，其他的儿子则选择另起炉灶。家中的厨房归长子，也就是嫡长子所有，不仅因为父母要与长子同住，更是因为'厨归长嫂'，寓意'繁衍不息，绵延不绝'"。②

"长幼有序"的血缘理性不仅仅是自然天成的，更重要的是后天规训的。除了在日常生活中，人们可以获得"长幼有序"的自然法则，家庭、家族和宗族作为血缘共同体，还会建构一整套行为规则规训其成员，使之成为能够按照"长幼有序"行为的合格家人和族人。"长幼、尊卑之序乃族之根本。"③ 这种以"孝道"为核心的规训从人的出生便开始，且体现在日常生活之中。如当人一懂事，家长就会教导子女必须敬重长者，日常生活活动中处处体现为长者为大和优先的次序。而一旦子女不敬重长者，家庭和宗族还可动用"家法"和"族规"加以惩戒。在血缘共同体中，"家法"与"族规"的核心内容是长者优先。一般而言，"女性名字的全称是不能出现在族谱当中的，一般为'＊氏'。但是在浦源郑氏的宗谱上有专门一节为'孝节类'，专门为孝事父母，忠于家庭的女性传书，"即"因孝入谱"，因为孝敬老人女性也可以入谱，以示表彰和倡导。④

"长幼有序"的血缘理性不只是一种理念，且有物质保障。一是子女成年分家，主持分家的是长者，长者在分配财产时也赋予了后人孝敬老人的义务。二是长者分家时也会为自己保留一份财产，使自己生命活动的延续有独立的经济基础。三是祠堂、用于祭祀的族产等都是用于敬奉长者的，使他们的生命有一个最后的安息之处。这种物质保障反过来进一步强化了"长幼有序"的理念。

其二，男女有别。家庭、家族和宗族是以一成年男性为中心，按照父

---

① 胡平江：《大族崛起：以分促合的治理——粤北山池村调查》，徐勇、邓大才：《中国农村调查》（总第2卷·村庄类第1卷·华南区域第1卷），社会科学文献出版社2017年版，第81页。

② 李华胤：《因规而合：穷家小族的延续与发展——粤北坪村调查》，徐勇、邓大才：《中国农村调查》（总第2卷·村庄类第1卷·华南区域第1卷），第317页。

③ 吕进鹏：《内散外移：商儒共济之族的兴衰之道——粤北新岭村调查》（调查报告）。

④ 黄雪丽：《福建省宁德市周宁县浦源镇浦源村形态与实态调查》，徐勇、邓大才：《中国农村调查》（总第6卷·村庄类第5卷·华南区域第5卷），社会科学文献出版社2017年版，第624页。

子相承的继嗣原则上溯下延,其世系是按男性而非由男女两性共同排列的。这就意味着,作为血缘共同体的血缘关系是以男性为中心的,只有男性才能担负起血脉传承的责任。费正清在比较中西差异时说,"中国的家族制是父系的,家长地位按男性系统由父亲传给长子。男人留在家里,女子嫁给他家,这两者的生活方式都与西方人视为理所当然的方式不同。"①因此,"祖赋人权"虽然赋予所有血缘共同体成员同等的生命权,但当成员出生以后,男女间的地位与待遇是不同的,具有差等性,形成男女之间的主次关系。其理由一是女性最终要外嫁他人,成为"外家人",不能成为"本家本族"的传承者;二是外嫁到本家本族的女性是"外姓人",不是来自本家本族的血统,具有天然的疏离性。因此,"男女有别"是基于血缘共同体的血缘传承关系确立的宗族理性的又一法则。

"男女有别"的血缘理性体现在血缘共同体成员生命活动的全过程。根据"深度中国调查",我们发现,当人们一出生,男女就有别。如果是男性,要到祠堂向祖宗报告"添丁",举办隆重的仪式,告知列祖列宗,后继有人,香火兴旺;"生女孩则不需要向祖公禀告,也不需要写入族谱。"在宗族活动中,"男性长辈可以坐在祠堂就餐,而女性往往只能在下厅就餐。家庭中,以男性为家长,如子女分家时以父亲决定为主,父亲去世后母亲才能做主。"② 分家时遵循的是"诸子均分"的原则,只有儿子才能继承财产,女儿则被排除在外。"享有财产继承权的为家中的男丁,女儿没有继承权,无论父母去世时女儿是否出嫁,都不享有财产继承资格"。③ 在家庭生活中,男性才是"当家的"。在婚姻生活中,男性可以再娶,女性一般不可再嫁。即使是去世了,女性也不能进入祠堂为后人所祭拜。在"深度中国调查"中仅发现有一处女祠,专门供奉去世女性,但也是十分特殊条件下的产物。

为了强化"男女有别"的法则,宗族共同体还建构起相应的规则维

---

① [美] 费正清:《美国与中国》,第25页。
② 胡平江:《大族崛起:以分促合的治理——粤北山池村调查》,徐勇、邓大才:《中国农村调查》(总第2卷·村庄类第1卷·华南区域第1卷),第107页。
③ 刘迎君:《广东省河源市紫金县龙窝镇桂山村形态与实态调查》,徐勇、邓大才:《中国农村调查》(总第5卷·村庄类第4卷·华南区域第4卷),社会科学文献出版社2017年版,第310页。

护这一法则的实施。"家法"和"族规"中有对女性行为规范的"妇道",而无对男性行为规范的"夫道",对女性行为的约束与规范要超越男性,由此建构和强化"男尊女卑"意识。

其三,正庶有异。血缘共同体强调血脉的延续与传承,并以男性单系依据,实行一夫一妻制。但为了血缘的传承,男性可以娶多个妻子,女性只能"从一而终"。"一般情况下,如果妻子超过三年,没有生育或者生育男丁,丈夫可以选择纳妾。"①"村中有个人为了生得一子,陆陆续续娶了9个老婆"。②"清朝时期,杨氏宗族有一对夫妻十分恩爱,遗憾的是家中无子嗣,无人延续祖宗'香火'。为了家庭'香火'延续考虑,妻子鼓励丈夫纳妾,丈夫为了顾及夫妻感情一直没有纳妾。在妻子的多次逼迫下,丈夫纳了一房妾,生下三男丁。评语为'正妻贤明,祖宗有后'。"③在男性所娶的多个妻子中,有不同的身份,并享有不同的待遇。明媒正娶的第一个妻子被称之为"正妻",其他妻子则被称之为"庶妻"。当然,与"长幼有序""男女有别"不同,一般血缘共同体成员没有能力娶多位妻子,也不存在"正庶有异"的身份差等的意识。但愈是那些存续久远、力量显赫的宗族,"正庶有异"则是维护血缘共同体的重要法则。

"正庶有异"的血缘理性体现于血缘共同体成员的全部生命活动中。在日常生活中,正为先,为大,庶为后,为小。正妻所生子女为正出,具有优先权;庶妻所生子女为庶出,不具有正出子女同等待遇。"正房不论生有几个男孩,均可分得一半家产,剩余的家产由偏房的儿子均分(不论有几个偏房、多少个儿子)"。④这在于"妾在所谓宗之理念秩序之中没

---

① 李华胤:《因规而合:穷家小族的延续与发展——粤北坪村调查》,徐勇、邓大才:《中国农村调查》(总第2卷·村庄类第1卷·华南区域第1卷),第317页。

② 刘燕:《合族共济:商优学起之族的繁荣——赣南白鹭村调查》,徐勇、邓大才:《中国农村调查》(总第2卷·村庄类第1卷·华南区域第1卷),社会科学文献出版社2017年版,第813页。

③ 王章基:《福建省龙岩市连城县新泉镇杨家坊村形态与实态调查》,徐勇、邓大才:《中国农村调查》(总第5卷·村庄类第4卷·华南区域第4卷),社会科学文献出版社2017年版,第153页。

④ 郝亚光:《伦理自治:宗族社会的存续密码——粤北上岳村调查》,徐勇、邓大才:《中国农村调查》(总第3卷·村庄类第2卷·华南区域第2卷),社会科学文献出版社2017年版,第270页。

有占据地位"①。

为了强化"正庶有异"的法则，血缘共同体还建构起相应的规则维护这一法则的实施。在"深度中国调查"中发现，安徽一个宗族村庄，历史上有一位族人经过读书成为大官，回到家乡看望其母亲。母亲为庶妻，最大意愿是能够获得正妻一样的名分和地位。大官儿子希望能够满足母亲的意愿，却遭到族人的拼死共同抵制，其理由是不能破坏宗族法则。

六　血缘理性第三法则：位置、权力、责任的对等性

"祖赋人权"赋予血缘共同体成员以同等的生命、财产和规则权，但在实际生活过程中，每个具体的人却处于差等地位，享受不同的待遇，存在着内在的张力。正如弗里德曼所说："从宗族平等主义的角度来理解，人们能够根据亲属组织的规则而提升职位，而且所有成员对宗族共同拥有的财产具有平等的要求，在仪式及其提供的世俗的设施也同样如此。事实上，利益和权力获得的归属是不平等的。"② 但从血缘关系为基础的血缘共同体来看，又是可以理解的。从西方的"天赋人权"看，"人"是抽象的、无差等的人。所有的人在抽象的上帝面前是平等的，均为上帝所造。这即传统中国人所理解的"无父无子"。"祖赋人权"是以血缘关系为基础的，每个人都是具体的，是血缘关系链条中的某一个具体的人，要么是父，要么是子；要么是男，要么是女；要么是正，要么是庶等等。既然是具体的人，必然会存在差异，否则血缘共同体就难以持续运行和维系。"血缘所决定的社会地位不容个人选择。""这是安稳既存秩序的最基本的办法。"③ 这种地位的差异并不表明血缘共同体成员的对立，如基于利益关系产生的阶级对立，反而是为了获得血缘共同体成员共同需要的秩序。由此就产生了宗族理性的第三法则，即血缘共同体成员之间关系行为的对等性。

---

① ［日］滋贺秀三：《中国家族法原理》，张建国、李力译，商务印书馆2013年版，第378页。
② ［英］莫里斯·弗里德曼：《中国东南的宗族组织》，刘晓春译，上海人民出版社2000年版，第87页。
③ 费孝通：《乡土中国　生育制度》，北京大学出版社1998年版，第66页。

对等性是指不同行为人之间具有相应的行为规范,并能够得到行为人相互的认可。"祖赋人权"赋予每个血缘共同体成员以生命存在的正当性,但这种正当性体现在具体的血缘关系之中。血缘关系界定每个人以具体位置,血缘理性赋予每个人因位置而产生的具体名分,如长幼、男女、正庶等。血缘共同体成员根据其位置和名分获得不同的权力,如长幼有序、男女有别、正庶有异等。但这种权力不是单向的特权,而同时是一种双向的责任。处于不同位置的血缘共同体成员享有不同的权力,并要履行与其权力相对应的责任。反言之,血缘共同体成员只有履行了与其位置和名分相应的责任,才能具有居于相应位置并获得相应权力的正当性,才能为行为人所共同认可。正如许烺光所说:"中国人最初的和最终的责任是对祖先和后代尽心尽力。""他的这种血缘上的位置是特定的和不可让渡的,而且他的酬报和义务以及威望和权力在很大程度上与他的身份——他在那个紧密结合并不可让渡的集团中所处的位置——密切相连。"①

"长幼有序"的差等法则规定了长者优先,产生父权。但是父亲的优先位置和权力是以父亲承担的"当家"责任为前提的,即"父慈子孝"。"父慈"是对处于父亲位置并享有父亲权力的规定。只有"父慈"才能"子孝"。父亲不能因为其父亲位置和权力而放任,否则就难以获得"子孝"。与"长幼有序"相应的"父慈子孝"对于长幼的行为是双向对等的约束。"子不教,父之过",作为父亲,不能仅仅享有父亲的位置和权力,更要履行其责任。换言之,长者优先、父亲为大,是以父亲责任优先、责任为大为前提的。如果是子女犯错,父亲还负有连带责任。"家人共犯,独坐家长"。

长子具有略高于其他儿子的地位,在于长子要多承担一份义务。"父母早逝则长子需承担抚养弟弟、妹妹的义务,族人称之为'长子当父,长嫂当母'"。②"长子分家时分得多一些,日后承担的责任也要多一些。

---

① [美]许烺光:《宗族·种姓·俱乐部》,华夏出版社1990年版,第53、58页。
② 胡平江:《大族崛起:以分促合的治理——粤北山池村调查》,徐勇、邓大才:《中国农村调查》(总第2卷·村庄类第1卷·华南区域第1卷),第82页。

老大独立后,要照顾其他的兄弟,特别是在父母亲去世之后,长子就要像父亲一样,其他兄弟家有什么大事都得和老大商量。"①

"男女有别"的差等法则规定了男性优先,产生夫权。但是男性和丈夫的优先位置和权力是以男性和丈夫履行相应的责任为前提的。男性继承财产,就必须担负赡养老人、娶妻生子、传承血脉的责任;丈夫"当家",就必须担负"养家糊口"的责任。换言之,"男尊女卑""夫唱妇随"都不是无条件的,而是有前提的,即各自履行义务,承担对等责任。

"男女有别",表示女儿不能与儿子具有同等资格,但也因此没有与其相匹配的义务。"女儿原则上不能继承任何财产,同时女儿也不承担任何赡养和祭祀义务。"②

"正庶有异"的差等法则规定了正室优先,产生正室权力。但是正室的优先位置和权力是以正室履行的责任为前提的。正室享有与庶室不同的待遇,是因为承担着不同的责任。正室要得到庶室的尊重,需要做出能够得到庶室尊重的行为,而不是仅仅凭借正室的地位与权力。

血缘理性的位置、权力与责任的对等性是相互联系的整体,位置决定权力,权力决定责任,责任确立位置。这种对等意识融入人们的日常生活之中,成为不言自明的习惯,能够得到可以实现的预期,因此成为一种理性自觉。正如费正清在论述中国人的行为理性时所说:"尊卑制(与我们那种由契约关系决定的个人独立制相反)的一个好处是,一个人自动认识到他在他的家庭或社会中所处的地位。他有一种安全感,因为他知道,如果履行了指定给他的那部分职责,他可指望这体系内的其他成员反过来也对他履行应尽的职责。"③

位置、权力与责任的对等性是血缘理性的理想图景,也是血缘共同体得以长期延续的前置条件。其目的是共同体成员各守本分,各务正业,各安其位,各得其所,和谐共处。这类似于柏拉图所说的"得其所得""做

---

① 晏俊杰:《商农互助:分化外行宗族社会的聚合——赣中燕坊村调查》,徐勇、邓大才:《中国农村调查》(总第3卷·村庄类第2卷·华南区域第2卷),第511页。

② 傅熠华:《房实族虚:累世大族的圈层分化与治理——赣中南符竹村调查》,徐勇、邓大才:《中国农村调查》(总第5卷·村庄类第4卷·华南区域第4卷),社会科学文献出版社2017年版,第540页。

③ [美]费正清:《美国与中国》,第24页。

其所做"的正义。① 也类似于亚里士多德所说的："正义包含……事物和应该接受事物的人……相等的人就该配给到相等的事物。"② 这是因为，如果共同体成员放任自己的行为而得不到约束，共同体就有可能分裂和解体。中国的血缘共同体得以长期延续是以这种对等性正义为基础的。血缘共同体不仅是利益共同体，而且是由长期共同生活形成的情感共同体，更是同呼吸共命运、"一损俱损、一荣俱荣"的命运共同体。共同体成员理所当然要对相关人承担起与自己位置相应的责任。

七 对血缘理性的理解与扬弃

在"祖赋人权"血缘理性本体原则下，同等、差等和对等是一个相互衔接的整体。同等是指起点公平，即同为血缘共同体成员应该一视同仁对待；差等是指过程差异，血缘共同体成员是在血缘关系中一个个具体的人，并根据血缘关系享受不同的待遇；对等是指结果公平，即尽管不同的人居于不同的位置，享有不同的权力，但都是以其承担与其位置和权力相等的责任为前置条件的。"祖赋人权"赋予人的存在的正当性，且这一正当性与人的责任是一体的。如果说"天赋人权"侧重于个人权利，那么，"祖赋人权"强调权责一体。同等、差等和对等三者缺一不可，共同支撑着血缘共同体的存在和延续。从血缘共同体的角度看，它具有内在的自洽性，反映血缘共同体自身的要求，具有历史的合理性。

当然，历史的合理性与局限性是并存的。血缘理性产生并维系着血缘共同体。这一理性以单一的血缘关系为基础，发挥着血缘内聚力的作用，但同时具有排他性，所谓"非我族类，其心必异"。共同体意味着其成员不可离开、不能离开、不愿离开，共同体为成员提供着遮风避雨场所的同时，也将成员限制在场所之内。正如费正清所说："中国是家庭制度的坚强堡垒，并由此汲取了力量和染上了惰性。"③ 血缘理性尽管支撑着血缘共同体，但这一共同体毕竟具有狭隘性和限制性。如调查中的一位老人所

---

① ［古希腊］柏拉图：《理想国》，郭斌和、张竹明译，商务印书馆1986年版，第166页。
② ［古希腊］亚里士多德：《政治学》，吴寿彭译，商务印书馆1965年版，第148页。
③ ［美］费正清：《美国与中国》，第21—22页。

说的祠堂,"风能进,雨能进,异姓不能进,甚至同姓不同宗也不能进。"其逻辑是"血统正宗,非种必锄"①。由于生产条件和利益扩展,血缘理性也难以阻挡人们脱离血缘母体,寻求个体的独立性,尽管这种独立性需要个体独自承担责任,缺乏共同体遮风避雨的保护。独立的个体更多的是地域性联系,造成的是"按地区划分它的国民"的国家的生长和扩张。中国正是在久远的宗族共同体解体过程中,产生大量独立的个体小农基础上,才得以获得强大的渗透力和统治力。

但是,宗族共同体的解体并不意味着血缘关系的消失,只是血缘关系主要体现于独立的个体家庭,且血缘关系延伸和扩展到国家领域。与西方不同的是,中国作为地域国家从未与血缘关系母体相脱离。血缘关系不仅仅存在于家庭,且深深渗透于国家统治领域,如"家天下""家长制""父母官"、血缘的世代与国家的朝代同体等。"皇帝通常被尊为全国的君父","皇帝的官吏也都被认为对他们各自的管区维持着这种父权关系。"②因此,基于血缘关系的血缘理性为国家所认可并接受,成为国家治理的基本准则。

当历史步入近代以后,人类社会进入到一个"世界历史"阶段,国家作为一个整体的地位与作用日益重要。因血缘关系形成的家族和宗族小共同体认同对于国家共同体形成的障碍作用日益突出。如孙中山先生所说,在中国,"一般人民只有家族主义和宗族主义,没有国族主义……所以中国人的团结力,只能及于宗族而止,还没有扩张到国族。"③ 同时,基于血缘理性形成的家族主义和宗族主义是以血缘共同体为本位的,在相当程度上是以压抑,甚至牺牲部分个体权利为条件的。这显然不利于通过解放个体形成新的国家和新的社会。为此,新文化运动对于长期历史延续的血缘专制礼教进行了激烈批判,有人甚至提出要"毁家"。随着民主革命的深入,毛泽东对于与旧的统治制度联为一体的血缘权力给予了批判,认为:"政权、族权、神权、夫权,代表了全部封建宗法的思想和制度,

---

① 李松有:《内合外拒:边陲宗族的生存与绵延——桂北枧村调查》,徐勇、邓大才:《中国农村调查》(总第4卷·村庄类第3卷·华南区域第3卷),社会科学文献出版社2017年版,第649、721页。

② 《马克思恩格斯论中国》,人民出版社2015年版,第6页。

③ 《孙中山选集》,人民出版社1981年版,第617页。

是束缚中国人民特别是农民的四条极大的绳索。"① 通过民族民主革命，与旧制度联为一体、基于血缘关系构成的权力及其载体受到否定。

但是，血缘关系毕竟是不可替代和原初的社会关系，基于血缘关系形成的理性意识作为一种长期历史形成的文化已构成历史发展不可规避的遗产，并成为中华民族延续发展的历史基因。关键在于如何对待和利用。孙中山先生激烈批判了基于血缘关系的家族主义和宗族主义，但他同时也认为历史形成的传统也有可用之处，认为："中国国民和国家结构的关系，先有家族，再推到宗族，再然后才是国族，这种组织一级一级放大，有条不紊，大小结构的关系当中是很实在的；如果用宗族为单位，改良当中的组织，再联合成国族，比较外国用个人为单位当然容易联络得多。"② 毛泽东尖锐批判了与旧统治制度联为一体的族权、夫权，但没有对历史传统给予简单否定，反而要求认真总结中国传统遗产。他表示，"学习我们的历史遗产，用马克思主义的方法给以批判的总结，是我们学习的另一任务。我们这个民族有数千年的历史，有它的特点，有它的许多珍贵品。对于这些，我们还是小学生。今天的中国是历史的中国的一个发展；我们是马克思主义的历史主义者，我们不应当割断历史。我们马克思主义者，不应当割断历史。从孔夫子到孙中山，我们应当总结，继承一份珍贵遗产。"③ 但在20世纪新旧替代思维及要解决最为紧迫问题的背景下，人们未及重视、挖掘、发现和总结珍贵的历史遗产，忽视了历史发展的延续性，从而造成现代中国的"历史悬空"状态，其本土理论资源过于贫乏，很难摆脱"言必称希腊"窘境。

无论从历史的变革性和延续性看，都需要进一步认识传统的血缘关系及其血缘理性，从而加以扬弃而不是简单的抛弃，事实上也抛弃不了。只要血缘关系尚存，基于血缘关系的血缘理性就会自觉不自觉地影响人的行为。这是不以人的意志为转移的。毛泽东在读苏联《政治经济学教科书》过程中发表谈话时就数次谈到"马克思这些老祖宗的书"，使用"老祖宗"之类中国人通俗易懂的词语。邓小平也使用了"老祖宗不能丢啊"

---

① 《毛泽东选集》第1卷，人民出版社1991年版，第31页。
② 《孙中山选集》，人民出版社1981年版，第675页。
③ 《毛泽东选集》第2卷，人民出版社1991年版，第533—534页。

的话语来强调马克思主义的本原性和重要性。① 近年来,在中国与邻国发生领土纠纷时,常常可见的话语是"祖先留下的土地,一寸也不能丢",以为自己的行为寻求正当性。习近平总书记在谈到南海问题时就说到:"南海诸岛自古以来就是中国领土,这是老祖宗留下来的。"② 由此可见,长期历史形成的血缘理性及其话语已深深地沉淀在中国人日常生活和行为活动之中,构成中国人重要的行为理据。所以,在为中国的现在和未来寻求根基时,特别需要我们对影响深远的血缘理性加以认真检视,分辨出积极或消极元素。

由"祖赋人权"本体原则派生的"同等"法则,尊重生命,主张予生命以同等对待,赋予每个生命以存在的正当性,赋予每个个体生命以同等的生存条件和机会,每个个体在共同体规则面前都是同等的。这一法则在新的历史条件下加以创造性转换,仍然具有生命力。如现代国家赋予每个人以同等的生命权,每个国民都有同等的生存发展机会,法律面前人人平等。

由"祖赋人权"本体原则派生的"差等"法则,是被作为"封建落后"的观念受到严厉批评的。从现代理念看,同样的人却受到不同的待遇,的确是不公正的,因此有了平等的诉求。社会主义核心价值观旗帜鲜明地将"平等"作为国家目标。但"差等"法则承认人的差异性的思想并非一无是处。相反,无论差别追求绝对平均既不可能,也会影响社会进步。

由"祖赋人权"本体原则派生的"对等"法则,是最值得挖掘和开发的。由"天赋人权"思想派生出来的现代思想是以个人权利为本位的,而个人权利的无限扩张也会导致责任的缺失。当今西方国家出现的诸多社会问题的根源便与过分张扬和强化个人权利密切相关。而血缘理性的"对等"法则强调权力与责任的对等性、一体性,突出人与人之间的对等互惠,可以在一定程度上避免个人权利的无限扩张,同时强化具有特殊公共权力者的责任性,建构责任政府。

需要注意的是,西方的"天赋人权"的理性原则,具有强大的建构

---

① 《邓小平文选》第3卷,人民出版社1993年版,第369页。
② 习近平:《南海诸岛是老祖宗留下的》,中国新闻网,2015年10月18日。

性，其目的是假设一个自然状态，人具有与生俱来的权利，是为了更好的生存不得已转让自己的部分权利。这一理念内生的是"市民社会"与"政治国家"的二元对立关系。而"祖赋人权"强调血缘的传承性，血缘关系是共同体存在的原生关系，作为血缘关系单位的家庭是更大的共同体——国家的基础，构成家—国一体结构。血缘社会与地域国家不是相互对立，而是共生共荣关系。这一社会与国家共生共荣关系具有独特的普遍价值。

当然，血缘关系与地域关系毕竟不同。作为以地区划分居民的国家毕竟不同于血缘关系团体。重要原因在于，国家以利益、社会分化为基础，是一种特殊的公共权力。血缘理性进入公共权力的国家领域，必然伴生重大问题，这就是一部分人有可能利用公共权力获取特殊血缘共同体的利益，使得公共权力家族化，造成"天下为家"。同时，血缘理性本身也内在地存在诸多缺陷。如"对等"法则毕竟在"差等"法则之后。处于"差等"格局中的优势地位的人如果放任自己，弱势地位的人是没有足够的条件和能力加以制止的。这种缺陷一旦进入公共权力领域，就可能无限放大，这就是那些具有特殊地位的人有可能放任自己而得不到必要的约束，使得巨大的公共权力造成巨大的祸害。这就是中国历史上不时会有"暴君"和"暴政"产生的重要原因。

有史以来，中国人就注意到血缘理性向公共领域渗透的负面影响，强调民本性，并作了不少改革，如"王子犯法与庶民同罪"、科举制、公职回避制等。特别是近代以来，中国通过数次革命和持续不断的改革，努力以人民性解决血缘理性对公共权力的渗透并造成权力家族性的变异问题。期间，西方的"天赋人权"的观念得到传播和借鉴。但是，当代中国有理由超越"天赋人权"理论，建构起更具有合理性和现实性的"法定人权"观。人民共同制定法律，通过法律赋予人民权利。这一历史性超越要借鉴一切人类文明成果，其中也包括本国长期历史以来产生的基于血缘关系的中国理性成果。这在于社会与国家的关系是政治领域的核心问题。"天赋人权"内生的是市民社会与政治国家的二元对立，因为利益冲突具有天生的紧张对立关系。而"祖赋人权"内生的是血缘社会与地域国家的共生共荣，基于利益又超越利益的情感塑造着命运共同体意识。因此，基于血缘关系的中国理性在经过历史性的扬弃后，可以展现其特有的理性之光，成为中华民族为世界文明贡献的一种可以共享的理念和思想，并为中国推进国家治理体系与治理能力现代化提供历史着力点。

（原文刊载于《中国社会科学》2018年第1期，原文题目《祖赋人权：源于血缘理性的本体建构原则》）

第三章　对"祖赋人权"命题的扩展认识

学术繁荣在于永无止境的探索，学术提升在于不同观点的争鸣。本人在《中国社会科学》2018 年第 1 期发表《祖赋人权：源于血缘理性的本体建构原则》（原稿题目为"祖赋人权：同等、差等、对等"。以下简称《祖赋人权》），引起一些读者的不同看法。论文发表之前也有不同意见。好在杂志社大度将论文发表出来。本人非常希望听取不同意见，并进行讨论。只是这些意见主要属于价值主张性，即不同意论文的命题。根据我过往的经验，这些主张类的意见很难写成论文加以争鸣。[①] 由于涉及研究方法的差异，我试图专门从方法论的角度对论文的命题作出进一步阐述，希望读者进入作者的实证思维通道加以理解。

一　事实先于价值：从事实出发

人们从事研究，总有其方法。方法的形成和运用则形成相应的思维。一般来讲，政治学研究主要有两种方法，一是规范，一是实证。"这一分析框架是一个相对划分。规范的政治理论着重从价值的层面来看待政治问题和理解政治生活，也就是解释什么是好的、什么是值得的、什么是应当的。而实证主义的政治理论着重研究的是事实层面。实证政治理论，是以价值中立、甚至是价值祛除，来谈论政治问题。"[②]

[①] 本人在《中国社会科学》2010 年第 1 期发表《农民理性的扩张："中国奇迹"的创造主体分析——对既有理论的挑战及新的分析进路的提出》。根据中国知网统计，论文中英文下载近 8000 次，被引近 300 次。论文发表后有读者对"农民理性"的命题有不同意见，可惜的是迄今没有能够看到商榷性论文发表。

[②] 任剑涛：《方法引导下的政治理论——对政治哲学、政治生活与研究方法关联性的一个宏观勾画》，郭正林、肖滨主编：《规范与实证的政治学方法》，广东人民出版社 2003 年版，第 95 页。

政治学本来是一门规范性很强的学科，特别强调价值。1979年我国政治学恢复以来，政治学研究的主要方法是规范方法，研究来源和依据是文本文献。但1980年代以来，中国的政治实践发生着迅速的变化，出现了许多原有文本文献没有的现象。如人民公社体制废除以后，农村在经济上实行家庭承包，在政治上实行村民自治。村民自治是亿万农民直接行使民主权利的政治实践活动。用前全国人大委员会委员长彭真的话说，"八亿农民实行自治、自我管理、自我教育、自我服务、真正当家作主，是一件很了不起的事情，历史上从没有过。"① 对于这样一件历史上从没有过的事情，学界关注很少，政治学者关注更少。② 同时，这样一件历史上从没有过的事情出现后，在学界产生了诸多争议。其中，对村民自治持不同意见的重要依据是，从马克思、列宁、毛泽东，一直到邓小平，都没有提到过村民自治，因此是一种理论"怪胎"。正是在这样的背景下，作者及所在的机构率先对村民自治加以研究。要对其研究，首先必须摒弃是否好坏的价值判断。如果我们从传统规范方法上，从价值上首先判断其是"怪胎"，也就没有任何研究的意义了。同时，如果不了解事情究竟如何，简单争论是否为"怪胎"，永远无法获得真知。基于此，我与我的同事们，将事实调查作为研究的出发点。尽管当时政治学研究还缺乏方法自觉，更没有后来对外国方法论的了解。在1997年出版的"村治书系"的书系总序里，我强调在研究方法上追求"三实"，即实际、实证和实验。其中，"追求实际，即强调实际先于理论。我们不轻视理论，但反对从先验性的理论出发剪裁实际生活，特别强调实际调查。任何理论观点都必须建立在充分扎实的社会调查基础之上。理论上的发言权也只能出自实际调查。""追求实证，即强调事实先于价值。我们不否定价值取向，但在实际调查中坚决摒弃先入为主、以个人价值偏好取代客观事实的做法。我们不排斥'应该如何'，但首先要弄清'是什么'，突出动态的过程研究。"③ 20年来，我们一直坚持这一方法，形成了实证的思维通道。

---

① 《彭真文选》，人民出版社1991年版，第608页。

② 1990年代初民政部一位官员说，全国有九亿农民从事村民自治实践，却只有不到9个学者进行研究。其中，政治学者只有寥寥数人。这是因为，中国的政治主体长期以为是上层统治者，广大底层农民只是政治客体，未能进入政治学研究的视野。

③ 徐勇：《中国农村村民自治》，华中师范大学出版社1997年版，总序。

"祖赋人权"这一命题的提出,源自于实地调查。土地是农村的主要资源,被视之为农民的"命根子"。1949年后,我国的土地制度发生了重大变化,且变化频繁。为了稳定民心,农村改革以后,中央政策一再强调要长期稳定农村土地承包制度,即通常所说的"增人不增地,减人不减地"。2008年中共十七届三中全会强调,农民承包的土地长久不变。但我们在广东农村调查时发现,当地的农民对于土地是"三年一小调,五年一大调",与中央政策精神恰恰相反,是"增人就增地,减人就减地"。面对这一现象,如果从政策出发,肯定被认为不合上面的规定。但这一现象毕竟是客观存在的事实。从学术研究的实证思维看,首先要弄清事实。通过进一步调查,我们发现,这类事实并不是孤立的个案,而是一种具有地方性的普遍现象。其中有一个共同特点,就是调地的范围属于一个姓氏构成的自然村,村里人都是同一血缘关系的亲人。

村民自治经历了20多年实践,取得不小进步,但也面临诸多难题。由于村民自治推进艰难,有的学者甚至宣布"村民自治已死"。但是,在广东清远,村民自治不仅未"死",反而显示出强劲的生命活力,解决了许多难题:如依靠村民自治,将细碎化的土地加以整合,便于规模化和现代化经营。这样的事如果是政府做,将会遇到重重困难,甚至会遭遇农民反抗。我在清远市调查了10多个村,发现有一个共同特点就是村民自治有活力的地方大多属于自然村。我在当地的一个会议上表示村民自治是"山重水复疑无路,柳暗花明又一村。"过往的村民自治遇到困难,重要原因在于自治单元是"行政村"。清远的经验在于将村民自治的基本单元下沉到"自然村"。这些自然村的成员均属于一个姓氏,是典型的宗族村。村民之间是亲人关系,不仅彼此熟悉,更有共同祖先所形成的认同感和归属感,容易达成一致。

地方现象引起了研究的兴趣,更重要的是激活了原有的知识,扩展了原有的认识。自我们从田野调查切入到政治学研究中,以调查为重要方法的相关学科知识也进入我们的知识体系,特别是社会学、人类学和历史学。在中国历史学界有一个著名的"华南学派"。该学派以华南区域为研究对象,其中大量涉及农村宗族。进一步溯源,则了解到国内外人类学家早就对中国的南方宗族有过研究,如中国人类学者林耀华的《金翼》、美国人类学者弗里德曼的《中国东南的宗族组织》、科大卫的《皇帝与祖宗》等。再往前推，早在19世纪，外国学者就注意到中国宗族这一独特的社会现象。人类学家摩尔根对比因人类社会基于血缘关系形成的组织延续时，专门针对中国说："当野蛮阶段早已过去之后，它们竟一直维持到现代，这却是值得惊异的事，同时，这也是他们这个民族十分固定的又一证据。"① 在社会学家韦伯看来："氏族，在西方的中世纪实际上已销声匿迹了，在中国则完整地被保存于地方行政的最小单位，以及经济团体的运作中，并且，其发展的程度是世界上其他各地，甚至是印度也所不能及的。"② 韦伯认为，中国在长期历史进程中有许多变化，但是唯一不变的是氏族血缘纽带（或拟血缘性的凝聚关系）。③ 他在论述"中国法"时专门引述道："氏族团体在中国从未崩解，不像在西方，氏族团体早因城市的发展和基督教的缘故而瓦解了。"④ 由血缘关系产生的权力成为中国最重要的权力之一。毛泽东1920年代就表示，中国人，特别是农民，长期受四大权力的束缚，其中的父权和族权都属于血缘性权力。日本人为服务侵华目的进行的"满铁调查"项目之一，就是依据毛泽东的认识。⑤

由以上知识的扩展，我们意识到血缘性的宗族社会是中国长期存在的一种社会现象。只是由于近代以来的冲击，在华南保留的更为完整。2015年，我所在的华中师范大学中国农村研究院启动"深度中国调查"，内容之一是将中国分为七大区域进行村庄调查。首先便是对南方宗族村庄的调查。所调查的省份包括广东、福建、江西、浙江、安徽、湖南、湖北、广西等，调查村庄数十个。调查资料仅仅是已出版的便达上千万字。我自己所观察的村庄达30多个。通过住村调查，我对中国的宗族村庄有了较为完整和深入的认识。

正是在我们自己调查和阅读文献的基础上，我才可能意识到在自然村调整土地不是孤立的个案，而是具有相当的普遍性。这一现象也引起我进

---

① ［美］路易斯·亨利·摩尔根：《古代社会》（下册），商务印书馆1977年版，第363页。
② ［德］韦伯：《中国的宗教　宗教与世界》，广西师范大学出版社2004年版，第140页。
③ 同上书，第9页。
④ ［德］韦伯：《法律社会学》，广西师范大学出版社2005年版，第231页。
⑤ 参见徐勇、邓大才主编《满铁农村调查》第一卷，李俄宪主译，中国社会科学出版社2016年版，第3页。

一步探讨的兴趣。因为对于实证思维来说，只问是否，勿问对错，一切从事实出发。正如毛泽东所说："我们讨论问题，应当从实际出发，而不是从定义出发。"① 如果当我们接触到宗族社会现象，马上以"落后""与中央政策不合"的对错价值加以判断，就难以将宗族社会作为一种客观存在的现象加以研究。因此，《祖赋人权》的选题来自于实地调查及其扩展性的知识溯源，是实证研究思维的产物。

二 理解先于评价：以解释为重

实证思维首先强调"是什么"，存在先于合理；接下来还需要追问"为什么"，存在的"合理性"在什么地方，即要对存在的现象加以解释。如果只是弄清楚"是什么"的现象，获得的就是杂乱无章的一堆材料。作为有学术关怀的实证研究还要根据材料加以解释，为什么是这样而不是那样。调查的第一步只是关注到"发生"了什么，第二步则要关注"发现"了什么。如果第一步是经验实证的话，那么第二步就是逻辑实证，即要对第一步所取得的资料按内在的逻辑加以整合和提炼。

马克思无疑是思想伟人。他关于"哲学家们只是用不同的方式解释世界，而问题在于改变世界"的观点对后人的影响甚深。② 要改变世界必然会首先评价世界是否合理公正。但马克思并不否定"解释世界"，而且只有科学的解释世界才能更好地改变世界。同时，社会有分工。作为学者，主要工作是解释世界。特别是对于实证思维来说，理解先于评价。只有充分了解客观存在的事物，并按照事物本身的逻辑加以理解，才能更好地评价事物。

我们在华南进行调查，发现了在单一姓氏的自然村内，农民经常调整土地。这看起来不合中央政策的行为是如何发生的呢？换句话说，农民为什么这样做呢，是一时冲动，还是理所当然？这又涉及农民的行为是否有理据的问题。如果按照既有的定义，理性是知识生产者的产物。正是基于此，作者的《农民理性的扩张："中国奇迹"的创造主体分析——对既

---

① 《毛泽东选集》第3卷，人民出版社1991年版，第853页。
② 《马克思恩格斯选集》第1卷，人民出版社1995年版，第57页。

有理论的挑战及新的分析进路的提出》一文受到质疑。但理性这一词的使用不是重要的，关键的是农民的行为是否有理据，农民是否纯属感性的动物。如果承认农民的行为是有其自身理由和依据的，我们才有可能进一步追问其理由和依据是什么？这正是实证思维的结果。同时，实证思维还要求我们根据事物本身的内在逻辑去发现事物背后的理由和依据，而不是自我代替其寻找。

在广东农村调查时，农民经常性调整土地，我追问为什么要这样？当地农民脱口而出："都是同一个祖宗的子孙，大家都要吃饭。增加了人口自然要增加土地。"同一祖宗成为人们行为的基本理据。我们进一步的调查发现，南方的宗族村庄有一个共同特征，就是"祠堂中心，聚族而居"。每个村都有祠堂，并以祠堂为中心，具有同一血缘关系的人围绕祠堂共同居住。而在长江、黄河流域的村庄，宗族形态已不完整，更多的是家族形态，各个家庭里供奉着自己前辈先人的牌位。大量的现象使我们意识到，在中国农业核心地区，祖宗（包括近祖的前辈先人）具有神圣一般的地位。祖宗具有至高无上性、本源性，也是后人认识世界的本体性。这一本体认识基于血缘关系。同一血缘关系的人敬奉祖宗并赋予其神圣地位，是与生俱来、世代传递、无师自通、理所当然、共同维护的自然法则和"公理"。而人们之所以敬奉祖宗，从根本上说是祖宗赋予了后人以生命、资格、地位、权利及其相应的责任。没有先人就没有后人。人们之所以要调整土地，给新增人口以土地，理由和依据就是同一个祖宗的子孙。"祖赋人权"的概念因此而生。

当我们将祖宗作为理解农民行为的理由和依据时，就需要进一步根据其血缘理性的内在逻辑对"祖赋人权"的法则加以阐释。

宗族是一个以血缘关系为纽带的共同体。共同体存在和延续的基础，就是成员的一致性和同等性，并由此获得宗族成员的认同感和归属感。"同一个祖宗的子孙，大家都要吃饭"，便意味着同一个祖宗子孙具有同等地位。我们在华南宗族村庄调查中，进一步发现，这种宗族同等性的现象比比皆是。主要体现在生命、财产和规则方面，特别是同等的财产权。这是维系中国血缘团体延续的重要条件。如财产的"诸子均分"，而不是"长（幼）子继承"。土地的自由买卖首先必须卖给族人，如果卖给外人则要经过族人同意。这类现象的背后都受一个共同的理由和依据所支配，那就是财产是祖宗留下来的，且为祖宗后人所共同所有。为此，《祖赋人权》一文将同等性概括为血缘理性的第一法则，没有这一法则，宗族共同体就难以存在和延续。

血缘共同体是由不同的人构成的，这些人在共同体内的地位和身份并不是一致和相同的，由此形成次序。这一次序的形成不是基于法律，也不是资本，而是基于血缘关系。血缘关系的重要特点是生命的传递性，即所谓"薪火相传"。因为生命的先来后到，决定了人在共同体中的不同地位，即"长幼有序"。族长、房长、家长、长子等地位较高的人受其出生时间和辈分决定。祖宗为大为本，本身体现的就是血缘生命继替的法则。在华南村庄调查中，祠堂是必去之地。每去一个祠堂，就会发现挂灯，意思是禀告祖先，族里"添丁"了，象征香火兴旺。但这里所说的"丁"是男性，女儿的出生则无须禀告。农民所说的"同一个祖宗的子孙"，是男性"子孙"而不是女性"子孙"。族谱是宗族共同体的资格证书，而女性则不能入谱。尽管有同等的生命权，但却没有取得同等的资格。这类现象都可以用"男女有别"的概念加以概括。而从血缘理性的角度看，男女有别是理所当然的。在调查访谈中，问及男女都是同样的人，为何待遇有所不同？而在被访问者看来，这根本就不是问题，因为女儿最终要嫁出去成为外姓人。只有男性才能承继本姓氏的"香火"，使得血缘生命得以延续。为了延续生命，男性可以娶两个或多个妻子，只是地位有所不同。所以，血缘共同体的人一出生就生活在一个有差别等级的结构之中，这一差等逻辑被视之为血缘理性的第二法则。

一般来讲，有差别的社会必然产生对立和冲突。但从我们的调查结果来看，在单一姓氏的宗族村庄内部较其他村庄更容易达成集体一致。广东清远村民自治在"行政村"的层次，与其他地方一样困难重重，而在行政村以下的自然村却非常顺利。重要原因就是这些单一姓氏的宗族村庄，人们的地位和身份虽然有差别，但这种差别不是特权，而是责任。换言之，地位更高的人，责任更大。一家之长，有责任将一家治好；一族之长，有责任将一族治好。女性虽然不能继承财产，但也没有赡养老人的责任。财产的"诸子均分"不仅仅是均分财产，同时也均分责任。在华南村庄调查时，我们非常惊讶地发现，当地的农活大多由女性承担，许多男性并不做事。这与通常所知的"男耕女织"并不一样。但进一步的访谈才知道，男性不做农活，是因为男性承担着更重要的责任，即读书做官，光宗耀祖。如果男性做农活，反而是没有本事的表现，也是女性没有尽到自己的本分，会被人指责。所以，在宗族共同体里，虽然人一出生就处于差等结构之中，但相互关系的对等性大大对冲和化解了因为差等有可能产生的矛盾和冲突。这便构成了血缘关系的第三法则：对等性。

做调查的人不是生活在真空之中，必然有自己的理念和价值。在调查中会面临各种与自己理念和价值不一致的现象，甚至与自己的价值理念是尖锐对立的。如作者在农村做过五年农活，当地的农民认为男性主外做重体力劳动是"天经地义"。如果以自己的评价，要女性做农活简直是"离经叛道"。但从实证思维看，面对一种现象不是先于评价，而是先于理解。只有进入血缘关系的逻辑通道里，我们才会意识到女性做农活男性读书，自有其理由和依据，尽管这些理由和依据是基于血缘。相反，如果我们不进入血缘关系的通道，就有可能只是一味地指责和反对，从而无法弄清人们"为什么"要如此的问题。

三 他我先于自我：历史是过程

"祖赋人权"引起最大争议的是与人们广为接受和深信不疑的"天赋人权"有所不同。由于《祖赋人权》一文主要是正面阐述一个新的命题，因此未及对"天赋人权"这一命题作出展开性阐述。而在作者看来，引起争议的主要问题还是涉及到思维方法的差异。

从实证思维看，任何一种社会现象都要放在特定的历史环境和背景下考察。在列宁看来，"在分析任何一个社会问题时，马克思主义理论的绝对要求，就是把问题提到一定的历史范围之内"。[①] 存在即合理的命题，意味着只有在一定历史范围内才是合理的。那么，对于历史久远存在的现象如何去把握其合理性呢？这就要还原历史环境，从历史存在的当事人的理解出发，而不是替代当事人的理解。当事人是他我，认识者是自我。实证思维要求他我先于自我，即从他我的角度出发去思考历史现象的存在及其合理性。这是因为，不管认识者是否同意，历史现象都是一种客观存

---

① 《列宁选集》第2卷，人民出版社1972年版，第512页。

在。与此同时，社会存在有一个历史过程。只有设身处地地从历史过程的角度出发，才能对社会存在给予充分认识和理解。当然，作为认识者的自我，不是为了认识而认识，肯定会对一种存在给予相应的评价，绝对的价值中立是不存在的。每个人心中都有个"魅"。但对于实证思维来讲，只有首先"去魅"，还原历史，从一定历史范围的角度，才能更好地把握所认识的客观现象，并给出具有历史合理性的评价。

"祖赋人权"的命题是建立在血缘共同体的基础上的。共同体是初始社会人类存在的必要方式。生产力低下，使得人们只能以整体的方式存在和延续。只是随着生产能力的提升和社会进步，人类才从整体走向个体。马克思在描述这一历史进程时说："我们越往前追溯历史，个人，从而也是进行生产的个人，就越表现为不独立，从属于一个较大的整体；最初还十分自然地在家庭和扩大成为氏族的家庭中；后来在由氏族间的冲突和融合而产生的各种形式的公社中。"① 家族、宗族这类血缘共同体，便是生产力水平相对较低基础上的人们存在和延续的社会组织方式。人们通过祖先崇拜结成以血缘关系为基础的共同体，可以增强个体的力量。但是，任何历史存在的合理性都蕴含着不合理元素。共同体的存在在一定意义上是以压抑，甚至牺牲个体，特别是某些个体的利益为代价的。这一点《祖赋人权》一文已有所表达。尽管祖赋人权强调对等法则，但差等在先的法则使得强势者任意妄为时，弱势者是无能为力的。

更为重要的是，家族、宗族等血缘共同体存在于更大的国家共同体之中。政治共同体与血缘共同体最大的不同，就是拥有特殊的公共权力及其凌驾于社会之上的统治者。在中国，由于国家脱胎于血缘共同体，统治者非常自然，也十分智慧地将血缘共同体的法则，特别是有利于统治的差等法则运用到政治领域，从而形成等级身份制。这种等级身份制严重压抑和限制着被统治的弱势者。

由于商业文明，西方得以率先从共同体中解放出来，并产生出"天赋人权"理论。"天赋人权"既是历史自然演化的结果，更是先知者理性建构的产物。这一理论的核心是将所有人都归之于"上帝之子"，任何人的权力和权威都不是与生俱来、不可改变的。从这一意义上说，"天赋人

---

① 《马克思恩格斯选集》，第 2 卷，人民出版社 1995 年版，第 2 页。

权"高于"祖赋人权"。"天赋人权"的平等、自由理念恰恰是"祖赋人权"所缺乏的,甚至是难以抗衡的。在我们的调查中,当西方宗教进入宗族村庄时受到强烈抵制,被称之为"无父无子"。但西方宗教内含的普遍平等的观念受到宗族社会里一些弱势者的欢迎。特别是在开放的大环境下,对西方宗教的抵制已非常困难。① 正因为如此,进入近代之后,包含"天赋人权"的现代理念大量进入古老的中国。受现代理念的影响,血缘共同体的差等法则受到强烈否定,如毛泽东将父权、族权视之为束缚中国人的绳索。祠堂被视之为族权的象征而在农民运动中加以捣毁。

在一个通过革命建构现代性的世纪里,血缘宗族与封建社会画等号受到否定,是可以理解的。但这种简单的否定制约和妨碍了人们对血缘理性这一历史久远存在的深入认识和辨析。

作为知识生产的概念有两类。一是归纳性概念,即对一类事实的概括,"祖赋人权"即是如此。另一类是建构性概念,即人们基于某种理念建构起来,具有超越现实性,"天赋人权"便是如此。这一理念具有很强的建构性和革命性,在一定时期指引着人类前进的方向。而这一概念内含对传统的彻底否定,形成传统与现代的二元分离思维。但历史的前进并不是如先知们设计得那样简单,古老的传统与现代历史进程如影相随,并制约着历史进程,使其表现出曲折性、复杂性和反复性。正如马克思所说:"人们自己创造自己的历史,但是他们并不是随心所欲地创造,并不是在他们自己选定的条件下创造,而是在直接碰到的、既定的、从过去承继下来的条件下创造。"② 费正清反思了现代性在中国受到挫折的重要原因,就是追求现代性的过程中,忽略了一个古老中国对于现代中国的约束。"当时我们美国人接触到的那个现代中国,是轻敷在古老文明表面的一层粉饰。在这层虚饰底下,旧中国仍在半个大陆的农村里继承存在。"近代以来的"新中国的生活和我们外国的生活相互渗透,但在它的下面和后面却潜藏着古老的中国社会","这是西方人所不能理解的,而且往往现代的中国人也不能理解。""我们不能理解的部分原因,在于我们误认为

---

① 白雪娇:《分形同气:农工并举之族的裂变与整合——粤北福岭村调查》,徐勇、邓大才主编:《中国农村调查》(总第 4 卷·村庄类第 3 卷·华南区域第 3 卷),社会科学文献出版社 2017 年第 115—116 页。

② 《马克思恩格斯选集》第 1 卷,人民出版社 2012 年版,第 669 页。

中国现代那层虚饰的薄盖就是中国的全部。"①

在20世纪前，中国的历史可以说是农业社会的历史。这一历史土壤不会因为现代性的植入而很快消失，甚至会使现代性生长出异样的果实。孙中山先生可以说是深受西方现代观念影响的先知。但他在组建国民党时，要求党员必须向其个人效忠。1980年，邓小平在著名的《党和国家领导制度的改革》一文中指出："家长制是历史非常悠久的一种陈旧社会现象，它的影响在党的历史上产生过很大危害。陈独秀、王明、张国焘等人都是搞家长制的。"② 应该说，以上人物在当时中国都是最具有现代性理念的人，可一旦掌握领导权，为什么不约而同地拾起"家长制"这一古老的法宝呢？如果是个别现象，具有偶然性，如果是普遍现象，便具有必然性。这就是产生"家长制"的深厚土壤。以往人们的想象过于浪漫，以为现代性一来，古老的传统就会风尽云散，因而缺乏对古老传统的深刻认识和解析。《祖赋人权》一文的写作正是基于这一宏大背景。这也与作者近些年的思考相一致。本人在2013年第8期发表的《中国家户制传统与农村发展道路——以俄国、印度的村社传统为参照》一文，就提出了"当形成'传统'的社会条件仍然存在，'传统'就会继续发生影响。"③ 通过对南方宗族农村的实地调查，我们发现历史传统的力量是如此的巨大。尽管中央政策精神是"增人不增地，减人不减地"，但农民不是依照中央的精神，而是依据长期历史形成的惯性逻辑在行为。如果我们以自我优先，会毫不迟疑地加以否定。只有以他我优先，才能去了解产生这一行为的社会土壤及人们的行为逻辑。从现代性的价值评判的角度看，我也并不赞成"祖赋人权"的命题。但从科学研究的实证思维看，无论你是否赞成，它都存在。既然是一种存在，就需要研究它存在的理由和依据。当然，为了使论文得以发表，在论文前面还特别增加了一句话："在此需要强调的是，研究和提炼祖赋人权概念，探讨源于血缘理性的本体建构原则，并不是要回到祖赋人权。"④ 这一概念是对事实存在的提炼，而不是

---

① ［美］费正清：《美国与中国》，张理京译，世界知识出版社1999年版，第228—229页。
② 《邓小平文选》第2卷，人民出版社1993年版，第329—330页。
③ 徐勇：《中国家户制传统与农村发展道路——以俄国、印度的村社传统为参照》，《中国社会科学》2013年第8期。下载7309次，转引151次。
④ 徐勇：《祖赋人权：源于血缘理性的本体建构原则》，《中国社会科学》2018年第1期。

如"天赋人权"理想的建构。

与此同时,"天赋人权"为什么直到近代才得出,而不是更早?这说明这一概念也有其历史性。提出这一概念的历史背景是对传统的彻底否定,将这一概念出现之前的人类认识都归之于"蒙昧"和"黑暗"。这在于一个革命的年代,是完全可以理解的。问题在于,在这一概念出现之前的社会果然都只能用"蒙昧"和"黑暗"加以概括吗?难道当时的人们完全处于无知和愚昧状态?其行为都是率性而为吗?如果是,人类文明岂不是上天突然降临的吗?显然不是。人类的成长是一个过程,犹如人的成长一样。"天赋人权"的基本假设是同样的"成年人",非经同意,不成权威。这一命题本身就是经不起事实检验的。人还有幼年期。此时未成年人的"同意"很难用完全自愿来界定。如果以当今(大人)的眼光,古人(小孩)可能都是错的。但成人毕竟要从小孩成长。从实证思维看,要认识小孩的行为,需从小孩的角度,而不是站在大人的立场去理解。

还需要指出的是,人类一定历史阶段的行为,对于后来的行为并不是一点可取之处都没有。如小孩身上有大人所没有的天真纯朴的品质。"祖赋人权"包含的同等、差等、对等是一个相互联系,缺一不可的整体。离开了其中任何一个环节,共同体就难以存续。这里所体现的价值即使对于当今一个团体的存续也有其价值。人类社会的成长路径和阶段不一样。不同时空里会产生不同的理念,而不能以一个既定的观念赋予其唯一的定义。本人前两年针对"东方专制主义"这一唯一定义,提出了"东方自由主义"的概念。[①] 这是因为由于知识生产的"先占原则",人们过去主要从纵向的政治关系定义中国,而忽视了从横向的社会领域发现中国基层社会存在着自由的因子。[②] 而如果一个社会里没有自由的因子,完全依靠外部植入,自由的大树也难以存活和生长。近些年,学界将自由主义的起源完全归之于西方,在认识上是偏狭的。"祖赋人权"内含的同等、对等法则对于建构一个基本权利和机会均等的社会及其责任政府,并非无可取

[①] 参见徐勇《东方自由主义传统的发掘——兼论西方话语中的"东方专制主义"》,《学术月刊》2012年第4期;徐勇:《从中国事看"东方专制论"的限度——兼对马克思恩格斯有关东方政治论断的辨析与补充》,《政治学研究》2017年第4期。

[②] 参见徐勇《用中国事实定义中国政治——基于"横向竞争与纵向整合"的分析框架》,《河南社会科学》2018年第3期。

之处，甚至可以说是人类共同的价值资源，至今仍然闪耀着智慧的光芒。只有还原历史，从多个角度加以研究，才能发现人类历史的丰富性，并加以概括。正如习近平总书记所说："我们既要立足本国实际，又要开门搞研究。对人类创造的有益的理论观点和学术成果，我们应该吸收借鉴，但不能把一种理论观点和学术成果当成'唯一准则'，不能企图用一种模式来改造整个世界，否则就容易滑入机械论的泥坑。""对国外的理论、概念、话语、方法，要有分析、有鉴别，适用的就拿来用，不适用的就不要生搬硬套。哲学社会科学要有批判精神，这是马克思主义最可贵的精神品质。"①

当然，"祖赋人权"命题毕竟是人类一定历史阶段的产物，内含着相当的狭隘性和排斥性。"非我族类，必有异心"。随着历史条件的变化，其历史局限性愈益突出。特别是血缘关系向政治生活的渗透造成公共权力与私人关系难以分离，深刻制约着中国政治进程。而这正是国家治理现代化所要解决的问题。只是在改变世界之前，需要准确认识世界，从而找到国家治理现代化的切入点。这也是写作《祖赋人权》的重要目的所在。

（原文刊载于《探索与争鸣》2018 年第 9 期）

---

① 习近平：《在哲学社会科学工作座谈会上的讲话》。新华社 2016 年 5 月 18 日。

第四章　东方自由主义传统的发掘[*]

改革开放以来，中国迅速崛起，引起西方人士的惊呼，认为这是"西方三百年未有之挑战"。这一挑战不仅在于中国经济社会迅速发展的事实，更在于长达三百年西方对中国的认识范式的危机。因为，根据西方理论认为，自由是发展的基础。在西方学者看来，西方的发展来自于其自由主义传统，中国则是典型的东方专制主义国家，而专制主义是压抑人性、压制经济自由发展的。有人因此将中国的改革开放归之于外来的西方自由主义的引进。但是，西方自由主义作为一种学说大规模进入中国是在1990年代中后期，且没有任何证据表明中国改革开放的决策依据和动力源泉是西方自由主义学说。恰恰相反，中国的改革开放是从农村开始的，是对农民生产经营自主权的认可。而农民生产经营自主性则是中国千百年来历史形成的。由此就需要我们重新认识中国的历史传统和制度底色，这就是东方自由主义。在中国文明的历史长河里，流淌着生生不息的自由泉源，并不时翻卷起层层激浪。只是这一泉源长期被高高矗立的上层外壳所掩盖。改革开放极大释放了潜藏在中国历史长河的自由活力，并促成了中国崛起。从理论上发掘被长期遮蔽的东方自由主义传统，则是来自于正在崛起的中国的"文化自觉"和"文化自信"。

一　被定格的东方专制主义

人类社会的发展依据并受制于其内在的要素。那些具有支配性和基础

---

[*] 本文的写作要感谢由复旦大学国际关系与公共事务学院主办的"复旦大学中国制度研究论坛2011：中国特色社会主义——中国发展的制度基础"学术研讨会。这次研讨会为我表达东方自由主义观点提供了机会。

性的要素，构成社会发展的思想源流和制度底色。但是，人们对社会的认识是一个持续不断的过程，并受其世界观和历史观的制约。中国是一个农耕文明古国，人们对世界的认识是基于土地和经验，在相当长的一段时间内，只有"天下观"，而没有不同文明和国家构成的"世界观"。西方具有商业文明传统，其认识不限于所生存的土地，很早就具有跨文明和跨国家的特点。因此，西方思想界比较早的具有了"世界历史"的眼光。也正因为如此，对世界的描述和定位更早是来自于西方。特别是西方长期以来有一个专事生产知识的学者群体。他们按照自己的理解建构着知识体系，并形成话语优势，甚至话语"霸权"。可以说，世界历史图景是西方人绘制和建构的，并受西方中心主义的影响。其中，东方专制主义便是西方学者对包括中国在内的东方社会的历史定格，从而将东方专制主义视之为东方中国社会的唯一的思想源流和制度底色。

专制是与民主政体相对立的概念，指一个人或少数几个人独裁的政权组织形式，体现在帝位终身制和皇位世袭制上，其主要特征是皇帝个人的专断独裁，集国家最高权力于一身，从决策到行使军政财政大权都具有独断性和随意性。专制主义则是对专制制度的理论概括。作为一种学说，专制主义最早出于西方，且不同历史时期的认识及适用范围都有所不同。特别是西方学者长期将专制主义用于概括和描述东方政治社会。

早在古希腊时期，亚里士多德就认为："专制"特指东方国家君主一人对所有臣民实行的主人对奴隶式的政治统治。其根源在于东方人的奴性。他因此种下了"西方是自由的，东方是专制的"种子。[①] 但是，当时亚里士多德眼中的西方主要指希腊，东方主要指接近于希腊的波斯。他主要是从政体分类的角度论及的。东方专制是相对希腊自由人政体而言的。由于西方的思想源于古希腊，亚里士多德更被称为精神权威，因此他的"东方专制理论"对后世西方思想界有很大影响。

西方进入近代世界时，地处异域的东方世界成为知识分子的研究对象，东方专制社会更是成为一个热门论题。孟德斯鸠将西方理论传统中的"东方专制"思想倾向发挥到极致，提出了"亚洲的奴役"和"欧洲的自由"的二元认识框架。他认为，亚洲的广大平原和适合于耕种的土壤及

---

① 参见常保国《西方历史语境中的"东方专制主义"》，《政治学研究》2009年第5期。

其相应的农民社会，适合于建立庞大的专制国家。欧洲恰恰相反，领土狭小和商业民族则容易产生自由精神。"一种奴隶的思想统治着亚洲；而且从来没有离开过亚洲。在那个地方的一切历史里，是连一段表现自由精神的记录都不可能找到的。在那里，除了极端的奴役以外，我们将永远看不见任何其他东西。"① 他对东方专制社会持批判态度，将专制等同于极权和奴役，从而加以否定。绝对服从、恐怖统治、随意性和专断性是专制国家的重要特征。

17—18世纪是西方精神领域异常活跃的时期，也是"东方专制主义"理论发展的"节点"。"节点"之一是随着新兴的资产阶级力量的崛起，作为一种主张和理念的"主义"开始出现。"主义"是一种意识形态。如果说物质生产者生产的是物质形态的世界，那么，精神生产者生产的则是意识形态的世界。"主义"既是知识生产者对客观世界的描述，同时又是一种超越客观世界的理想主张。"主义"的出现是世界思想发展历史的转折点。至此，思想开始具有独立性，引导客观世界的发展，并规制着人们对客观世界的认识。"东方专制"作为一种"主义"而形成"东方专制主义"的认识正是在这一背景下产生的。1758年，"东方专制主义"这一名词出现在爱尔维修的《精神论》一书中，此后扩展开来。"节点"之二是伴随新兴的生产力量和社会力量的崛起，自由、平等、人权等现代性理念成为思想主流，并形成自由主义学说体系。在具有现代性的自由主义看来，违背自由的专制主义是落后的、停滞的，因此也是要否定的。"东方专制主义"因此成为一个具有否定性的概念。

黑格尔是精神生产的大师，他认为世界历史是从东方开始到西方结束的历史。"东方从古到今知道只有一个是自由的；希腊和罗马世界知道有些是自由的；日耳曼世界知道"全体"是自由的。所以我们从历史上看到的第一种形式是专制政体；第二种是民主政体和贵族政体；第三种是君主政体。"② 更重要的是，黑格尔使用"专制主义"的概念来描述东方，特别是中国。他说："中国人既然是一律平等，又没有任何自由，所以政

---

① ［法］孟德斯鸠：《论法的精神》（上），商务印书馆1987年版，第278—279页。
② ［德］黑格尔：《历史哲学》，商务印书馆2007年版，第63页。

府的形式必然是专制主义。"①

韦伯是现代社会科学大师，并长于东西方不同体制和文化的历史比较。他撰写了《新教伦理与资本主义精神》《儒教与道教》《印度教与佛教》《古代犹太教》《伊斯兰教》等多部著作，在一些具体问题分析方面很有见地。但从总体上看，他将东方社会视为专制的、奴役的、停滞的，只有自由的西方才创造了主动进取、勤奋克俭的个人主义精神，从而产生了现代性的资本主义。

在19世纪以前，东方专制主义这一概念还主要流行于思想领域。进入20世纪以后，东方专制主义进一步理论化、系统化并扩展到社会。集大成者是德国学者魏特夫。他于1957年出版了《东方专制主义》一书。该书不仅直接以《东方专制主义》命名，而且内容繁杂，从篇幅看可以说是一部巨著。其理论基础是"治水社会"，认为大型水利建设和管理必然导致专制主义。在强大的专制政体下，人民没有自由，只有"恐怖""屈从"和"孤独"。只要治水社会不变，专制主义就会永远存在。他是以严厉批判和否定态度看待东方专制主义的。他视野里的"东方"不仅是地理意义上的"东方"，而且是非西方意识形态和制度下的"东方"。

从西方学者的"东方专制主义"理论看，其基本思想包括：专制主义作为一种政体，具有非自由性、强制性、奴役性和专断性；正因为专制主义压制人的自由天性，因此专制主义社会具有内在的停滞性，只有空间而没有时间（黑格尔），而要打破这一停滞性只有借助于外力。

理论和学说是对事实的概括。反过来，历史事实也只有通过概念化的理论和学说才能加以提炼和概括。应该说，西方学者运用"东方专制主义"的概念来描述非西方的东方社会，一定程度上揭示了东方社会的特点，也有一定的认知价值。但东方专制主义作为一种理论，其认知限度是显而易见的，其历史和政治偏见更是十分明显，用意也非常复杂。所以，"东方专制主义"既是对事实的概括，更是对事实的建构。

首先是认同产生偏见。人们在认识世界时，很容易从自我出发，特别是当面临有"他者"的世界时，更多是从"我者"的立场出发去描述世界，因此不可避免地有倾向性。正如中国曾经有过"中国中心主义"一

---

① ［德］黑格尔：《历史哲学》，商务印书馆2007年版，第77页。

样，西方欧洲自然也有"欧洲中心主义"。亚里士多德对东方专制社会的描述便得到希腊学者的普遍认同。孟德斯鸠对"东方专制主义"的恐怖描述，实际上反映了他对当时法国绝对专制主义的间接否定，以此建立新的民主政治认同。黑格尔贬抑东方专制主义，但推崇的则是君主政体。这与他对自由的政治认同明确相关。

其次是无知产生偏见。尽管西方商业文明和宗教文明传统，使得西方学者能够较早地认识和了解有他国文明存在的世界，建立起"世界观"。但是这种"世界观"的建立更多的是"想象中的世界"或者"表象的世界"。他们当时了解世界的渠道主要是通过游记、传说等方式。可以说，提出"东方专制主义"学说的绝大多数人都没有到过他们所谓的东方，更不可能深入了解东方社会。他们接触到的是东方国家的上层建筑部分，而对上层建筑之下的经济社会基础缺乏了解。知识的限度制约了他们去了解和认识一个真实、客观的东方世界。正如费正清所说：在东方，"欧洲游客所看到的是贫苦的老百姓和豪富专制的统治者，后者声称他们拥有所属的土地和各族人民。于是欧洲作家就创造出一个'东方式社会'的形象来，而这个形象，正如劳伦斯·克拉德所说的，'只存在于这些思想家的心目之中，其他地方根本没有'"。①

再次是解释产生偏见。由于对东方世界的了解程度不够，西方学者更多的是通过解释来建构东方专制主义理论，且解释很难使人信服。如亚里士多德从人性的角度分析东方专制社会的产生，认为东方人天生具有奴性。孟德斯鸠从地理环境和气候的角度解释东方专制社会。黑格尔从绝对精神的角度论述东方专制主义。魏特夫则将东方专制主义归结为治水社会。这些解释都经不起进一步的追问。从实证的角度看，完全可以找到相反的案例加以反证。而东方专制主义论者将形成某种政体的原因视之为一种必然性，从而将其绝对化。

第四是傲慢产生偏见。理论和学说是一种话语权。这种权力与其他权力一样，也会随着实体地位的提升而膨胀。应该说，早期西方学者对东方专制社会的描述更多的还是一种客观性认识，是知识性的概念，而没有太多的价值偏好的因素。但是，随着西方自由主义思想的兴起，特别是根据

---

① ［美］费正清著《美国与中国》，世界知识出版社1999年版，第28页。

这一理论建构的实体世界地位的提升，使西方文明的优越性油然而生，与此相伴随的是西方文明的傲慢，认为人类都应该以西方世界为模式加以改造，因此对与西方不同的东方专制社会极尽贬抑。如魏特夫的《东方专制主义》一问世，就受到西方世界的热捧。这与该书对苏联模式"极权主义"恐怖景象的描述有关。连美国著名学者费正清这样的"中国通"也借用"东方式的"社会的概念来描述早期中国。① 他建构的著名的"冲击—回应"分析范式，也受其影响。②

应该看到，马克思和恩格斯也论述过东方专制制度。他们认为东方社会不同于西欧，一是生产资料国有的亚细亚生产方式，二是政治上的专制制度。与其他人不同，马克思和恩格斯是从生产方式的角度来论述东方专制制度的，专制制度是由地理、气候等多因素影响下的生产方式决定的，自然也不会一成不变。停滞性并不是东方社会特有的，而是前资本主义时期的共同社会现象。他们既对专制制度造成的人的压抑和社会停滞持批判态度，同时对在这一制度压制下的人持同情态度，更认为东方社会也有可能在汲取人类文明成果的基础上超越资本主义社会进入更高类型的社会。因此，马克思和恩格斯对东方社会的论述大大超越了西方固有的偏见。但是，由于历史条件所限，马克思和恩格斯对东方社会的了解也是有限的，更多的是间接的，甚至是失实的材料。特别是他所论述的东方社会主要是俄国和印度，专制主义与这两个国家的农村公社（村社）基础密切相关。恩格斯认为："各个公社相互间这种完全隔绝的状态，在全国造成虽然相同但绝非共同的利益，这就是东方专制制度的自然形成的基础。从印度到俄国，凡是这种社会形式占优势的地方，它总是产生这种专制制度，总是在这种专制制度中找到自己的补充。"③ 其实，东方社会的国家状况很不一样。特别是处于表象政治体制之下的基础性社会结构甚至有很大的不同。如同时处于东方世界的中国，就与俄国和印度大不相同。而马克思和恩格斯及其后来的马克思主义者对东方世界的不同的经济社会基础却缺乏

---

① ［美］费正清：《美国与中国》，世界知识出版社1999年版，第32页。
② "冲击—回应"是一种分析框架。在这种框架看来，近世中国的变化主要是对西方国家冲击的一种回应。中国处于一种被动状态，缺乏自我变革的能力。这一分析框架长期成为"汉学"研究的主流。
③ 《马克思恩格斯选集》第3卷，人民出版社1995年版，第280页。

深入的了解和分析，也就难以建立一种全新的认识框架。①

总体上看，在数千年西方思想界的描述下，"东方专制主义"已成为东方世界的主要甚至是唯一的"图景"。正如常保国先生所说："在西方人的潜意识当中，专制就是属于东方的，自己却是自由的。"② 西方因为自由而获得了世界，东方因为奴役而造成了停滞，因此需要西方解救东方。这一"千古传奇"和"历史定论"只有到了21世纪才面临严峻的挑战：在一个因所谓东方专制主义而停滞不前的传统国度里，何以迅速崛起，并正在走向、获得和引领世界？这是当今东西方学术界都需要回答的问题。问题的答案之一就在于在中国还长期潜藏着一个重要传统，这就是东方自由主义。只是这一传统被长期遮蔽了！

二 被遮蔽的东方自由主义

作为主义，有两种理解：一是对事实状态的概括和描述，具有解释性和描述性；一是对理想状态的追求和向往，具有建构性和愿景性。西方学者运用东方专制主义来描述他们认识的东方社会。与此相应，我们同样也要从描述的角度来阐述东方自由主义。否则我们就会掉进"东方无自由"的现代性自由主义的陷阱。因为，近代以来西方学者几乎都是从近代以来产生的自由主义的角度来论述自由主义，并由此得出"东方无自由"结论的。

其实，自由是一个历史的、相对性的概念。在古代中国的话语体系中，"自由"就是由自己作主，不受限制和约束。如"汝岂得自由"。③ 自主与自由是相同的含义。根据张凤阳的考察，在汉语解释中，"自"指"自我"，"由"指"顺随"。顺随自己的意志，自我决断、自主行动，即为自由。④ 自由是在社会关系中实现的。通过否定性的角度更能明了自由

---

① 参见俞良早《马克思主义东方学》，人民出版社2011年版。该书对马克思主义的东方理论进行了系统的梳理。

② 参见常保国《西方历史语境中的"东方专制主义"》，《政治学研究》2009年第5期。

③ 《玉台新咏·古诗为焦仲卿妻作》。

④ 张凤阳等：《政治哲学关键词》，凤凰出版传媒集团、江苏人民出版社2006年版，第27页。

的含义。当代自由主义政治哲学的集大成者哈耶克有一句经典的名言："自由的反面是奴役"。自由是一种生存状态,在此状态下,"一些人对另一些人所施以的强制,在社会中被减至最小可能之限度。"① 无论中外,早期自由都是相对于人身依附和奴役关系而言的。在古希腊,不同于奴隶的人称之为"自由民",其最大特点就是享有人身自由。这是自由主义的根基。随着历史的发展,自由的含义才愈益丰富。简言之,自由主义是对人的独立性和自主性的一种概括和向往。

一切生存和思想状态都需要从特定的生产方式寻求其根源。在告别原始社会的过程中,人类经历了三次社会大分工,分别出现了三种文明形态,即游牧文明、商业文明和农业文明。游牧文明社会刚从原始部落社会脱胎而来,恶劣的环境更需要部落整体的相互依赖,个体的独立性和自主性较少。商业文明以交换为手段,人处于不断的流动状态,因此更多地具有人身独立和自主性。这是古希腊最早出现"自由民"及其自由思想的重要原因,也是西方自由主义的源泉。近代西方商业文明崛起后的一个重要口号就是"文艺复兴",即对古希腊自由主义传统的发掘。可以说,西方自由主义的根基是西方商业文明传统。商业文明要求人身自由、财产权以及相应的公民权。如果从人的主体性看,西方自由主义实际上是商人自由主义。

从世界范围看,中国是农业文明最为发达的国家,也正因为如此得以使中华文明长期延续。因为与游牧、商业相比,农业生产收获相对稳定,并能不断重复再生产。而支撑农业文明的主体是农民。在工业革命崛起之前,中国农民与世界其他国家的农民相比较其最大的特点是"自由"。

马克思从主体性和自由的角度将人的发展划分为三大历史形态:"人的依赖关系(起初完全是自然发生的),是最初的社会形态,在这种形态下,人的生产能力只是在狭窄的范围内和孤立的地点上发展着;以物的依赖性为基础的人的独立性是第二大形态,在这种形态下形成普遍的社会物质变换,全面的关系,多方面的需求以及全面的能力体系;建立在个人全面发展和他们共同的社会生产能力成为社会财富这一基础上的自由个性,

---

① [美] 弗里德利希:《自由秩序原理》,生活·读书·生活三联书店 1997 年版,第 3 页。

是第三个阶段。第二个阶段为第三个阶段创造条件。"① "人的依赖关系"属于前资本主义时期。我们可以以此为坐标来考察东西方的自由形态。

在古代农业社会，西欧盛行的是庄园制和农奴制（在古英语中 Peasant 可作动词用，意为"附庸、奴役"）。农奴（serf）一词源自罗马人对奴隶的称呼——servus，是人身属于主人的农业劳动者，社会地位低下，受到封建庄园主的奴役。农奴是不自由人，人身属于主人，且世代相传。其耕种的土地属于主人，土地不得买卖。农奴对封建庄园及其庄园主有高度的人身依附关系，相互之间具有完全不对等的法律关系。地理上属于东方的俄国实行的是村社制和农奴制，印度实行的是村社制和种姓制。这两种制度均与庄园制和农奴制有共同之处。因此，在古代世界，大多数国家的农民还停留在对自然和群体的高度依赖之中。

而中国自告别原始社会，几乎没有经历过奴隶制时代。一家一户的生产方式使农民成为独立的生产经营主体。自由的个体家户农民更是一种久远的理想形态。唐尧时的古歌谣《击壤歌》描述道："吾日出而作，日入而息，凿井而饮，耕田而食，帝力何有于我哉？"秦始皇的伟大功绩不在于修建万里长城，而在于形成了一个能够不断再生产亿万自由家户小农的制度。与农奴相比，中国的农民属于自由小农。其特点表现为：

其一，人身自由。人的自由首先表现为人对自己身体的自主支配。秦始皇统一中国期间实行军功地主制，弱化人身依附关系，家户成为主要生产单位。"自秦始皇统一中国以后，就建立了专制主义的中央集权的封建国家。"② 政府为获取税赋，编制户口，使所有人都成为统一的"编户齐民"，无论是地主，还是农民，都是国家的子民。在国家共同体内，"士农工商"，农民与其他人一样在法律地位上是平等的。在村庄共同体和日常生活之中，农民在人身上是自由的，具有自主性。即使是租佃地主土地的佃农，与地主的关系也属于交换关系，地主只能根据契约获得收租，而不得占有佃农的人身。"地主"的含义很清楚，只是"地"的主人而不是"人"的主人。地主只拥有经济权力。作为农民主体的自耕农的独立性和自主性更强。而西欧封建农奴社会则不同。"领主"不仅是"地"的主

---

① 《马克思恩格斯全集》第46卷［上］，人民出版社1979年版，第104页。
② 《毛泽东选集》第2卷，人民出版社1991年第2版，第624页。

人，还是"人"的主人。领主除了拥有经济权力以外，还拥有政治权力和司法权力；不仅终生和世代占有土地，而且终生和世代占有农奴。由此建立起农奴对领主的高度人身依附关系。

其二，经济自主。人的自由体现在社会关系之中，并以经济自主为基础。经济自主可以说是东方中国农民自由主义的核心部分。马克思主义认为，社会关系根源于生产关系和生产方式。我们可以生产关系和生产方式的角度看中国农民的自主性。从生产资料看，农民与土地的关系是自由的。"民得买卖土地"。"中国早在战国时期就已经开始推行土地私有，允许土地自由买卖；欧洲在整个中世纪的封建时期，土地属于贵族，不存在土地市场。"① 在费正清看来："中世纪的农奴是束缚在土地上的，他自己既不能离开也不能出卖土地，而中国农民则无论在法律上和事实上都可自由出卖或购进土地。"② 土地不仅可买卖，还可继承、转让。除了土地以外，无论是自耕农，还是佃农，生产工具都是自己的。他们可以凭借生产工具独立从事劳动。因此，从生产过程看，农民独立从事生产和经营活动，很少，甚至没有外部力量的介入、监督和强制。这与依靠外部力量监督的奴隶制劳动完全不同。从生产产品看，农民有获得和支配自己产品的自由。中世纪西欧实行劳动地租，古代中国则以产品地租为主。货币地租的出现则进一步弱化了地主与农民之间的依赖关系。除了地租和税赋外，农民完全占有自己的劳动成果，并可以以自己的产品对外进行自由交换。因此，中国农村社会又是一个集市社会，一个个集市镶嵌在大小不一的农业村庄中。在生产力中，人是最活跃的因素。古代中国的农民不仅可以自由活动，而且可以自由流动。在中世纪的欧洲，"农民是半农奴依附于土地，只有极少数取得自由农身份的劳动力才能自由流动。"③ 正如著名经济史学家胡如雷先生所指出的："西方的农奴是终生被束缚在领主领地上的，他们在任何情况下，都不能合法地离开领地；中国的佃农虽然长期被束缚在地主的土地上，但这种束缚却不是终生的，在一定条件下，佃农可以改佃，地主也可以撤佃。""中国佃农基本上没有终生束缚在某个地主

---

① 林毅夫：《中国经济发展和文化复兴》，《光明日报》2011年11月14日。
② [美] 费正清：《美国与中国》，世界知识出版社1999年版，第32页。
③ 林毅夫：《中国经济发展和文化复兴》，《光明日报》2011年11月14日。

的固定田庄之中，比西方终生固定于某一庄园的农奴有较多的人身自由。"① 不仅如此，农民还可以离开家乡，进入城市务工，只要有机会。

其三，社会自治。人生活在群体社会里。群体社会的自治性反映了人的自主性和自由活动领域。在小农经济基础上，农村社会按照乡土规则运行，实行乡村社会自治。"家事""村事"和"乡事"主要依靠家长、家族和乡绅自我管理。政府管理未能进入农民的日常生活管理之中。由此发育出一个介于政府与农民之间的乡绅这一中间阶层。乡村社会成员从社会自治中获得自由活动的空间。正如韦伯所说，在中国，"'城市'是没有自治的品官所在地，——'乡村'则是没有品官的自治区！"② 在中国的乡村，经济权力与政治权力二元分离，地主不能凭借经济权力为所欲为，反而得借助家族社会力量共同治理村庄。村民在社会地位上是平等的，地主没有治理上的特权。而在中世纪的西欧，由于领主在领地内的"特恩权"，即征税权、司法权和军事权，是毫无限制的统治者，因此以"棍子和鞭子统治着农村。"③ 自治性的乡村庄园实际上是领主统治的"土围子"，没有自由可言。

其四，思想自在。人是有思想意识的。思想自由表现为不同思想意识的开放性和包容性。中国农民以土为生，具有实践和效用理性。他们有神鬼意识、信仰观念，但其思想意识具有极强的开放性和包容性，处于无拘无束的自在状态。不同的思想、观念、信仰、意识可以相互并存，相互包容，甚至集于一人之身。在中国，没有欧洲、西亚、南亚那样的宗教极端意识，也没有因为信仰而导致的战争。各种基于日常生活的民间文化异常活跃，并与官方文化相对独立。

其五，政治自力。政治自由反映个人与政府的关系。中国农民的政治自由表现为依靠自我和自然成长的力量的自力状态。一是消极的行动自由，希望政府不要过多干预和介入农民的生活。"纳完粮，自在王"。理想的政府行为是"无为而治"。因为政府的积极作为往往是建立在沉重的农民负担基础上的。农民也不愿意与官府打交道，具有"无讼"意识。

---

① 胡如雷：《中国封建社会形态研究》，生活·读书·新知三联书店1979年版，第100、119页。

② ［德］马克斯·韦伯：《儒教与道教》，商务印书馆1999年版，第145页。

③ 《马克思恩格斯全集》第19卷，人民出版社1963年版，第367页。

因为政府判案往往是各打三十大板,不仅难以分辨是非,更重要的是破坏了亲情和乡亲关系。二是积极的行动自由。与印度种姓制不同,中国农民没有严格的身份等级制度的限制,"王侯将相宁有种乎"?农民有尽己之力反抗暴政的合法性,即"替天行道""官逼民反",要求"均田地,等贵贱"。"中国历史上的农民起义和农民战争的规模之大,是世界历史上所仅见的。"①

因此,与中世纪西欧的"城里空气使人自由"不同,古代中国是"地里空气使人自由"。如果说西方自由主义产生于城市商业社会,那么,东方中国的自由主义则产生于乡村农业社会;西方自由主义是商人自由主义,那么,东方中国的自由主义则是农民自由主义。所谓东方自由主义,是在东方中国自由小农经济社会基础上产生的农民的自由状态和追求。其核心要素就是自主性和积极性。自主性是前提,积极性是结果。只有自主的人才有来自人自身内部的积极性、主动性和创造性。因此,农民的自由状态和追求,在中国历史上起到了巨大的推动作用。

一是创造了农业文明奇迹。世界文明发源地都来自于农业文明,唯一保存并传承下来的是中国。中国创造了世界独一无二的农业文明奇迹。这一奇迹的创造者正是广大农民。农民得以创造出文明奇迹便在于处于自由状态的他们有较高的生产积极性。不可否认,在古代中国也存在着剥削,且剥削率较高,使农民不得不通过高强度的劳动来维持生存;另一方面,自由的经济社会关系,又使农民有可能通过自己的劳动获得多一点的收获,从而自我改善生活状况,甚至人生命运。土地的自由买卖可以打破僵化的土地特权关系,使一部分人有上升的机会。"有田方为福,盖'福'字从田。"② "先世佃仆,今以富强。"③ 生产过程完全由农民自我完成,根本没有偷懒的可能。因为产品的自我占有使偷懒成为对自己的犯罪。而"佃户一般能订立固定租金的长期合同,这就能促进他们的事业心并提高生产率。"④ 由此就锤炼出中国农民特有的勤劳品质:"敬时爱日,非老不

---

① 《毛泽东选集》第2卷,人民出版社1991年第2版,第625页。
② 《青波杂志》11。
③ 《西园闻见录》15,《不校》。转引自胡如雷《中国封建社会形态研究》,生活·读书·新知三联书店1979年版,第119页。
④ [美]费正清:《美国与中国》,世界知识出版社1999年版,第31页。

休，非疾不息，非死不舍。"① 中国农民的勤劳是世界上无与伦比的。连孟德斯鸠也承认中国人的勤劳精神。韦伯更是对中国人的勤劳给予极高评价，他说："中国人的勤奋与劳动能力一直被认为无与伦比。"② 但他们并没有深度揭示中国人为何勤劳的原因。这是因为中国农民的劳动是为了自己的劳动，是为了自己能够过上理想的生活。哪怕这种理想现在看起来是多么的低级。农民劳有所获的自由劳动与劳无所获的农奴式劳动完全不能同日而语。自由劳动与奴役劳动的最大不同就在于前者的劳动在为社会创造财富的同时也可以使自己的命运有所改善，哪怕是稍许的改善。自给自足的生活状态说明，只有自给，努力劳动，才能自足；相反，正是可以自足，不断刺激着农民努力自给。由此也才有了自觉自愿的刻苦耐劳，才有了劳动无限投入的精耕细作，才有了满足自我需要的耕织结合。这正是中国得以创造农业文明奇迹的根本原因所在。

二是推动着历史的进步。中国古代农业社会并不是完全处于停滞状态，只是相对于工业文明的跨越发展来讲较为缓慢而已。不可否认，中国农民在专制压迫下的沉重赋役是世界上最为深重之一。他们除了要受到经济剥削以外，还要受到超经济强制。但是，自由、自主、自在和自足的生活始终是农民的梦想。当他们的理想状态生活得不到基本保障时，他们并不是完全屈服于命运的摆布，而是奋起反抗，从而迫使统治者让步，"轻徭薄赋""与民休息"，改变土地占有关系，"均分土地"，由此或多或少地推动着社会的进步。"因为每一次较大的农民起义和农民战争的结果，都打击了当时的封建统治，因而也就多少推动了社会生产力的发展。"③ 为此，费正清认为："近代学者的研究表明，中国并不是那些多少世纪毫无变化的世界早期帝国的残存实例。事实恰恰相反。"④ 而中国的变化动力来自于自身内部，特别是作为财富创造者的农民。否则就无法解释在西方还未进入中国之前，中国何以有世界最为持久和灿烂的农业文明了！

那么，为什么东方自由主义长期被历史所遮蔽，不为人所重视，甚至

---

① 《吕氏春秋集释·士容论·上农》。
② ［德］马克斯·韦伯：《儒教与道教》，商务印书馆1995年版，第115页。
③ 《毛泽东选集》第2卷，人民出版社1991年第2版，第625页。
④ ［美］费正清：《美国与中国》，世界知识出版社1999年版，第30页。

不为人所知？在西方流传已久的是东方专制主义，即使在中国，也无人论及本土之上的自由主义呢？主要有以下原因：

其一是中国特有的上下双层社会结构所影响。中国自秦始皇统一中国以后的社会结构呈上下双层结构。如果说上层政治是专制主义，那么下层社会则是自由主义。在西方学者眼里所看到的是矗立于下层经济社会基础之上的统治政体及其专制主义，没有也很难了解和关注上层统治政体之下的下层农民社会及其隐藏其中的农民自由主义。而到过中国内地的美国汉学家费正清对中国的认识就更为准确。他说："自古以来就有两个中国：一是农村中为数极多从事农业的农民社会，那里每个树林掩映的村落和农庄，始终占据原有土地，没有什么变化；另一方面是城市和市镇比较流动的上层，那里住着地主、文人、商人和官吏——有产者和有权势者的家庭。""中国仍然是个农民的国家，有 4/5 的人生活在他们所耕种的土地上。"① 这两部分人有不同的思想、观念和价值。但是，任何一种思想都要经过知识分子的加工、提炼并上升为理论体系。中国的知识分子长期以来处于上层。其思想体系总体是为上层统治服务的，对下层农民社会的思想并没有加以关注，更没有整理、加工和提炼。即使是有一些知识分子有对自由的追求，但与农民大众的生活相隔离。老子的"无为而治"思想有东方自由主义的意蕴，但主要还是一种以统治者为主体的治国之道，而不是以民众为主体的思想诉求。连胡适这样的现代自由主义大家也没有注意到深藏于古代下层农民社会中的自由主义形态，从而建立传统与现代的连接。因此，以胡适为代表的现代中国自由主义始终是无根之木、无源之泉，从而只是飘浮于社会上层，未能进入下层民间社会之中。

其二是中国农民自由主义属于日常生活形态及其意识。农民自由主义寓于日常生活之中，呈现为原始的粗陋的生活状态，而没有精加工，进入经典文献之中并为他人所知，为后人所学。西方学者根本不可能接触农民的日常生活，他们主要依靠文献了解中国，所接触到的经典文献中并没有自由主义的点滴记录，相反，大量的是为专制主义论证的学说。而中国的知识分子长期依附于官府，他们中的许多人尽管出自农家，但严格的国家考试使他们埋头于经典文献中，并没有实际感受和体验过农民的生活。而

---

① ［美］费正清：《美国与中国》，世界知识出版社1999年版，第20页。

农民自由主义作为一种生活形态的自由主义,只有在实际生活中才能领悟到其实质和精妙之处。正因为如此,只有那些在官场上失意的文人才想到归隐田野,在回归自然中寻求一份城市上层社会难得的自由和恬淡。但是,这些失意的文人只是将田野作为一种对现实上层政治的逃避,始终未能去发现和挖掘农民日常生活中的思想并将其提炼为理论形态,使之成为和进入文献经典。孟德斯鸠因此得出"连一段表现自由精神的记录都不可能找到的"的结论。

其三是中国农民自由主义具有自然法的特性。古代农业经济属于自然经济。人受制于自然并为自然所限。一家一户的自然经济,独立生产、自主经营、自由交换,因此也可以说是一种不受他人支配的自由经济。正是这种自由经济蕴含着自由主义精神。只是在农民眼中,这种自由来自于自然,是"天理"所然,而不是人为所构。农民是没有自由意识的自由主义者。而自由如同空气,只有在失去时才感受到其存在和可贵。因此,农民及其他们的代表不可能建构起一套系统的学说,将其追求和向往理论性、系统化,并提升为一种理想的社会形态。他们在反抗暴政统治时的理论是"替天行道",因为暴政"天理难容",至于"天"和"天理"是何物,并没有明确的理论定义。这也属于许多西方人不可理喻的所谓"东方神秘主义"。至于追求"道"的中国文人,从未思考过"变天",自然也不会"寻道",从本土社会中提炼精神学说,将自然的自由主义加工成理论形态的自由主义。因此,东方中国的自由主义可以说是农民式的"草根自由"。这种自由是一种不言自明的自然状态。

其四,中国主流意识形态是建构社会秩序。任何一种学说都是专门从事知识生产的人创造的。在西方,长期以来,自由主义能够成为一种系统的学说,主要在于有知识分子的创造。而在东方中国,自由主义是一种自然状态。但这种状态并不是自然的和谐状态。因为,中国的自由农业社会同时充满着冲突根由。不仅家族内部有男女之别、上下之分,家庭之间也会经常因为地、水、林、房、路等原因产生"边界"纠纷。既然自由是一种不言自明的自然状态但又伴随着冲突,那么,文人的主要工作就是为在自然自由状态下的社会建构秩序,以达到社会和谐。"人之生不能无群,群而无分则争,争则乱,乱则穷矣。故无分者,人之大害也;有分者，天下之本利也。"① 建构以"名分"顺序为核心的秩序成为中国思想经典的主要内容。无论儒家、法家，还是道家，都是一种秩序主义思想。而这种思想恰恰是为专制主义所利用的思想资源。

正是由于以上原因，东方自由主义长期被遮蔽，不为人知，也未进入中国的主流意识形态。但是，被遮蔽并不意味着不存在。接下来要讨论的是，为什么在强大的专制主义政体之下能够存在或者潜藏着一股强大的自由主义源流呢？

早期西方学者将东方专制主义作为对东方社会的唯一概括，在于他们没有办法了解东方中国社会的复杂性。进入20世纪以后，西方学者又是从现代国家无所不能的专制全能政体来理解东方社会的，这其中遗漏了一个重要且是不可或缺的环节——这就是国家统治能力。

不可否认，中国自秦始皇起建立了强大的帝国专制政权。但是，在中国这样一个幅员辽阔、人口众多，特别是以分散的小农经济为主的国度里，专制统治的能力是极其有限的，更不可能深入渗透和支配农民的日常生活。这就使得在表象的国家政权统治之下，留下一个个村落自治的空间和一块块农民自由耕作的土地。国家统治的专制主义与农民社会的自由主义恰恰是相辅相成的。这正是西方学者有意无意所忽略的要害问题。我们可以以东方专制主义思想集大成者魏特夫的观点为例。

在魏特夫看来，中国的东方专制主义社会的基础是"水利社会"，由于水利工程巨大，必须要有劳动力、生产资料和管理的高度集中才能完成。但造成这一状况的根源恰恰在于自由小农经济的分散性。正如马克思指出的："在东方，由于文明程度太低，幅员太大，不能产生自愿的联合，因而需要中央集权的政府进行干预。所以亚洲的一切政府都不能不执行一种经济职能，即举办公共工程的职能。"② 为保证征调民力，国家不断弱化农民对地主的人身依附关系，保持其"自由民"状态。

魏特夫认为，正是因为治水社会的高度集中性造成政治权力的集中和专制，只要治水社会不改变，专制主义就不会变。不可否认，专制主义政体对于修建大型水利工程确有成效。但是，修建大型水利工程并不是一种

---

① 《荀子·富国》。
② 《马克思恩格斯选集》第1卷，人民出版社1995年版，第762页。

生活常态，往往只是在水患成灾时才注重修建。对于作为常态的小农经济日常生活，国家并不介入，也不可能干预。正因为如此才有"皇权止于县政"。孙中山说："在清朝时代，每一省之中，上有督抚，中有府道，下有州县佐杂，所以人民和皇帝的关系很小。人民对于皇帝只有一个关系，就是纳粮，除了纳粮之外，便和政府没有别的关系。因为这个原故，中国人民的政治思想就很薄弱，人民不管谁来做皇帝，只要纳粮，便算尽了人民的责任。政府只要人民纳粮，便不去理会他们别的事，其余都是听人民自生自灭。"① 这也就意味着，在农民日常生活之中并不是专制主义所支配和控制。在这方面，就连魏特夫本人也不否认，即使是所谓治水社会里"仍然存在着真正的自由因素"。虽然他强调这种自由因素是"和政治无关的自由"②。但是，日常生活自由不能不说也是一种自由。在某种程度上说，它比现代国家无所不在的强监控下的"政治自由"更为真实。

在魏特夫看来，权力集中的君主制造成土地等生产资料完全归皇帝所有，不可能有真正的土地私有，自然也不可能有民众的自由。马克思有过类似的说法，主要说东方社会没有西方法权意义的私有制。但在东方中国，土地所有制具有自然法的意义。在农民眼里，自己耕种的土地就属于自己所有或经契约获得自由经营权。帝国政府根本没有能力去管制土地及其变动。否则就不会出现土地的自由买卖和兼并。

魏特夫认为，土地国有必然导致国家对经济的垄断。事实上，国家不可能垄断农业经济，日常农业经济生活完全是农民自由支配的。只有在分散的个人小农无法自我满足的部分产品，如盐、铁等才实行国家专营。如费孝通所说："乡土社会是个小农经济，在经济上每个农家，除了盐铁之外，必要时很可关门自给。"③ 正是经济生活的自给自足性才使农民的日常生活处于自由状态。

在魏特夫看来，专制主义唯皇帝之命是从，君主意志就是法律。事实上，在古代中国，法律很少进入农民的日常生活之中。支配农民日常生活更多的是包括习俗、惯例在内的地方性规范。这些规范内化于农民日常生

---

① 孙中山：《三民主义》，岳麓书社2000年版，第89页。
② ［美］卡尔·A. 魏特夫：《东方专制主义——对于极权力量的比较研究》，中国社会科学出版社1989年版，第120—122页。
③ 费孝通：《乡土中国　生育制度》，北京大学出版社1998年版第63页。

活之中，为农民所认同并从中获得自由。相反，农民并不希望诉诸法律，即费孝通先生所说的"无讼意识"。

由此可见，东方专制主义理论只看到了东方中国社会的专制政体一极，并将这一极无限夸大，而忽视了东方中国社会的自由主义另一极，并以东方专制主义将这一极完全遮蔽，使之陷入历史和理论的"黑洞"之中。中国知识界也因此长期处于蒙蔽状态，缺乏对本土文明的自觉，并将自由这一人类最宝贵的价值奉献给他人！

当然，与西方自由主义相比，东方自由主义也有自己的特点。其一，西方自由主义是以作为自然人的个人为基础的。个人主义始终是西方自由主义的根基。而东方自由主义强调个人与群体的关联，"仁者，人也"。族群（家户）主义是东方自由主义的根基。其二，西方自由主义从抽象的人性中论证人的自由属性。"人生而自由"是西方自由主义的基本原则。东方自由主义则强调在人伦关系和社会秩序中获得个人自由，即"从心所欲不逾矩"。两种自由主义的不同特性根源于生产方式和交换方式的不同。西方自由主义产生于商业文明传统。商业交换是以单个人为基础进行的。自然人是商业活动的出发点。在商业交换活动中每个人都具有自由人属性。东方自由主义产生于农业文明传统。特别是中国的农业长期以一家一户的方式进行。家户是农业活动的组织基础。"社会单元是家庭而不是个人，家庭才是当地政治生活中负责的成分。"[①] 单个人只有融入在家户群体中才能获得自由活动的空间。"他有一种安全感，因为他知道，如果他履行了指定给他的那部分职责，他可指望这体系内的其他成员反过来也对他履行应尽的职责。"[②] 此外是宗教传统的影响。西方自由主义受宗教意识影响很深。西方宗教的一个重要观念就是所有人在上帝面前都具有"原罪"，在世俗社会里每个人都是独立的个人。而东方自由主义没有"上帝造人"的意识，在东方中国人看来，人的生命来源于自己的长辈，没有长辈就没有自己。因此，人一出生就处于各种人伦关系及其相应的秩序当中，只有在人伦关系秩序中才能获得自由，这种秩序中心主义又上升到国家制度层面，并形成巨大的历史惯性，支配着中国社会的发

---

① ［美］费正清：《美国与中国》，世界知识出版社1999年版，第22页。
② 同上书，第24页。

展。费正清的评论较为客观,他说:"传统的中国并非一成不变,也不是静止或毫无生气。相反,中国有不断变化和千差万别的情况,但总不脱离其文化和制度上特有的格局。这个总的格局顽强地持续存在,是因为多少世纪以来,中国的各种制度——经济制度、政治制度、社会制度、文化制度——曾在它的国土范围内促成了引人注目的自给自足、平衡和稳定的局面。总之,制度和文化的持续曾经产生了体现为气势澎湃和坚守既定方针的惯性,而并非不动的惰性。"① 注重有秩序的自由的"惯性"而不是无自由的"惰性"的评价比"东方专制主义"的"停滞性"结论更为精当和客观得多。它肯定了中国社会内部有自己的发展动力。这就是亿万农民对自给自足和自由自在生活秩序的向往和追求。

东西方自由主义的不同点只是说明由不同的生产方式及其社会关系构成的生成基础之别,而没有价值高低之分,更不能以西方自由主义为尺度否认东方自由主义的存在!

当然,如果说西方否定东方自由主义是一种偏见,那么,为何东方中国思想界也极力回避,甚至对东方自由主义视而不见呢?其重要因素就是,"自由"这两个字作为一种学说是伴随西方国家的"炮舰"而进入东方中国的。这种历史"悲情"使东方中国人对"自由"持有极强的警惕性和敏感性。愈是物质实力弱就愈是如此。但这一状况反过来却是不利的。我们尽可以从政治和学术上批判"东方专制主义",但却忽视了自己的宝贵的传统资源,从而建构自己的知识体系。随着国家实力的强大,我们大可不必回避自由,并用其概括东方中国的自由主义传统。事实上,马克思主义从来不回避自由的崇高价值,并将理想社会视之为"自由人联合体"。

三 被提升的东方自由主义

发掘东方自由主义是为了恢复历史,并不是简单地颂扬。任何一种思想都有其历史的局限性。在中国,以农民为主体的自由主义有由于其生产方式决定的局限性,并始终未能进入国家主流意识形态。

---

① [美] 费正清:《美国与中国》,世界知识出版社1999年版,第75页。

其一，东方自由主义是一种缺乏选择和保障的自由。自由意味着人面对环境的多种选择的可能性及其实现这种可能的保障。但对于以土地为生的农民而言，他生于斯、长于斯、死于斯，生命活动领域十分有限，也很少有改变命运的选择。费孝通先生因此将中国视之为"被土地束缚的中国。"农民的自由只是在自己生产经营的"一亩三分地"上的自由，空间极其有限。特别是在沉重的地租和赋税双重盘剥下，农民的自由成效极其有限。他们的劳动剩余相当少且处在自然和社会的双重风险之中，很容易陷入贫困破产的境地。"中国的佃农比西方的农奴在经济上更缺乏保障，"[①] 地主阶级政权极易"滥用民力""搜刮民财"。尽管自由劳动可以调动积极性，形成勤劳品质。但这种"勤劳"往往是贫困的勤劳，更多的是贫困压力下的勤劳。[②] 绝大多数人仅仅依靠勤奋劳动是难以改变贫困命运的。因此，农民的自由往往伴随着贫困，甚至是"自由"的一无所有。正因为如此，东方式的"宿命论"或者"命定论"极具支配性。"顺天命"往往成为人生的重要原则。

其二，东方自由主义是一种缺乏国家制度保护的自由。在强大的上层专制主义的压迫下，农民自由主义始终局限于日常生活形态之中。尽管农民有私有财产或者独立经营，但他们处于无组织的分散状态，"他们利益的同一性并不使他们彼此间形成共同关系，形成全国性的联系，形成政治组织，""因此他们不能以自己的名义来保护自己的阶级利益。""他们不能代表自己，一定要别人来代表他们。他们的代表一定要同时是他们的主宰，是高高站在他们上面的权威，是不受限制的政府权力，这种权力保护他们不受其他阶级的侵犯，并从上面赐给他们雨水和阳光。所以，归根到底，小农的政治影响表现为行政权支配社会。"[③] 马克思的这段话虽然是评价法国小农的，但也适应于中国的小农。在专断性的行政权力支配下，农民的自由范围和层次都是十分有限的，没有，也不可能上升到权利这一制度正当性的层面，从而得到国家制度的保护。自由而分散的小农无力自我保护仅有的自由，他们的自由状态很容易受到侵犯。

---

① 胡如雷：《中国封建社会形态研究》，生活·读书·新知三联书店1979年版，第120页。
② 参见徐勇《农民理性的扩张："中国奇迹"的创造主体分析——对既有理论的挑战及新的分析进路的提出》，《中国社会科学》2010年第1期。
③ 《马克思恩格斯选集》第1卷，人民出版社1995年第2版，第766页。

其三，东方自由主义是一种具有放任和极端倾向的自由。以农民为主要载体的东方自由主义是一种日常生活形态的自由。这种自由往往局限于"在自己一亩三分地上随心所欲"，因此具有天生的随意性、散漫性和放任性。"由"是"顺随"，引申开来就是"随意""随便"，想怎样就怎样。这种自由主义曾经为毛泽东所专门批判，是自由主义的消极形态。在专制主义压制下，作为自由主义主体的自由小农处于极其弱势的地位，他们通常只能极度忍耐，一旦超出极限，又会铤而走险，以"以暴易暴"的方式反抗暴政，由此将农民自由主义推向"无法无天"的极端化，"表现为一种野性的、盲目的、放纵的破坏力量"。① 这种极端化的农民自由主义与极权化的专制主义不仅使政治斗争成为"零和博弈"，而且两极相通，从而形成暴政与暴民的循环。这也是每一次农民起义在或多或少推动社会生产力的同时，也带来了或多或少的社会破坏的重要原因。

其四，东方自由主义是一种具有秩序之上倾向的自由。东方自由主义强调在秩序中获得自由，这种思想很容易造成秩序至上和秩序优先的倾向，甚至为了秩序可以牺牲自由和剥夺个人自由，乃至生命。如家长可以运用家法惩罚"不听话"的子女，家族力量可以将违反族规的族人沉塘。而秩序至上与专制政体又是相互衔接的，不可避免具有随意性和专断性，甚至"不由分说"，被惩罚者连辩解的机会都没有。

尽管农民自由主义有其历史局限性，且未能进入国家意识形态主流，但它作为中国社会最大群体——农民的一种向往和追求始终存在并绵延不绝，深深影响着中国的历史进程。毛泽东曾经说过："中华民族不但以刻苦耐劳著称于世，同时，又是酷爱自由、富于革命传统的民族。"② 这就是说，中华民族与世界其他民族一样也是酷爱自由的民族，且在一定历史阶段是最为自由的民族之一，而不是东方专制主义理论所说的天生的"奴性民族"。中华民族的主体是农民。相对于上层统治者而言，下层农民又是最酷爱自由的。是自由引导着下层人民掀起一次次对暴政的反抗。

特别是东方自由主义深深植根于农民的日常生活之中。只要有小农经济社会存在，这种自由主义的思想就会延续。东方中国的农民自由主义作

---

① 《马克思恩格斯选集》第 1 卷，人民出版社 1995 年第 2 版，第 677—678 页。
② 《毛泽东选集》第 2 卷，人民出版社 1991 年第 2 版，第 623 页。

为一种"草根自由",尽管没有系统化、理论化、成文化,但它有赖于生存的深厚土壤,有生存之根;尽管在专制政治的压制下,它十分脆弱,但它仍然会顽强的生存,一有机会就会蓬勃生长。正是这种基于自由激发的农民积极性创造并支撑着世界最为灿烂的农业文明。

社会发展具有极大的历史惯性。当人类进入工业文明,就进入到一个建构性时代。人类理性会被放大和强化到极致,从而很容易会将主观意志凌驾于历史规律之上。但社会发展的历史惯性不会因为人类意志而简单消灭或者被"消灭"。换言之,人类只有遵循历史规律及其惯性,才能获得自由。东方自由主义是与小农经济社会联系在一起的,反映了农民的意愿。只有正视它、尊重它、顺应它,甚至敬畏它的存在,才能获得社会发展的真知,并有效驾驭社会发展。

传统中国的社会结构犹如一只鸡蛋,自由自主的经济社会处于流淌状态,但其外层却包裹着专制主义政体。蛋壳和蛋心虽为一体,但相互隔离。专制主义政体一方面保护着国土和在国土上生存的民众,另一方面因为其权力不受制约的腐败而不断弱化其国家能力,从而受到外部力量的入侵,直到近代由于西方工业文明的崛起将专制政权的合法性完全打碎。

近代中国的主题是对外反外部侵略,对内反专制压迫。目的都是为了争取中国人民特别是中国底层人民的自由。1911年辛亥革命推翻帝制,专制主义政治失去合法性,包括农民在内的广大民众获得了形式上的自由权,使自由不再只是一种自然法则,而成为国家制度保护的公民权利。1949年取得胜利的革命则是一场底层革命。革命成功的重要原因就是满足了农民对财产的要求。因为没有财产权,自由权就难以体现在日常生活之中,成为一种实体状态。土地改革实则是为农民自由提供财产基础的社会改革,它极大地激发了农民个体生产的积极性。

但是,土地改革之后,中国迅速进入到一个工业化导向的时代。传统小农经济及其相应的意识被认为是落后的,应该被摒弃。由此中国进入到一个集体化时代。在集体化过程中建立的人民公社体制借鉴了苏联集体农庄制,国家权力前所未有的全面而深度介入到农民的日常生产和生活之中。公社体制在实现国家整合方面发挥了一定作用,但由于农业生产方式的传统性,农民没有也不可能成为像"国家职工"一样的"国家农民"。农民仍然得依靠自己生产的产品生活。但是在公社体制下,农民缺乏自主支配土地的自由，缺乏自主支配自己人身活动的自由，缺乏自主支配劳动过程的自由，更缺乏自主支配劳动产品的自由，因此也缺乏生产劳动积极性。农民一方面以"偷懒""瞒产私分"等方式加以消极抵制（消极自由）；另一方面，农民不断尝试突破体制，实行包产到户，以获得生产经营自主权（积极自由）。后来，农民的主张被部分中央领导人提升为"三自一包"的政策主张。① 虽然这一政策主张受到压制，但是农民仍然以其不屈不挠的意志寻求对体制的突破。这一突破最终在 1980 年代为中央所认可和肯定。邓小平作为中国特色社会主义理论的奠基人，在改革开放之初，谈论最多的是"自主权"。邓小平经济改革思想的主要内容就是扩大自主权。早在 1978 年，他在著名的《解放思想，实事求是，团结一致向前看》一文就指出："当前最迫切的是扩大厂矿和生产队的自主权，使每一个工厂和生产队能够千方百计地发挥主动创造精神。一个生产队有了经营自主权，一小块地没有种上东西，一小片水面没有利用起来搞养殖业，社员和干部就要睡不着觉，就要开动脑筋想办法。全国几十万个企业，几百万个生产队都开动脑筋，能够增加多少财富啊！"② 他认为，"调动积极性，权力下放是最主要的内容。我们农村改革之所以见效，就是因为给农民更多的自主权，调动了农民的积极性。"并强调"调动积极性是最大的民主。"③ 中共十一届三中全会以后，"给农民自主权，给基层自主权，这样一下子就把农民的积极性调动起来了，把基层的积极性调动起来了，面貌就改变了。"④ 不断改革不适应生产力发展的体制，调动最广大人民各方面的积极性，可以说是中国特色社会主义的精髓，也是改革开放以来中国迅速发展的基本动力。改革开放以来中共历届党代会报告都将调动积极性和增加活力作为一项基本方针。中共十六大报告强调："放手让一切劳动、知识、技术、管理和资本的活力竞相迸发，让一切创造社会财富的源

---

① 20 世纪 60 年代初，刘少奇、邓小平等人在主持中央经济工作期间，为了克服"大跃进"给中国经济造成的困难，提出了较为符合实际的经济管理思想，主要体现在适度放宽国家对经济工作的统制。在具体政策上，主张在农村扩大自留地、发展集市贸易自由市场、主张工商企业自负盈亏，以及农业包产到户等政策。自留地、自由市场、自负盈亏和包产到户，简称"三自一包"。这实际上是邓小平理论的最原始思想。

② 《邓小平文选》第 2 卷，人民出版社 1993 年版，第 146 页。

③ 《邓小平文选》第 3 卷，人民出版社 1993 年版，第 242 页。

④ 同上书，第 238 页。

泉充分涌流，以造福于人民。"① 十七大报告则指出："新时期最鲜明的特点是改革开放。""这场历史上从未有过的大改革大开放，极大地调动了亿万人民的积极性，使我国成功实现了从高度集中的计划经济体制到充满活力的社会主义市场经济体制、从封闭半封闭到全方位开放的伟大历史转折。"②

由此可见，中国的改革开放起源于对中国数千年以自主性和积极性为核心的农民自由主义传统的尊重，它是中国文明发展内在规律的逻辑延伸和提升，而不是源于西方自由思想的影响。改革开放后的农村改革的许多做法与历史上的农民自由主义传统是相衔接的。如家庭自主经营、劳动力流动、土地流转、农产品自由流通、村民自治、乡村工业、民间文化的活跃等都可以从农民自由主义传统中找到历史依据。特别是农民自由主义传统蕴含的勤劳、勤俭、互助等农民理性的扩张对于中国的崛起发挥了重要作用。③

当然，随着改革开放从农村向城市扩大，从经济向政治社会的扩大，从对内向对世界的扩大，中国也吸收和借鉴了包括西方自由主义在内的思想。但是这种借鉴也只是出于对本国历史及其思想资源欠缺的反思。

中国的改革开放基于对"文化大革命"的否定。邓小平在否定"文化大革命"的过程中，并没有将发生"文化大革命"的原因归之于一个人，而是着重于制度性分析。他指出："旧中国留给我们的，封建专制传统比较多，民主法制传统很少。"④ 专制制度的特点是给统治者以充分做好事的平台，却缺乏控制其做坏事的体制性力量，因此容易滥用权力。这正是中国历史上大凡有伟大作为的皇帝往往又沦为"暴君"的重要原因。而刚刚诞生的社会主义制度还未建立起完善的民主体制，因此自1950年代后期以来，"一言堂、个人决定重大问题、个人崇拜、个人凌驾于组织

---

① 《十六大报告辅导读本》，人民出版社2002年版，第14页。
② 本书编写组：《十七大报告学习辅导百问》，学习出版社、党建读物出版社2007年版，第8页。
③ 参见徐勇《农民理性的扩张："中国奇迹"的创造主体分析——对既有理论的挑战及新的分析进路的提出》，《中国社会科学》2010年第1期。
④ 《邓小平文选》第2卷，人民出版社1993年版，第332页。

之上一类家长制现象，不断滋长"①，直至发生"文化大革命"。邓小平认为，类似于斯大林和"文化大革命"这样的悲剧在英美这样的西方国家难以发生。其重要原因就在于制度化。"制度好可以使坏人无法任意横行，制度不好可以使好人无法充分做好事，甚至会走向反面。"因此，制度问题"更带有根本性、全局性、稳定性和长期性。"②而这方面，西方的经验和学说有可借鉴之处。

制度建构是西方自由主义的精髓和优长之处。与其他思想不同，西方自由主义特别强调通过一系列制度、规则和程序的建构，既保障执政者有效使用权力而不滥用权力，同时也保障公民享有权利而不滥用权利。这是因为西方自由主义源自于商业文明。商业交换活动特别强调契约精神和对等意识。随着资产阶级这一新兴阶级的崛起，它更是将自由主义的契约精神和对等意识提升到国家制度层面，用一系列精巧的制度、规则、程序来保障自由并不被滥用。西方经典自由主义都十分强调只有在法律保障下才有真正的自由。但是西方自由主义这一精髓长期为中国思想界所忽视。正如胡适所说："东方自由主义运动始终没有抓住政治自由的特殊重要性，所以始终没有走上建设民主政治的路子。西方的自由主义绝大贡献正在这一点"。③

正是基于制度问题是根本性问题的认识，改革开放以来，中国提出了建立社会主义市场经济体制、建设社会主义民主政治、建设社会主义法治国家、建设社会主义和谐社会的目标。在这一过程中，古老的东方自由主义也被大大提升，成为中国特色社会主义的重要元素之一。

首先，自由提升为有选择和保障的自由。新中国建立后，消灭了剥削制度，农民成为自己土地的主人，从而有了摆脱贫困的可能。特别是国家试图通过集体化为农民提供一定的保障。但这一过程中形成的公社体制将农民牢牢限制在土地上，造成了一种低保障下的贫穷。人民公社体制废除后，农民最大的收获就是自由了，开始从千百年束缚自己的土地上解放出来。他们可以按照自己的意愿，宜农则农，宜工则工，宜商则商，不仅能

---

① 《邓小平文选》第2卷，人民出版社1993年版，第330页。
② 同上书，第333页。
③ 胡适：《自由主义》1948年9月4日。

够进城，而且可以出国。特别是随着社会主义市场经济制度的建立和完善，横亘在农民面前的种种制度或非制度限制的壁垒被打破，他们获得了历史上从未有过的选择自由和活动空间。正是这种有选择的自由使亿万农民得以摆脱贫困，进入小康，走向富裕。在农民获得自由活动空间的过程中，政府还力图从制度上保障农民的选择，避免农民在与其他社会群体竞争中陷入失败和破产的"自由"之中。如对土地自由转让的适当限制，当土地难以承担日常生活保障功能时，政府提供一定的社会保障。

其次，自由提升为有制度保护的自由。新中国建立以后，农民成为国家的公民，享有平等的政治权利。尽管农民的组织性不高，但他们有了从制度上保护其利益的可能性。特别是随着中国特色社会主义民主政治建设，依法治国成为基本方针，农民的各种自由提升为受到法律制度保护的平等权利。他们的承包地成为具有物权性质的财产，并具有独立生产经营的自主权。他们有直接参与村庄公共事务管理的自治权，并可以自由选择自己的领导人。在这一过程中，农民的组织化程度有所提高，开始自我表达和维护其利益，而不是简单地受行政权力所支配。

再次，自由的随意性和极端化受到制约。农民的随意性和极端化是由孤立的小块土地造成的弱势力量与强大的政权力量的不平衡格局产生的。随着农民走出长期赖以生存的"一亩三分地"，进入更为广阔的社会空间，不仅开阔了视野，而且形成新的社会规则，形成新的社会品质。特别是随着社会主义民主政治建设，政府的服务性愈来愈突出。农民的意愿可以通过服务型政府的建设来得到反映和体现，政府与民众的关系日益融为一体。这有利于化解农民的极端化政治思维和阻止放纵性的政治行为。如21世纪初，中国废除了延续数千年的农业税。这其中包括农民对沉重负担的消极抵制，弃田从耕，也有农民积极的"依法抗争"。而执政党为了适应农业生产的需要和农民的期待，最后主动废除农业税，从而缓解了国家与农民的紧张关系。因为沉重的农业税赋正是历史以来农民铤而走险的基本原因之一。

第四，自由与秩序走向平衡。放任主义的自由必然导致以强凌弱、两极分化和以暴易暴。新中国建立以后，中国共产党力图建立一种能够保障自由与平等、自由与控制相一致的新秩序，以改变历史上的政治社会生态。期间有一段时间的不平衡状态，如人民公社时期对农民自由的限制较多,因此改革开放以后十分强调农民和基层社会的自主权。改革开放以来,西方自由主义学说进入中国,但许多人只是从自由放任传统来理解这一学说,从而出现放任主义的倾向。邓小平以深邃的历史眼光注意到这一状况,他从改革开放一开始就强调坚持四项基本原则,注意寻求自由与秩序的平衡。正如著名美国学者傅高义所说:"重新定义和管理自由的边界。也许邓小平当初面对的最棘手的问题就是设定自由的边界,既可以满足知识分子和公众的要求,同时又保证领导者能够维持公共秩序。"[1] 因此,执政党并没有简单地照搬个人主义基础上的西方自由主义学说,而是努力建构一种符合国情和历史传统的有中国特色的自由体系。这种自由体系抛弃了扼杀人的个性自由的秩序至上主义,但又承继了以秩序维护自由,在群体中获得个体自由的传统,从而努力寻求自由与秩序的平衡。如提出建设社会主义和谐社会,强调最大限度激发社会活力、最大限度增加和谐因素、最大限度减少不和谐因素。

(原文刊载于《学术月刊》2012年第4期)

---

[1] [美]傅高义:《邓小平的遗产》,《南风窗》2012年第1期。

第五章 从中国事实看"东方专制论"的限度

自由与专制是政治学的核心概念之一。政治学产生并发达于西方国家。长时间以来,在西方政治思想中,形成了"西方自由东方专制"的话语定论。德国学者魏特夫以"东方专制主义"概括东方国家的政治,并将东方专制论的来源归之于马克思的论述,因而更具欺骗性。对于魏特夫等人的偏见已有众多批判。只是这些批判更多的是理论性,尚不能从根本上颠覆这种简单、武断且片面的论断。[1] 其重要原因在于,长期以来,学界存在两大遮蔽,一是既有理论遮蔽着丰富的事实,二是上层政治遮蔽了基层社会。就是马克思、恩格斯也存在因为对事实了解不够作出的判断从而为他人利用的问题。事实胜于雄辩。只有从中国事实出发,才能从根本上改变政治话语的被动状态,纠正多年形成的学术偏见。本文将以华中师范大学中国农村研究院的"深度中国调查"的事实为基础,[2] 对"东方专制论"的历史与理论限度作出阐述。

一 对"东方"和"专制"的认识限度

任何一种认识都有特定的空间方位。长期以来,处于强势地位的思想

---

[1] 参见李祖德、陈启能《评魏特夫的〈东方专制主义〉》,中国社会科学出版社1997年版。
[2] 华中师范大学中国农村研究院将实证调查作为主要方法,经历了三个阶段。一是自1986开始的个案调查;二是自2006年开始的"百村观察计划",对300个村庄5000个农户进行每年跟踪观察,为政策提供依据;三是自2015年开始的"深度中国调查",为基础性调查,目的是建构中国理论。其中包括以传统社会形态为主要内容的分区域村庄调查。现已调查华南、长江、黄河三大区域16个省份185个村庄,每个村庄住村调查数月以上,并形成了5千万字以上的调查材料。本文的事实材料取自于这一调查。特此说明并致谢!

产生于世界西方，并形成了对不同地理空间中政治形态的认识和界定。早在古希腊时期，亚里士多德就认为："专制"特指东方国家君主一人对所有臣民实行的主人对奴隶式的政治统治。其根源在于东方人的奴性。他因此种下了"西方是自由的，东方是专制的"种子。① 这种观点一直延续到近代。马克思恩格斯在他们的著作中也大量使用过"东方专制"的概念。魏特夫后来将马克思恩格斯的观点极化，扩展到整个非西方地区。而东方国家的学者也自觉不自觉地将本国与前人界定的"东方"相对应，忽略了东方世界内部的差异性，由此自觉不自觉地将"东方专制论"的帽子箍在自己头上，尽管试图极力挣脱并改变，但由于对"东方"概念的认识限度，其努力成效受到限制。②

人们的认识总是会受到其认识对象的制约。应该看到，在相当长时间里，西方人眼里的"东方"或者"亚洲"主要是指与欧洲国家地理上较为接近和交往比较多的部分地区。正是接近和交往，西方人认识到不同于西方的东方和亚洲。马克思恩格斯生活在西方，难免从西方人的视角认识东方，同时他们所接触的材料也主要是与西方人交往比较多的东方地区，即现代地理学上的"近东""中东"地区。

从马克思恩格斯的著述看，他们在使用"东方"这个概念时，是十分谨慎的，在谈及"东方"时经常可以见到对特定国家的指称。如马克思在《大不列颠在印度的统治》的一文中，在论及亚洲和"东方"的水利工程对农业的影响时，特别提到的是："从撒哈拉经过阿拉伯、波斯、印度和鞑靼区直至最高的亚洲高原的一片广大的沙漠地带"；"在埃及和印度，或是在美索不达米亚、波斯以及其他地区"；"巴尔米拉、佩特拉、也门废墟以及埃及、波斯和印度斯坦的广大地区"。③ 从马克思列举的这些国家和地方看，基本上都属于距离西方较近的"近东"和"中东"地区。恩格斯在论及东方村社时，特别提到："从印度到俄国"。④ "东方（他指的是土耳其、波斯、印度斯坦）一切现象的基础是不存在土地私有

---

① 常保国：《西方历史语境中的"东方专制主义"》，《政治学研究》2009 年第 5 期。
② 参见秦龙《马克思从共同体视角看东方国家专制性的思想探析》，《大连海事大学学报》2007 年第 5 期。
③ 《马克思恩格斯选集》第 1 卷，人民出版社 1995 年版，第 762—763 页。
④ 《马克思恩格斯选集》第 3 卷，人民出版社 1995 年版，第 280 页。

制。这甚至是了解东方天国的一把真正的钥匙。"①

当然，马克思、恩格斯在其著述中也时常使用"东方""亚洲"之类的整体性概念，没有也不可能时时处处都指称"东方"和亚洲特定的国家和地区。这从认识论上是可以理解的。但后人也会因此产生认识偏差，即将"东方"的概念泛化和同一化，不去厘清西方人关于"东方"概念的认识限度，忽视"东方"内部的差异性。这种概念化、标签化的"东方"理论自然会遮蔽丰富性和差异性的"东方"事实。

同时，还需要指出的是，马克思讲到"东方专制"时是指与从原始社会分离出来与亚细亚生产方式相对应的一种依靠暴力进行统治的君主制政治，核心是主—奴关系。这种政治形态是历史的存在，不可简单以现代视角加以价值评判。而且，马克思并没有认为东方亚洲才有"专制"，相反，他明确指出了"不列颠东印度公司在亚洲式专制的基础上建立起来的欧洲式专制。"② 因为英国东印度公司在印度的统治同样体现着主—奴关系。

二 对治水作为东方专制基础的认识限度

如果说，历史上西方思想主要是从政体和人性的角度认识东方政治的话，那么，马克思则是第一次从政治的社会基础认识东方政治的。马克思指出："利用水渠和水利工程的人工灌溉设施成了东方农业的基础。"③"那些通过劳动而实际占有的公共条件，如在亚细亚各民族中起过非常重要作用的灌溉渠道，以及交通工具等等，就表现为更高的统一体，即高居于各小公社之上的专制政府的事业。"④"节省用水和共同用水是基本的要求，这种要求，在西方，例如在佛兰德和意大利，曾促使私人企业结成自愿的联合；但是在东方，由于文明程度太低，幅员太大，不能产生自愿的联合，因而需要中央集权的政府进行干预。所以亚洲的一切政府都不能不执行一种经济职能，即举办公共工程的职能。这种用人工方法提高土壤肥

---

① 《马克思恩格斯全集》第 28 卷，人民出版社 1973 年版，第 256 页。
② 《马克思恩格斯选集》第 1 卷，人民出版社 1995 年版，第 761 页。
③ 同上书，第 762—763 页。
④ 《马克思恩格斯全集》第 46 卷，人民出版社 1979 年版，第 474 页。

沃程度的设施靠中央政府办理，中央政府如果忽略灌溉或排水，这种设施立刻就会荒废，这就可以说明一件否则无法解释的事实，即大片先前耕种得很好的地区现在都荒芜不毛"。① 马克思的这段论述后来被魏特夫发挥为东方是一个"治水社会"，并因为"治水"而产生专制的重要依据。

需要特别指出的是，马克思这段话并没有将治水等同于"专制"。但是，马克思对东西方治水的特点作了比较。在西方的一些地方，治水是一种"自愿的联合"。从马克思的思想看，"自愿的联合"，是基于个人自愿，这种自愿的个人是自由的，即能够自主支配自己的人。而东方社会不能产生自愿的联合，需要中央集权的政府进行干预。换言之，东方的治水是一种非当事人自愿的强制性行为，国家通过"徭役"等方式强迫民众从事治水活动。这种外部性强制导致人的不自由和受奴役，成为"奴性民族"，形成主—奴关系。魏特夫因此将这种政府强制发挥为"东方专制主义"。

应该说，马克思从政治与社会互动关系的角度，对东方国家的治水重要性、政府功能及其政治后果的认识是有相当道理的，对政治的社会起源和基础的认识是相当深刻的。但是，囿于事实材料的限制，马克思没有注意到，在遥远的东方中国，却有着十分丰富的治水体系，其政治后果也与他描绘的亚洲其他地方大不相同。

治水在中国非常重要，甚至被视之为国家产生的起源，如"大禹治水"的传说。习近平总书记指出："水资源时空分布极不均匀、水旱灾害频发，自古以来是我国的基本国情。我国独特的地理条件和农耕文明决定了治水对中华民族生存发展和国家统一兴盛至关重要。"② 中国文明最早产生于华北的黄河流域。由于黄土高原和过于集中的雨水使得黄河给华北区域带去肥沃泥土的同时，也会因为河道抬高、河水泛滥造成灾害。在这一地区，国家不得不承担治水的功能，而且成为"政府的事业"。如果中央政府不能履行政府的治水职能，发生水患，便会出现"大片先前耕种得很好的地区现在都荒芜不毛"的现象。因此，在历史上，中国政府不

---

① 《马克思恩格斯选集》第1卷，人民出版社1995年版，第762—763页。
② 转引自陈雷《新时期治水兴水的科学指南——深入学习贯彻习近平总书记关于治水的重要论述》，《求是》2014年第15期。

得不重视治水，因为这不仅关系到民生，更关系到国家政权的稳定。尽管政府的治水工程具有强制性，但其客观效果有益于民众。如果从这一点看，包括中国在内的东方国家的治水，恰恰是东方文明的一种优势，从而孕育了灿烂的农业文明。魏特夫将东方国家治水贴上"东方专制主义"的标签是有着强烈偏见的，目的是强化西方民主的话语优势。当然，因为举办公共工程滥用民力造成民众反抗，则属于另一性质的问题。

更为重要的是，中国文明是不断由中心向四周扩展的。位于黄河以南的南方地区逐步成为中国的经济中心。南方地区有着充沛均匀的雨水，江河湖泊纵横交错。温热的气候和充沛的雨水使得南方地区主要种植水稻。稻作区与华北的旱作区不同，它需要稳定持续的水源，即需要将自然雨水转换为可灌溉用水，同时也需要将过多的来水排去。因此，除了自然形成的江河湖泊外，还需要兴建各种堰塘沟渠堤垸，由此形成一个水网体系。这一体系是南方稻作区赖以存续的根基，同时也形成了相应的层级化治水体系。

对于江河湖泊、堰塘沟渠构成的水网体系来说，大江大河因为区域跨度大，仍然需要中央政府加以治理。但在南方，大江大河并不经常泛滥，因为雨水过多造成的灾难属于"百年不遇"或者"十年不遇"。在相当长时间，中央政府对于南方大江大河的治理少有作为。在南方，更多的治水事业属于堰塘沟渠的小型水利的治理。而这种小型水利的治理主要依靠的则是当事人的自我治理，属于当事人为了获得共同利益自愿联合的水利自治。

通过华中师范大学中国农村研究院的大规模"深度中国调查"，我们发现，在南方稻作区，水利事业至关重要，无水则无稻。而水与土地等其他资源的使用不同，必须"节省用水和共同用水"。因此，在长期历史上，围绕水，产生了丰富的多层级的治理形式。

一是"相邻为好"的治理。在华北干旱区域，农业灌溉主要依靠自然，或者依靠井水。这种灌溉方式不需要更多的联合，甚至会以邻为壑。而在南方区域，一小块一小块水稻田相互连接，并归属于不同的经营者。一块水稻田要能获得持续均匀的灌溉，必须依靠邻近的水田。如果相邻的水田不让过水，另一水田的种植便难以为继，甚至会发生经营者之间的冲突，结果可能是谁都难以正常生产。正是在这一背景下，水稻种植者们采用了"相邻为好"的治理。这就是不同的田块经营者允许相邻的田块从自己的田里过水，并构成稻作区的一种自然法则。尽管存在"肥水不流外人田"，但主人施肥时需要告知相邻者，并到一定时间放水，保证相邻的田块及时能够获得水源。

二是"同干同湿"的治理。在南方稻作区域，需要通过堰塘将水储备起来，再通过沟渠引向农田用于灌溉。而挖建堰塘、管理沟渠、放水管水等诸多事务都不是一家一户能够完成的。为了使稻作生产能够延续下去，若干用水农户联合起来，共同治理。其组织方式就是建立塘会。在调查村庄，各种形式的塘会组织比比皆是。塘会组织实际上是一种有边界的水利共同体，是水利事务相关者自愿联合而成的，遵循的是"同干同湿"原则。即所有水利受益人都参与堰塘沟渠修建和管理过程，放水管水有专人负责，但用水人要出资出力，堰塘有水所有水田都能获得浇灌（"同湿"），如遇干旱堰塘缺水，所有水田都受到损失（"同干"）。通过塘会将用水者联合起来，使得稻作生产能够持续不断地延续。

三是"利责共担"的治理。在南方区域，江河密布。这些江河既可以提供水源，也可能造成水患。为了避免水患，需要修建堤垸，将水患挡住。南方许多村庄和水田就是由一道道堤垸围成的。修建和管理堤垸所涉及的人和田更多。如果说塘会之类的组织一般涉及成百的人，那么，堤垸可能会涉及成千上万的人。塘会组织规模已不足以应对堤垸的修建与管理。于是，堤垸委员会之类的水利组织得以兴起。人们通过堤垸委员会进行水利治理，实行的是"利责共担"原则。堤垸委员会由地方社会推举产生，专门组织堤垸修建和管理事务。所需费用由当地人按照田地和人口共同承担。

四是"搬官下场"的治理。与土地不同，水是流动的，且缺乏明确的产权边界。一旦水资源匮乏，就很有可能发生冲突。南方区域因水而争的现象较为普遍。与此同时，南方区域对水利纠纷的调节也非常丰富。其基本调节形式是当事人相互协商。特别是对属于无明确产权的"自然之水"的取用，谁先用，谁后用，用多少，尽可能由当事人协商决定。发生矛盾也尽可能由当地各种社会组织出面调处。这种自我调节有利于当事人共同受益。当然，当利益各方争执不下的时候，当事人也会"搬官下场"，即从当地县府请来官员到现场明断裁决。其裁决也更多的是调解，而不是压制。因为政府官员不可能经常下到现场，且请官员也需要成本。所以，除非不得已，人们轻易不会"搬官下场"。

以上治水的共同特征是当事人自愿的联合，并形成了人们自我认同的习俗，不需要外在强制性力量加以监督。水利自治是"人民的事业"而不主要是"政府的事业"；是当事人自组织形成的"自治"而不是凌驾于社会之上他组织的"他治"；是权利与义务均衡的"筹资筹劳"而不是单向义务的"徭役"；是贡献与收益利责对等关系而非强制下的主—奴关系。

正因为有效的水利治理，保证了南方稻作区的持续运转，使之很快成为中国粮食的主产区，有了"苏常熟，天下足""湖广熟，天下足""天府之国"的说法，隋朝开凿大运河的重要目的是"南粮北运"。在南方地区，不会出现因为政府治水缺失导致"大片先前耕种得很好的地区现在都荒芜不毛"的现象。然而，对于20世纪以前的西方人来讲，他们对中国的了解更多的是华北黄河区域，更多的是国家上层，对于南方丰富的基层水利治理体系缺乏了解，得出的结论难免片面和简单。事实上，中国南方是世界上最大的水稻产区，其丰富的水利治理体系是世界其他国家难以比拟的。特别是这种基于当事人自愿联合的水利自治，远远超越佛兰德和意大利之类的非稻作区，是不能以所谓"东方专制主义"话语以蔽之的。

三 对村社作为东方专制基础的认识限度

马克思恩格斯创立了历史唯物主义学说，非常重视政治制度的经济基础和根源。他们在对东方国家的认识中，发现了东方国家专制政治的基础，这就是"村社制"。在马克思看来，"从远古的时候起，在印度便产生了一种特殊的社会制度，即所谓村社制度，这种制度使每一个这样的小结合体都成为独立的组织，过着自己独特的生活"。[①]"这些田园风味的农村公社不管看起来怎样祥和无害，却始终是东方专制制度的牢固基础"。[②]恩格斯也有类似的说法，他指出："各个公社相互间这种完全隔绝的状

[①] 《马克思恩格斯选集》第1卷，人民出版社1995年版，第764页。
[②] 同上书，第765页。

态，在全国造成虽然相同但绝非共同的利益，这就是东方专制制度的自然形成的基础。从印度到俄国，凡是这种社会形式占优势的地方，它总是产生这种专制制度"。①

从马克思恩格斯的著述中，可以看出，他们对东方村社的认识主要界定为印度和俄国，没有提到同样作为东方大国的中国。相反，在他们的著述中，都十分谨慎地将中国与印度、俄国剥离开来，发现中国的特点。马克思认为："在印度和中国，小农业和家庭工业的统一形成了生产方式的广阔基础。此外，在印度还有建立在土地公有制基础上的村社，这种村社在中国也是原始的形式。"② 从马克思的论述看，中国也存在过村社，但已发生了进化，这就是农业与手工业的结合是以家庭组织的形式表现出来的，小农家庭成为生产经营和消费基本单位。

马克思将中国与印度区分开来具有重要意义。马克思是将村社作为东方专制制度的基础看待的。这在于村社制塑造一种消极被动的奴性，充分体现着内在的主—奴关系。"它使人的头脑局限在极小的范围内，成为迷信的驯服工具，成为传统规则的奴隶，表现不出任何伟大的作为和历史首创精神。"③ 正因为如此，面对包括英国在内的外国的入侵，印度民众只是以消极被动的态度加以反应，"他们就在这个一无抵抗、二无变化的社会的消极基础上建立了他们的帝国。"④ 其基础就在于村社。"这些小小的公社带着种姓划分和奴隶制度的污痕；它们使人屈服于外界环境，而不是把人提高为环境的主宰"，因此构成奴性民族。⑤ 而中国从村社形式脱离出来了，小农家庭制度所塑造的人与村社制不同，更具有自我利益的坚韧性和对外部的主动性。在马克思的著述中，它主要表现为两个方面：一是由家庭自给自足经济产生的自主性和顽强性。在同样面临英国商品进入时，印度以村社为单位的农业与手工业的结合迅速解体。而在中国，农业与手工业以家庭为单位结合，顽强地抵抗外部商品经济的输入。马克思在《对华贸易》一文中引述了当时英国人对中国的实情报告，其中表述：

---

① 《马克思恩格斯选集》第3卷，人民出版社1995年版，第280页。
② 《马克思恩格斯论中国》，人民出版社2015年版，第161页。
③ 《马克思恩格斯选集》第1卷，人民出版社1995年版，第765页。
④ 同上书，第767页。
⑤ 同上书，第766页。

"每一个富裕的农家都有织布机,世界各国也许只有中国有这个特点。""我所看到的情形使我相信,中国农民一般说来过着丰衣足食和心满意足的生活。""他们大都拥有极有限的从皇帝那里得来的完全私有的土地,每年须交纳一定不算过高的税金;这些有利情况,再加上他们特别刻苦耐劳,就能充分满足他们衣食方面的简单需要。"① 大段引述报告之后,马克思作出自己的评价,认为,"在东印度,那种农业与手工业的结合是以一种特殊的土地所有制为基础的。而英国人凭着自己作为当地最高地主的地位,能够破坏这种土地所有制,从而强使一部分印度自给自足的村社变成纯粹的农场……在中国,英国人还没有能够行使这种权力,将来也未必能做到这一点。"② 马克思的这个结论是有依据的,这就是在面对英国人暴力时,中国民众与印度人的反应不同,不仅仅是消极被动地接受,更有积极主动的反抗。马克思因此评价说:"这是'保卫社稷和家园'的战争,这是一场维护中华民族生存的人民战争。"③ 而面对强暴力量的反抗,不甘为奴则是中国民众数千年的传统。从"伐无道,诛暴秦"开始,"中国历史上的农民起义和农民战争的规模之大,是世界历史上所仅见的。"④ 正如毛泽东所说:"中华民族不但以刻苦耐劳著称于世,同时,又是酷爱自由、富于革命传统的民族。"⑤ 由于历史条件的限制,民众的反抗不能从根本上改变政治制度,但或多或少会推动政治改善和社会进步,不至于如印度那样因为民众的消极被动性而陷入停滞状态,"逃不掉被征服的命运"。⑥

马克思对印度和中国的比较,为我们提供了重要启示,这就是尽管同样是东方,国家制度同样表现为专制形式,但其结果是有相当差异的,有的自甘为奴,有的不甘为奴,原因就在于经济社会基础不同。印度是典型的村社制,中国已从村社制脱离出来了。而中国从村社制脱离出来后是一种什么农村制度呢?受材料所限,马克思没有能够像对印度和俄国村社制

---

① 《马克思恩格斯选集》第 1 卷,人民出版社 1995 年版,第 758—759 页。
② 同上书,第 759 页。
③ 《马克思恩格斯论中国》,人民出版社 2015 年版,第 64—65 页。
④ 《毛泽东选集》第 2 卷,人民出版社 1991 年第 2 版,第 625 页。
⑤ 同上书,第 623 页。
⑥ 《马克思恩格斯选集》第 1 卷,人民出版社 1995 年版,第 767 页。

的研究一样,有过清晰完整的表达。后人对此有过论述,笔者也曾经写过专门的文章①,但事实,特别是第一手的调查资料还不充分,还不能以大量充分的材料补充接续马克思的论述。通过华中师范大学中国农村研究院的"深度中国调查",提供了大量丰富具体的事实材料,展示了传统中国的独特性,丰富了马克思当年对东方中国和印度差异性的认识。

其一,财产权的家庭私有性。从185个调查村看,1949年前的农村财产,包括土地、山林、房屋等,基本都属于家户所有。在广东、福建、江西等省份,一些宗族发达的村庄,有属于宗族共有的公田、公山,但所占比例不大,最高不超过全村土地的30%。这与马克思引述过的报告所描述的"完全私有的土地"的状况是一致的。② 在这些村庄,还没有发现有类似于村庄土地定期重新分配的村社土地制现象。相反,土地产权的私有性得到普遍承认。这就是"地主",即"土地的主人"一词的确认。这种确认可以通过土地买卖及其权证来加以表征。从调查村庄看,土地主人自由买卖土地是普遍现象,只是在一些宗族村庄有土地优先出让给族人的限制。由于买卖产生了促成交易的"中人"。为了确认土地的主人地位,有了产权证书,即地契。民间自愿交易生成的是"白契",在官方备案的称为"红契"。土地买卖可以跨越村庄,甚至省县。这与印度的村社将土地牢牢限定在村社内部是不一样的。同时,为了界定财产权属,土地、山林、堰塘、水井、房屋、院落等物品都有清晰明确的边界。财产的私有还可以通过财产继承表现出来。从调查村看,农村财产继承普遍实行的是"诸子均分"制。本家的子弟可以平均继承财产。当子女成年以后,就会分家。其重要理由是"不分不活"。只有将产权细化到小规模的家户,才能激发个体劳动的积极性和竞争性。土地的家户私有、自由买卖和分家继承,为最大限度发挥土地资源的效益提供必要条件,让土地得以通过流动始终掌握在会种地、能种地、愿种地的人手中。

其二,家庭为基本经营单位。从185个调查村看,1949年前的农村生产经营主要是以家户为单位。即使是共有土地和山林,也委托给家户经

---

① 参见徐勇《东方自由主义传统的发掘——兼论西方话语体系中的"东方专制主义"》《学术月刊》2012年第4期;《中国家户制传统与农村发展道路——以俄国、印度的村社传统为参照》,《中国社会科学》2013年第8期。
② 《马克思恩格斯选集》第1卷,人民出版社1995年版,第758页。

营。由于土地占有的不均，农村大量存在租佃和雇工经营。在南方，土地较少和种植水稻，更多是租佃。在北方，大农具是生产的必须，更多地实行雇工经营。但无论如何，家庭都是基本的经营单位。在农村也大量存在单个农户难以完成全部生产过程而与他人合作的现象，如"伙耕""换工""帮忙"等，但家户始终是最基本的经营单位。由此产生的是两个直接结合：一是农业与手工业的直接结合；二是生产经营与分配消费的直接结合。这两个直接结合均是以家户为单位。这与印度的农业与手工业以村社为单位结合不同，也与俄国生产经营与分配消费以村社为单位结合不同，既不是村社共有，也不是村社共耕。以家庭为基本经营单位可以有效分配时间，节约成本，刺激生产。这与马克思引述的中国报告所描述的情景是一致的："他是自己家里经自己的妻女和雇工的手而生产这种布匹的，既不要额外的劳力，又不费特别的时间。在他的庄稼正在生长时，在收获完毕以后，以及无法进行户外劳动的雨天，他就让家里的人们纺纱织布。总之，一年到头一有可利用的空余时间，这个家庭工业的典型代表就去干他的事，生产一些有用的东西。"① 家庭经营有助于发挥农村土地和劳动力这两大生产要素的最大效益。

其三，交易交换的开放性。从185个调查村看，1949年前农村的交易交换活跃。这种交易交换形成多层次的体系，有定期不定期的"集市"。在四川等地，"赶集"成为人们日常生产生活中必不可少的部分。通过交易交换，以家庭手工业补足农业。如马克思引述的中国报告所描述的："他的生产并不以仅仅供给自己的家庭需要为限，而且是以生产一定数量的布匹供应附近城镇"。② 而在马克思引述的报告中没有注意到的一种现象是，在中国北方许多村庄集市中有专门的"人市"，即出卖劳动力的市场。这是因为，北方雇工经营需要各种合适的劳动力，如"长工""短工"、季节性的"麦客"等。有的地方"麦客"甚至是跨省份的务工。"集市"（包括"人市"）的存在，说明中国农村社会成员的流动性和自主性，人们可以自由支配自己的物品和人自身，不像马克思所描述的印度村社将"人的头脑局限在极小的范围内，""把全部注意力集中在一

---

① 《马克思恩格斯选集》第1卷，人民出版社1995年版，第758页。
② 同上。

块小得可怜的土地上"。①

其四，血缘基础上的家庭责任。尽管中国的生产方式较早地从村社这类小共同体的束缚中脱离出来，但是最原始的血缘关系却一直保留下来。家庭是社会的最基本的组织单位。从 185 个调查村看，1949 年前的农村村落基本上都是由一个个家庭、放大的家庭——家族、具有共同祖先的扩大了的家庭——宗族所构成的。以姓氏命名的村落比比皆是。血缘家庭是农村社会的核心构成单元。村落是由一个个血缘相近的家庭构成的地域共同体。基于血缘关系的家庭形成具有利害连带责任的小型共同体，即"一损俱损、一荣俱荣"。尽管其内部存在着上下尊卑差等关系，但因为从出生到终老的家庭规训，使之成为家庭成员自我认同的秩序。每个家庭成员都承担着与自己地位相关的责任。这种内化于心的责任驱使家庭成员对家庭和自己负责，血缘的延续及其承载血缘延续的家园是人们的核心利益和人生最重要的使命。正如马克思在讲到中国民众对英国殖民者的反抗时用的是"保卫家园"。

其五，勤劳节俭的家庭意识。马克思在引述相关中国的报告时已有一些关于中国农民勤劳节俭的描述。而从 185 个调查村看，这类事实极具普遍性。许多事实比马克思引述的报告更为生动具体。如有农民在农忙下田家人送水喝时，自己抬起一只脚到田坎上喝水，另一只脚一定得放在水田里，以防因过于劳累不愿再下田了。有农民见到流动的卖货郎时，主动驱赶，防止家人花钱。此类事实不胜枚举。从调查访谈中，我们可以了解到，农民的勤俭主要基于两个目的：一是维持家计。对于大多数农民来讲，只有勤劳节俭，才能勉强维持家计；二是发家致富。获得土地财产，维持和光大家族是农民的最大理想。尽管能够实现这一理想的可能性甚小，但仍然有一定通道。如从我们的调查看，在华南宗族村，举全家之力乃至全族之力供养子弟读书以便经商做官从而发家致富的现象非常之多。这是"带着种姓划分"的印度村社制难以比拟的。

以家户为单位的经济社会基础锤炼出中国民众的自主性、责任性和积极性，而非村社制内生的依附性、被动性和消极性，由此使农村基层社会内生和保持着活力。这是传统中国"皇帝无为天下治"，能够创造出世界

---

① 《马克思恩格斯选集》第 1 卷，人民出版社 1995 年版，第 765 页。

最为灿烂的农业文明的根源所在。如果单从政体看，东方国家存在着类似的专制政体，但因为经济社会基础不同，专制政体的结果有所不同，一些地方是停滞，而在中国却存在内生的活力，并因为自主的利益激发出对外部强制的反抗。这也是马克思天才预测到印度与中国面对同样的英国殖民者的反映和结果却不同的重要原因所在。只是马克思的天才预测未能有足够充分的事实所证明，大量的中国事实被"东方专制主义"一类的简单论断所遮蔽。

当然，以家户为单位的经济社会基础有其天生的弱点，这就是抵抗风险的能力太弱，缺乏社会保护。特别是私人占有土地的基础上，土地占有严重不均，剥削率畸高，农民生计难以维系，并因此经常性爆发起义。正是从这个意义上，马克思对俄国村社制通过共同体保护个体方面的机制持肯定态度。进入20世纪后，中国通过革命和改革，力图解决农民的保护和调动农民积极性的双重性问题，经济社会基础发生了历史性变革，政治制度也有了质的变化。这种变革更是不能以所谓"东方专制主义"加以论断的。

通过调查所展现的中国事实，进一步证明了"东方专制论"的理论与历史限度，对于中国，不可以"东方专制主义"一语蔽之，也不可再因为"东方"而自我对号入座。

（原文刊载于《政治学研究》2017年第4期，原文题目《从中国事实看"东方专制论"的限度——兼对马克思恩格斯有关东方政治论断的辨析与补充》）

第六章 用中国事实定义中国政治

习近平总书记《在哲学社会科学工作座谈会上的讲话》指出:"我们既要立足本国实际,又要开门搞研究。对人类创造的有益的理论观点和学术成果,我们应该吸收借鉴,但不能把一种理论观点和学术成果当成'唯一准则',不能企图用一种模式来改造整个世界,否则就容易滑入机械论的泥坑。""对国外的理论、概念、话语、方法,要有分析、有鉴别,适用的就拿来用,不适用的就不要生搬硬套。哲学社会科学要有批判精神,这是马克思主义最可贵的精神品质。"① 由于知识生产中的先占原则,使得西方学界获得定义权,对中国政治进行了定义,并长期发生着支配性影响,甚至当成"唯一原则"。本文试图从中国事实出发,清理对中国政治的若干权威定义,并通过建立新的分析框架,重新定义中国政治。

一 "先入为主":先占原则与定义权

人类社会从初始的自然形态开始,便形成了一个天然法则:"先入为主"。谁先进入某个领域,并能取得支配地位,谁就有可能成为主导者。后到法庭者势必受其制约和影响。这便是先占原则。

在经济领域,最初的土地等自然资源是无归属的,属于"无主地"。有人先到,便成为土地资源的主人,取得所有权。在市场经济时代,生产的物质产品是以出卖为目的,要出卖必须定价。那些最先上市的产品,产品的主人便可以获得定价权,并进一步形成主导地位,甚至垄断地位。为促进市场竞争,国家力图打破垄断地位。但先占原则仍然十分重要,否则

---

① 习近平:《在哲学社会科学工作座谈会上的讲话》,新华社,2016年5月18日。

就没有创新。

在生活领域，一些人先来到世界上，便取得为其后人定名的权利，这种权利是天赋的，而无须后人的认可和同意，并具有某种神圣性。如"行不更名，坐不改姓"。改换姓名后，祖宗不认，入不了族谱，进不了祠堂。

在政治领域，一些人最先来到某一地方，便构成了当地的主人。随着政权组织的建立，便将这一地方视之为神圣不可侵犯的领土，行使统治权。2017年中印边界冲突中，中方军队的一幅标语"老祖宗留下来的土地一寸都不能丢"。中国领土依据"自古以来"。

在思想意识领域，一些人最先对一定事物产生认识，并通过概念对事实加以定义，即对于一种事物的本质特征或一个概念的内涵和外延作出确切表述，便会构成定义权。知识生产的领导地位是由定义权决定的。知识生产是对一类事实加以概括、提炼、总结，并建构内在的逻辑关系，从而形成能够传播、学习、运用的知识体系。没有定义和概念化，社会事实现象就会成为一盘散沙、一地鸡毛，人们无从认识和辨别。

概念由其内涵和外延构成，建构概念的过程也是人们对概念加以定义的过程。人们在确立概念过程中，会赋予概念以价值和意义。这种人为定义的概念通过一定的话语表达出来的，一旦生成并广泛传播运用就会形成话语权，即由于话语产生的影响力。这种权力一旦形成，就会影响人们的判断，从而将人们对事物的认识格式化、模式化。事物一旦被定义并广泛传播，并构成标准，规范人的思维。人们自觉不自觉地会使用某一话语表达自己的看法。而在使用某一话语时，也会受到话语内在力量的控制。这种控制是一种软性权力，即隐性的支配力。在知识生产领域，对概念的定义权十分重要，谁有定义权，谁就占主导地位。

中国很早就有对人类社会的认识，但没有形成一个由清晰的概念和知识体系构成的社会科学，只可意会，不可言传。社会科学率先由西方兴起。在社会科学发展过程中，西方人创造了大量的概念，并形成了系统的知识体系，体现了知识生产的"先占"法则。梁启超认为："大抵西人之著述，必先就其主题立一界说，下一定义，然后循定义以纵说之，横说之"。[1]

---

[1] 梁启超：《中国学术思想变迁之大势》第三章第五节，上海古籍出版社2006年版。

这是中国社会科学不得不向西方社会科学学习，也是深受其影响的重要原因。

相对物质生产领域的定价权而言，知识生产领域的定义权更为重要和持续。这在于概念一旦形成并可以长期和广泛延续。人一出生，受到的启蒙教育便是已有的知识概念。中国古代将最初的教育称之为"蒙学"，即启蒙、发蒙之学。这些知识会长久影响人生，并固化人的思维。

当然，社会科学的起源来自于人的认识，任何人的认识都是有限的。人们不可能穷尽世界上所有的事实现象。人们必须去不断发现新的事实，并运用新的概念加以概括和提炼，形成新的话语，以获得新的定义权。

随着中国社会科学的发展，人们愈来愈意识到中国的许多现象是原有的概念无法概括的。但由于受既定的知识体系的限制，人们不愿意从事实出发去创造新的概念，或者发现了大量新的事实现象却不能创造新的概念加以概括，无法生产出自己的话语权。这正是中国的社会科学大大落后于社会变化的重要原因。

中国社会科学要有所作为，一是要发现新的事实，如哥伦布发现"新大陆"一样；二是对大量社会事实现象进行提炼总结，创造概念，获得对事实的定义权。

二 被定义的中国政治与"出格"的中国事实

作为专门从事知识生产的社会科学率先从西方开始，并以西方为原点认识外部世界。古老神秘的东方成为重要的认识对象。西方对东方的认识最开始局限于接近西方的东方，然后逐渐向东方扩展，直到 20 世纪才形成对东方整体世界的认识，并获得了对东方政治的定义权。总体上看，世界政治形态的定义是由西方最早给出的。包括中国在非西方国家的政治处于被定义状态。

从两千多年前的古希腊开始，西方人就形成对东方国家政治的认识，并分别以"自由与专制"定义东西方政治，形成了"西方自由、东方专制"的固定思维。特别是近代以来，西方思想界通过"主义"的方式将思想认识简约化，并赋予"主义"以价值规范性。"主义"既是知识生产者对客观世界的描述，同时又是一种超越客观世界的理想主张。"主义"的出现是世界思想发展历史的转折点。至此,思想开始具有独立性,引导客观世界的发展,并规制着人们对客观世界的认识。知识生产者经常使用"主义"定义某一事物或者现象。"东方专制"作为一种"主义"而形成"东方专制主义"的认识正是在这一背景下产生的。1758 年,"东方专制主义"这一名词出现在爱尔维修的《精神论》一书中,此后扩展开来。与此同时,伴随新兴的生产力量和社会力量的崛起,自由、平等、人权等现代性理念成为思想主流,并形成自由主义学说体系。在具有现代性的自由主义看来,违背自由的专制主义是落后的、停滞的,因此也是要否定的。"东方专制主义"因此成为一个具有否定性的概念。① 在 20 世纪,德国学者魏特夫集西方学说之大成,撰写出近百万字的大著《东方专制主义》,将专制主义概念推向极致,并取得广泛的影响。中国人自己长期以来也是以"封建专制主义"的概念定义中国古代政治。

20 世纪下半叶,西方思想界又开发出一个新的概念——"威权主义",用于概括包括中国在内的东亚政治。这一概念可以最早追溯到近代以来的西方学者对中国的认识。如在黑格尔看来:"中华帝国是一个神权政治专制国家。家长制政体是其基础,为首的是父亲,他也控制着个人的思想。这个暴君通过许多等级领导着一个组成系统的政府。个人在精神上没有个性。中国的历史从本质上看是没有历史的;它只是君主覆灭的一再重复而已。任何进步都不可能从中产生。"② 马克思认为"皇帝通常被尊为全中国的君父","皇帝的官吏也都被认为对他们各自的管区维持着这种父权关系。"③ 韦伯认为,中国是家产式国家,父权式治理。西方学者沿袭这一思路,试图用威权主义概括东亚政治。这一定义指政府要求人民绝对服从其权威的原则,而不是个人的思想和行动自由。④

20 世纪下半叶,对中国政治的研究日益深入,西方学界运用"全能主义"概念,定义 20 世纪的中国政治。邹谠认为:全能主义是指"政治

---

① 参见徐勇《东方自由主义传统的发掘——兼论西方话语体系中的"东方专制主义"》,《学术月刊》2012 年第 4 期。
② 转引自"维基百科全书","中国政治史"词条。
③ 《马克思恩格斯论中国》,人民出版社 2015 年版,第 6 页。
④ 参见孙代尧《威权政体及其转型:理论模型和研究路径》,《文史哲》2003 年第 5 期。

机构的权力可以随时地无限制地侵入和控制社会每一个阶层和每一个领域"。①

"主义"是近代以来西方学术界用于定义某种事物特性的认识工具。它使复杂的事实与现象清晰化，概念化，也会简单化。但"主义"具有一个重要功能，就是规范着人的认识，将使人的思维格式化。专制主义、威权主义与全能主义的定义在思想学术界的影响甚深。在世界思想界有重大影响的维基百科"中国政治史"这一条目下对中国政治史的评价部分就是引述的黑格尔的论断。

用专制主义、威权主义、全能主义定义中国政治，无疑反映了某些事实，但不能把一种理论观点和学术成果当成"唯一准则"，更不能以此定义将人们的思维格式化。特别是这一定义具有相对性，即相对自由民主价值而言，在价值规范上具有天然的低下性。专制与自由相对，威权与民主相对，全能与有限相对。从政权组织与人民的关系看，专制主义反映的是主—奴关系，拥有国家统治权的人是高高在上的主人，民众是受奴役的奴隶；威权主义反映的是权威—服从关系，统治者具有父亲一样的权威，民众只是服从而不可替代；全能主义反映的是全能—无能关系，统治者无所不能，民众无所作为。

从理论上看，以上三种政治形态是没有活力的，是难以促进经济社会持续发展的。正是基于专制主义的认识，西方学者认为中国传统社会是停滞的，甚至还专门出版了《停滞的帝国》一书。如黑格尔断定的"任何进步都不可能从中产生。"在威权主义看来，权威政体可以有一时的巨大能量，但难以持续，因为服从关系缺乏创造力，这一体制最终得向民主体制转型。全能主义使得国家完全控制和吞噬了社会，也就丧失了社会活力。

然而，中国的事实与西方的定义却是相悖的。中国创造了世界最为灿烂的农业文明，从而使得中国文明长期延续下来，是不争的事实。改革开放以来中国经济持续高速增长，并保持政治社会稳定，创造了"中国奇迹"。改革开放也不是突然从天而降，而是人民公社体制下包产到户要求

---

① ［美］邹谠：《二十世纪中国政治：从宏观历史与微观行动的角度看》，牛津大学出版社1994年版，第25页。

和探索的逻辑延伸。

"出格"的中国事实难以用被定义的中国政治所解释。但西方学者（也包括中国学者）仍然囿于原有的定义。如对中国改革开放进程以"威权韧性"加以定义。①

三 建构新的分析框架与重新定义中国政治

科学认识不是从定义出发，而是从事实出发。毛泽东《在延安文艺座谈会上的讲话》中指出："我们讨论问题，应当从实际出发，不是从定义出发。"②"出格"的事实需要重新定义中国政治，重新定义则需要建立新的分析框架。分析框架是人们用来感知和解释社会现象的认知结构，它将人们的思维置于一定的规范之中。不同的分析框架得出的结论有所不同。

专制主义、威权主义和全能主义的定义有一个共同的分析框架，即都是基于政体的视角，反映的是一种国家与民众的纵向关系。政体是国家的统治形态，是国家治理体系的运作形式。作为一种政治组织机构，它高居于社会之上，并对社会行使国家权力。然而，国家并不是从来就有，是人类社会发展到一定阶段的产物。在恩格斯看来，"国家是承认：这个社会陷入了不可解决的自我矛盾，分裂为不可调和的对立面而又无力摆脱这些对立面。而为了使这些对立面，这些经济利益互相冲突的阶级，不致在无谓的斗争中把自己和社会消灭，就需要有一种表面上凌驾于社会之上的力量，这种力量应当缓和冲突，把冲突保持在'秩序'的范围以内；这种从社会中产生但又自居于社会之上并且日益同社会相异化的力量，就是国家。"③ 这说明，人类社会除了国家与社会的纵向关系以外，还存在社会之间的横向关系。社会是由不同的人和组织构成的，之间存在相互依存和相互竞争的关系，并根据相应的规则进行自我治理。与此同时，横向的社会竞争会产生社会分化、社会分裂、社会对立和社会冲突，便需要凌驾于社会之上的力量——国家加以整合，把冲突保持在"秩序"的范围以内。

---

① 美国学者黎安友（Andrew Nathan）提出了"韧性威权主义"（resilient authoritarianism），这之后，大量学者使用这一概念定义中国政治，或者在这框架下分析中国政治。
② 《毛泽东选集》第3卷，人民出版社1991年版，第853页。
③ 《马克思恩格斯选集》第4卷，人民出版社1995年版，第170页。

专制主义、威权主义和全能主义的定义仅仅反映了政权与民众的纵向关系，而没有反映民众之间的横向关系。要超越被定义的中国政治认知，就需要建立起新的分析框架，这就是：横向竞争与纵向整合。

竞争是人类由原始自然形态走向社会形态的动力。"物竞天择，适者生存"，从某种意义上是人类社会发展的规律。人类是以各种组织形式生存延续的。横向竞争是由社会基本组织构造决定的。在马克思看来："我们越往前追溯历史，个人，从而也是进行生产的个人，就越表现为不独立，从属于一个较大的整体；最初还十分自然地在家庭和扩大成为氏族的家庭中；后来在由氏族间的冲突和融合而产生的各种形式的公社中。"①社会基本组织单位从原始公社—部落—村社整体，再到家户、作为自然人的个体。组织单位愈小，独立性愈大，竞争性愈强，社会活力愈足。

在世界历史上，中国率先从原始公社、村社整体脱离出来，建立起以"家户"为基本单位的社会。家户作为寓血缘、生产、政治于一体的基本单位，具有相对独立性，即所有人都是国家的"编户齐民"，相互之间不再是人身依附关系。地主而不是领主，农民而不是农奴。由于家户单位，使得发家致富、光宗耀祖成为农民生存的强大动力。而家户的独立性也使得家户缺乏共同体的保护，面临巨大的生存压力。家户制为横向竞争提供大量必备条件，如土地私有、土地买卖、租佃经营、人身自由，以保证土地始终能在会种田、能种田的人手中，并产出最大效益，满足家户生存与发家的意愿。②

相对于古代社会的村社、部落、庄园一类的共同体而言，家户制的横向竞争动能更强，效率更高。从世界看，俄国村社制的重要特点是土地村社共有，定期重分，目的是抑富同一，村社集体至上。印度的村社制除了具有村社制一般特征外，还有宗教和种姓的因素，造成身份世代传递，极大抑制了社会的活力。如马克思所说，村社制塑造一种消极被动的奴性，充分体现着内在的主—奴关系。"它使人的头脑局限在极小的范围内，成为迷信的驯服工具，成为传统规则的奴隶，表现不出任何伟大的作为和历

---

① 《马克思恩格斯选集》第 2 卷，人民出版社 1995 年版，第 2 页。
② 有关家户制的效能可以参见徐勇《中国家户制传统与农村发展道路——以俄国、印度的村社传统为参照》，《中国社会科学》2013 年第 8 期；徐勇、张茜《公平与效率：中国农村组织制度变迁与内在机理》，《探索与争鸣》2016 年第 6 期。

史首创精神。"① 还有相当部分地区以部落为组织单位，实行共有共享制，生产力低下。从中国内部看：西部地区长期实行的是村社、部落、庄园制。人对自然、人对人的依赖关系强，横向竞争弱。而在中部和东部地区，以家户制为组织单位，横向竞争性强，农业生产效率高。由此中国有了"苏常熟，天下足""湖广熟，天下足"的说法。

在古代，经济是自然成长的。国家不直接干预经济。国家的功能主要是收税。经济社会生活实行放任主义的"无为而治"。尽管政体属于君主专制（君主制、官僚制、民主制）的复合体，但国家规模太大，统治者鞭长莫及，不可能，也没有必要控制社会。社会主要依靠自我治理。晚清时全国吃"皇粮"的正式官员仅有2万人，却管理着一个有4亿人口的国家。美国汉学家费正清对中国与美国进行了比较，在他看来，"对一个享有较高物质生活水平的美国人来说，使他感到惊异的是中国农民在这样困苦的生活条件下，竟能维持一种高度文明的生活。问题的答案在于他们的社会习俗，这些习俗使每个家庭的人员，按照根深蒂固的行为准则经历人生的各个阶段和变迁。这些习俗和行为准则，一向是世界上最古老而又最牢固不变的社会现象。"② 从一般社会常态来看，从政体上看，"虽则在名义上是'专制''独裁'"，但"在人民实际生活上看，是松弛和微弱的，是挂名的，是无为的。"③ 因此，用专制主义定义中国政治，只是看到表象，没有注意到专制政体下的人民是自由、自治的。这就是本人所说的"东方自由主义"。④ 只是这种自由、自治是横向的社会自由，而非纵向的政治自由。

专制主义，特别是威权主义理论来自于久远的家长制。这种理论强调家国同构，家长的专断性权威不可替代。但是，在日常生活中，家长作为家户首领，实行的是权责对等法则，即在享有专断权力时必须承担养家糊口、发家致富、光宗耀祖的责任。这使得家长在行使其专断性权力的同时，也必须考虑家庭共同体成员的积极性。因此，中国的家长制治理更多

---

① 《马克思恩格斯选集》第1卷，人民出版社1995年版，第765页。
② ［美］费正清：《美国与中国》，世界知识出版社1999年版，第21页。
③ 费孝通《乡土中国 生育制度》，北京大学出版社2002年版，第63页。
④ 徐勇：《东方自由主义传统的发掘——兼论西方话语体制中的"东方专制主义"》，《学术月刊》2012年第4期。

的是家长权威与家庭成员商议的集合。家庭成员不是家内奴隶，是"一损俱损，一荣俱荣"的命运共同体成员，并负有家庭责任。这种责任机制使得社会拥有活力。

全能主义是对1949年后中国计划经济时代的政治定义。全能主义来自于苏联式的计划经济体制的概括。但是，在中国，计划经济体制与苏联有很大不同。一个重要特点就是国家体制不能完全控制广大农村社会。中国农村实行的是"三级所有，队为基础"的集体所有制，农民集体和个人必须承担满足自我生存的责任，因此有一定的自主性。这种自主性空间，使得农民和基层干部能够自发地实行包产到户。1978年改革只是将这一改革制度化，并由农村推向城市，形成了全方位的改革开放格局。特别是将古代社会原有的市场经济元素激活和放大，形成市场经济体制，大大强化了横向竞争，极大地释放和扩展了社会的活力。

纵向整合是基于横向竞争而产生的。横向竞争势必造成社会分化、社会分裂、社会冲突，乃至社会爆炸。这就需要通过整合，弥合社会分裂，将冲突控制在秩序之内。在古代世界实行部落制、庄园制和村社制的地方，横向竞争不强，社会分化与冲突更多的是依靠内在的力量加以调节，自我化解。进入资本主义时代以后，资本主义有内在的调节机制，如工人通过横向联合进行反复博弈，达到劳资平衡。

而在中国，一方面是横向竞争性强，另一方面是规模超大，社会难以自我组织起来在更大范围内通过横向反复博弈，自我化解竞争带来的社会分化与对立，只能借助高居社会之上的国家力量进行纵向整合，将冲突控制在秩序之内。横向竞争出活力，纵向整合出秩序。

中国很早就有了国家，特别是在无数小农户基础之上高矗着国家，且从未中断过（尽管王朝会更迭或一段时间内为地方割据）。正是借助着国家的力量，将一个个小农户统合在一起，调节冲突，保卫领土，建构秩序。纵向的国家整合是保持农业文明长期延续的必要条件，也是中国能够由一个地域有限的国家不断扩展规模，成为巨大国家的重要原因。当然，由于国家力量的自利性，国家能力不够等原因，纵向整合不好、整合不力、整合不了，则会引起爆炸，自我重建权威与秩序。

对于一个横向竞争强，规模超大，发展严重不平衡的国家，纵向的国家整合是必要的。不分不活，不合不强。当然，整合方式又可分两类：一是有机整合，即不损坏社会的基本活力，弹性治理；二是强制整合，社会活力完全为国家所吞噬，刚性治理。标志是社会的归社会，国家的归国家。

由于横向的自由未能扩展到规模宏大的国家领域，国家政体形态保持着稳定性，因此，国家治理对于中国政治显得十分重要，并积累了丰富的经验。中国创造了灿烂的农业文明。农业的基本生产资料是土地。中国对于土地的治理相当有成效，即实行土地产权的二元性，国家领土所有与土地地主占有的分离与结合，土地占有与土地经营的分离与结合。由此使得土地能够产生最大效率的同时，保留着国家对土地的终极控制权。换言之，在传统中国，土地既非欧洲封建时代的领主所有制，也非俄国的村社所有制，土地未能固化为身份。这是中国对土地治理的成功之处。与此同时，自汉代实行盐铁专营，由国家垄断。盐业造就的是商业资本，并转向对土地的投资，造成的是土地兼并。商人未能向新兴的市民阶级转变。铁的专营使得铁未能转换为机器工业这一工业资本的物质基础。正因为如此，中国长期只能在农业文明的轨道缓缓运行。面对近代以工业为基础的西方国家的入侵，无能为力应对。

20世纪，中国面临的紧迫任务是"救亡图存""独立统一"。在这一过程中，建构一个现代化强国成为主要目标，并采取了特殊的强力举措。但由于体制上的僵硬，横向竞争弱化，经济发展受到抑制。正是在此背景下，兴起了改革。

1978年以来的"改革开放"，目的是"搞活"，即极大释放长期被压抑的社会活力。农村实行家庭承包制，调动了广大农民积极性；大量农民工进城务工，为工业化、城镇化提供了充足的竞争动能；非国有企业的出现，使得单一的经济体制显现出特有的活力；国有企业改革强化了企业参与市场经济竞争的能力，由此才有了经济持续增长的"中国奇迹"。

当然，在经济社会发生巨大变革的过程中，也出现了社会发展不平衡，社会分化，相对贫困化、权力介入竞争、利益固化，生态恶化，思想对立化等问题。这些问题是依靠社会本身无法自我克服，甚至本身就是社会力量相互冲突自我造成的，因此需要超越社会之上的国家力量加以整合。

中共十九大报告提出中国特色社会主义进入到一个新时代。从政治学的角度看，可以说是进入到一个国家整合的时代，通过强化国家的力量，强化国家中的政党力量，强化政党中的核心力量，来达到将活力四射但又极不平衡的社会整合为一体。而如何将一个日益分化的社会整合为一体，需要足够的政治智慧和政治尺度。新时代国家治理的理想状态是能够保持和增进活力的国家整合！

从中国的发展看，超越了原有被定义的政治限度。要重新定义中国政治，则需要建立横向竞争与纵向整合的分析框架。

在传统中国，从纵向关系的政体看，是专制的，但专制政体并不直接干预经济，在家户制条件下，经济社会处于自由竞争状态，有内生动力和活力。而国家的纵向整合则为农业文明的长期延续和国家的扩展提供了保证。

近代以来，为了将分散、分化和分裂的社会整合为一体，国家权威置于重要位置。但由于规模超大，特别是农村集体所有制，使得农村社会有自主性空间，也孕育了改革的动能。

改革开放是落实和增强人民的民主主体地位，激发社会的活力。如邓小平所说"调动积极性是最大的民主。"[①] 改革开放极大地增强了横向竞争。但改革开放是在执政党的领导下进行的。执政党通过强有力的政党力量将权利意识日益强化的民众整合为一体。没有集中的权力和强有力的权威，纵向整合就难有成效，横向竞争也会因为整合不力而难以持续。

由此可见，运用横向竞争与纵向整合的分析框架，比仅仅限于政体的视角，更能全面准确定义中国政治。

四　后来居上：从思维定式中解放出来

人类的政治现象是丰富复杂具体的。对复杂的政治现象加以高度归纳、概括，并运用总体性概念加以定义是必要的。但任何定义都有简单化的倾向。因此，人们可以从不同角度对政治现象加以定义，并在讨论中取得更多共识。定义权的"先占"原则使得概念和知识体系"先入为主"，并会形成思维定势。因此，对政治现象的定义要持开放性态度，任何定义

---

① 《邓小平文选》第3卷，人民出版社1993年版，第242页。

都是可以讨论、置疑和颠覆的。没有永恒的定义，只有永恒的讨论！

长期以来，由于社会科学的落后，使得对中国政治的定义更多的是被定义，即被他人定义。中国学者作为社会科学的后来者，对人类创造的有益的理论观点和学术成果，应该吸收借鉴，但不能把一种理论观点和学术成果当成"唯一准则"。因此，中国学者还需要根据中国事实，进行自定义，以改变"先入为主"的限度。

当然，自定义是一件非常困难的事情。这在于人们一旦接受一种定义，就会进入一定的思维框架中，并受这一框架所规范，形成思维定式。因此，在重新定义时，必须深入分析原有定义所依赖的分析框架。分析框架是一种认识工具。改变定义，则需要借助新的分析框架。这种分析框架作为工具具有普遍性，能够更为准确地解释更广泛的政治现象。这就需要首先从固有的思维定式中解放出来。只有具有批判精神，转换思维频道，才能打破原有定义，重新定义政治，以达到"后来居上"！

（原文刊载于《河南社会科学》2018年第3期，原文题目《用中国事实定义中国政治——基于"横向竞争与纵向整合"分析框架》）

中篇　国家治理的中国路径

第七章　国家治理条件：历史唯物主义视角

国家治理又可称之为"治理国家"，是政治主体运用政权及其他力量对国家进行治理，以获得预期目的的行为与过程。国家治理是一个复杂的历史过程，其结果有所不同，甚至大相径庭，如"良治"与"恶政"、"有效治理"与"失败的治理"。国家治理为什么这样而不是那样，并不是一厢情愿按人们设定的目标发展？这就需要探讨国家治理的根基，即国家治理的根源与原因，寻找制约国家治理的内在规律。由马克思、恩格斯创立的历史唯物主义是研究国家治理根基的基础性方法。在历史唯物主义看来，人类社会发展，包括国家治理都是受不以人的意志为转移的客观物质条件所制约，国家治理只有根据不同的条件，制定合适的治理战略，实行有效的治理方式，才能取得良好的治理绩效。在当今推动国家治理现代化进程中，历史唯物主义是最为重要的指导理论与方法。

一　生活生产：国家治理的基础条件

国家治理的基础条件是影响和制约国家治理的最为基本和决定性的要素，舍此条件，国家治理就难以存续。地域国家是由人、领土和政权组织构成的。国家治理首先必须考虑人的因素和人在国家治理中的地位。在历史唯物主义看来，人们的物质生活及其相应的物质生产是人类社会发展，也是国家治理存续的基础条件。

恩格斯《在马克思墓前的讲话》对马克思的贡献作了精辟的概括："正像达尔文发现有机界的发展规律一样，马克思发现了人类历史的发展规律，即历来为繁芜丛杂的意识形态所掩盖着的一个简单事实：人们首先必须吃、喝、住、穿,然后才能从事政治、科学、艺术、宗教等等;所以,直接的物质的生活资料的生产,从而一个民族或一个时代的一定的经济发展阶段,便构成基础,人们的国家设施、法的观点、艺术以至宗教观念,就是从这个基础上发展起来的,因而,也必须由这个基础来解释,而不是像过去那样做得相反。"①

马克思发现的人类历史发展规律:生活及其为了生活而从事的生产决定政治;经济基础决定国家、法律及观念。这一思想现在可能是常识,但在人类思想史上具有石破天惊的意义。人类思想经历了"神话时代""人的时代""神学时代""人的复兴时代"。但在以往的时代里,不仅人不具有主体地位,且人是相对神而言的,是一种抽象的人。马克思的重大贡献在于将人作为活生生的具体的人,是"首先必须吃、喝、住、穿",具有物质利益的人,是为了利益必须从事物质生产的经济人,是为了利益必须从事政治斗争的政治人。正如马克思和恩格斯在《德意志意识形态》中所说:"这是一些现实的个人,是他们活动和他们的物质生活条件,包括他们已有的和由他们自己的活动创造出来的物质生产条件。"②"现实的个人"是整个人类社会发展的基础,也是国家治理的根基。

马克思是天才,但天才的发现也来自于问题。马克思出身于一个衣食无忧的中产阶级家庭,大学学习哲学和法律,是抽象的文本性的学问,早期信仰自由主义和民主主义。大学毕业后担任一家报纸的编辑。上任不久就遇到了一桩著名"森林草地盗窃事件",使他接触到实际生活,第一次接触到物质利益的难事,并意识到国家法律是为特定的经济利益服务的。由此促使他开始从人们的实际生活和利益出发,而不是从抽象的理念出发认识世界,从而实现了世界观的转变,并努力揭示人类社会发展的内在规律。

规律是事物之间的内在的必然联系,决定着事物发展的必然趋向。规律是客观的,不以人的意志为转移。违背规律必然受到惩罚。国家治理面对的是活生生的人,必须满足人的需要,特别是物质生活的基本需要,使人得以存在。中国历史上强调"民以食为天"。至高无上的"天"不是统

---

① 《马克思恩格斯选集》第 3 卷,人民出版社 1995 年版,第 776 页。
② 《马克思恩格斯选集》第 1 卷,人民出版社 1995 年版,第 67 页。

治者,而是广大民众的生活,如果民不聊生,民就可能造反。"回顾几千年的历史,丰衣足食一直是中国老百姓最朴素的追求和愿望。"① 改革开放以来,我党一直将"小康"社会作为奋斗目标。党的十八大对全面建成小康社会目标进行了充实和完善,赋予"小康"更高的标准,更丰富的内涵,并作为党的庄严承诺。当今许多国家治理无效和失败,基本原因是人口与经济增长失衡,民生问题引起政治动乱。当然,由于治理国家的权力的任性,有可能违背常识和常理,但最终会受到历史规律的惩罚,付出沉重的代价。

二 生产方式:国家治理的决定条件

国家治理的决定条件是指制约国家治理成效的决定性因素。国家治理是一个过程。影响和制约国家治理有诸多因素,但其中有最为重要,会对国家治理成败起决定性作用的因素。在历史唯物主义看来,国家治理成败的决定性因素是生产方式及其中的生产关系。

随着对人类社会认识的出发点的转变,马克思就致力于对决定人类社会发展的条件的研究。经过数年的研究,马克思得以建立起历史唯物主义的基本理论。他先是与恩格斯合作撰写了《德意志意识形态》一书,后又在 1859 年出版的《〈政治经济学批判〉序言》对自己的观点作了精辟的归纳。在马克思看来:"人们在自己生活的社会生产中发生一定的、必然的、不以他们的意志为转移的关系,即同他们的物质生产力的一定发展阶段相适合的生产关系。这些生产关系的总和构成社会的经济结构,即有法律的和政治的上层建筑竖立其上并有一定的社会意识形式与之相适应的现实基础。物质生活的生产方式制约着整个社会生活、政治生活和精神生活的过程。不是人们的意识决定人们的存在,相反,是人们的社会存在决定人们的意识。"②

物质资料的生产方式决定着人类社会发展的状况和走向,也构成国家

---

① 中共中央宣传部:《习近平总书记系列重要讲话读本》,学习出版社、人民出版社 2016 年版,第 54 页。
② 《马克思恩格斯选集》第 3 卷,人民出版社 1995 年版,第 32 页。

治理的决定性条件。国家治理必须适应生产方式的变革，调适和改善生产关系，促进生产力的发展，使国家治理获得雄厚的物质基础。中国历史上的四大盛世"文景之治、贞观之治、永宣盛世、康乾盛世"都与当时的主政者实行"休养生息、无为而治"的政策有关。近30多年以来，中国特色、中国奇迹、中国模式、中国道路、中国崛起等中国性得以获得，与执政党实行改革开放国策，推动中国成为世界第二大经济体有关。邓小平强调"发展是硬道理"，强调生产力检验标准等治国理念，与历史唯物主义的原理是高度吻合的。

物质资料的生产方式提供物质产品，但物质产品的社会占有并非相同，由此产生不同的利益关系。每个人都希望获得更多的利益，利益成为人们行为的基本动机。正如马克思所说："人们奋斗所争取的一切，都同他们的利益有关"。① 恩格斯则认为："'思想'一旦离开'利益'，就一定会使自己出丑。"②

而人们的利益关系和社会的利益格局是什么决定的呢？在历史唯物主义看来，是生产关系。马克思和恩格斯在《德意志意识形态》中指出，人们的生产"表现为双重关系：一方面是自然关系，另一方面是社会关系"。③ 前者指人与自然的关系，即生产力；后者指人与社会的关系，即生产关系。生产关系包括生产资料所有制形式、人们在生产中的地位及其相互关系和产品分配方式等。最为核心的是对生产资料占有的所有制关系。因为所有制关系决定着财产和利益的分配。因此，马克思在《〈政治经济学批判〉序言》中将生产关系又称之为"财产关系"，认为"这只是生产关系的法律用语"。马克思思想的问题源同样来自于"森林草地盗窃事件"。本来，贫苦农民从森林草地中获得一些生活来源，但根据当时的法律却被判定为"盗窃"。由此使他认识到，国家的法律是保护财产所有者的。因此，要了解国家与法，必须深入到财产关系领域。

根据历史唯物主义，国家是因为调解社会冲突而产生的。国家治理的重要功能就是调整利益关系，使人们各得其所。传统中国治理特别注重生

---

① 《马克思恩格斯全集》第1卷，人民出版社1956年版，第82页。
② 《马克思恩格斯全集》第2卷，人民出版社1957年版，第103页。
③ 《马克思恩格斯选集》第1卷，人民出版社1995年版，第80页。

产关系中的分配关系，强调"不患寡而患不均"（孔子）、"损有余而奉不足"（老子）。但是，仅仅是分配关系是难以达到预期成效的。改革开放以来，我国经济取得了迅速发展，与此同时，收入差距也迅速扩大，成为社会不稳定因素。面对这一格局，国家治理需要进行合理调适，将公平正义置于重要地位。近些年，特别是中共十八大以来，我国在推动生产发展的同时，特别重视促进社会公平正义，让改革发展成果更多更公平惠及全体人民，调整利益关系，对低收入群体以更多机会和保障，让更多的人有获得感。

三 矛盾冲突：国家治理的动力条件

人类社会是在矛盾冲突中发展的。国家治理是一个动态的变化过程。推动国家治理变革的动力便是矛盾冲突，从而构成其动力条件。

历史唯物主义从人们最基本的生活和生产出发，搭建起一个社会形态框架，其主干元素是生产力与生产关系、经济基础与上层建筑。这些元素不是固定不变的，而是处于不断的变化和运动之中。在马克思看来："社会的物质生产力发展到一定阶段，便同它们一直在其中运动的现存生产关系或财产关系（这只是生产关系的法律用语）发生矛盾。于是这些关系便由生产力的发展形式变成生产力的桎梏。那时社会革命的时代就到来了。随着经济基础的变更，全部庞大的上层建筑也或慢或快地发生变革。"①

矛盾和冲突推动着人类社会的变革，也推动着国家治理的发展。国家治理与国家一样，从来不是固定不变的，这是因为社会矛盾和冲突会推动着国家治理的改变，如果抱残守缺，国家治理就会面临危机。中国历史上多次发生改革，便是国家治理面对矛盾冲突时的反映。只是这种改革局限于固有框架内，成效不大。直到清王朝在工业文明外部力量的冲击下，因为治理失败，导致王朝的颠覆。当下提出国家治理现代化，根本原因是现代生产力发展要求与生产关系和上层建筑中的一些环节发生矛盾冲突的结果，从而需要推动国家治理现代化，改革生产关系和上层建筑中的一些环节。我国提出国家治理现代化这一命题便是在《中共中央关于全面深化

---

① 《马克思恩格斯选集》第 3 卷，人民出版社 1995 年版，第 32 页。

改革若干重大问题的决定》这一文件首次提出来的。

人们的生活与生产是不断发展的，人类社会也会发生变化，甚至是一种社会形态替代另一种社会形态的革命性变革。但在历史唯物主义看来，社会变革是有条件的，这就是会引起社会变革的新兴要素。马克思和恩格斯在《德意志意识形态》一书指出："各代所面临的生活条件还决定着这样一些情况：历史上周期性地重演着的革命震荡是否强大到足以摧毁现存一切的基础：如果还没有具备这些实行全面变革的物质因素，就是说，一方面还没有一定的生产力，另一方面还没有形成不仅反抗旧社会的某种个别方面，而且反抗旧的'生活生产'本身、反抗旧社会所依据的'总和活动'的革命群众，那么，正如共产主义的历史所证明的，尽管这种变革的思想已经表述过千百次，但这一点对于实际发展没有任何意义。"①

后来，马克思在《〈政治经济学批判〉序言》中明确提出了"两个决不会"的观点，即："无论哪一个社会形态，在它所能容纳的全部生产力发挥出来以前，是决不会灭亡的；而新的更高的生产关系，在它的物质存在条件在旧社会的胎胞里成熟以前，是决不会出现的。所以人类始终只提出自己能够解决的任务，因为只要仔细考察就可以发现，任务本身，只有在解决它的物质条件已经存在或者至少是在生成过程中的时候，才会产生。"②

当今，人类社会处于变革的大时代，没有一种制度是永恒的，更不可能有"历史的终结"。一种社会制度有否生命力，关键在于"新的更高的生产关系"的成熟。国家治理的重要任务是根据人类社会发展规律，不断提出自己能够解决的任务，从而不断完善自己赖以存在的社会制度。推进国家治理体系与治理能力现代化，促使新兴要素的生长，从根本上是完善中国特色社会主义制度。

四 历史积累：国家治理的前置条件

人类社会的发展变化依赖其条件，而条件则是长期历史积累的结果。这种长期历史积累下来的因素构成国家治理的前置条件，国家治理的决策

---

① 《马克思恩格斯全集》第1卷，人民出版社1995年版，第93页。
② 《马克思恩格斯选集》第3卷，人民出版社1995年版，第33页。

与行为受其影响和制约，由国家治理的选择的道路和方式也受其影响和制约。

早在《德意志意识形态》一文中，马克思就认为："历史并不是作为'产生于精神的精神'消融在'自我意识'中，历史的每一阶段都遇到有一定的物质结果、一定数量的生产力总和，人和自然以及人与人之间在历史上形成的关系，都遇到有前一代传给后一代的大量生产力、资金和环境，尽管一方面这些生产力、资金和环境为新的一代所改变，但另一方面，它们也预先规定新的一代的生活条件，使它得到一定的发展和具有特殊的性质。"① 后来，马克思运用历史唯物主义观点分析法国的曲折进程，指出："人们自己创造自己的历史，但是他们并不是随心所欲地创造，并不是在他们自己选定的条件下创造，而是在直接碰到的、既定的、从过去承继下来的条件下创造。"②

国家治理是人们自己创造历史的活动，但也受制于长期历史积累下来的条件，使得国家治理过程也会发生许多难以预料的事件。近代以来，中国经历了数次大革命，对传统社会给予了激烈的革命，但是"一切已死的先辈们的传统，像梦魇一样纠缠着活人的头脑"，导致历史的曲折性和反复性，如"文化大革命"。在我国，推进国家治理现代化，一方面要充分认识人类社会发展规律，另一方面也要高度重视历史积累的前置条件的影响，选择合适的治理体系。习近平总书记在谈及国家治理体系时强调："一个国家选择什么样的治理体系，是由这个国家的历史传承、文化传统、经济社会发展水平决定的，是由这个国家的人民决定的。我国今天的国家治理体系，是在我国历史传承、文化传统、经济社会发展的基础上长期发展、激进改进、内生性演化的结果。"③ 同时，历史又是不断向前发展的。推进国家治理现代化，要善于从历史中汲取经验和教训，力图避免颠覆性失误。"坚定制度自信，不是固步自封，而是要不断革除体制机制

---

① 《马克思恩格斯全集》第1卷，人民出版社1995年版，第92页。
② 同上书，第585页。
③ 中共中央宣传部：《习近平总书记系列重要讲话读本》，学习出版社、人民出版社2016年版，第75页。

弊端，让中国特色社会主义制度成熟而持久。"①

在历史唯物主义看来，人是历史进程中的人。历史积累的条件也包括人这一主体条件。特定的主体条件也是制约和影响国家治理的前置条件，形成国家治理的社会基础。

马克思对 19 世纪中叶法国波拿巴依靠选票上台而又实行帝国治理的主体条件进行了分析，指出："国家权力并不是悬在空中的。波拿巴代表一个阶级，而且是代表法国社会中人数最多的一个阶级——小农。"②"小农人数众多，他们的生活条件相同，但是彼此间并没有发生多式多样的关系。""他们进行生产的地盘，即小块土地，不容许在耕作时进行任何分工，应用任何科学，因而也就没有任何多种多样的发展，没有任何不同的才能，没有任何丰富的社会关系。每一个农户差不多都是自给自足的，都是直接生产自己的大部分消费品，因而他们取得生活资料多半是靠与自然交换，而不是靠与社会交往。""由于各个小农彼此间只存在有地域的联系，由于他们利益的同一性并不使他们彼此间形成任何共同关系，形成任何全国性的联系，形成任何一种政治组织，所以他们就没有形成一个阶级。因此，他们不能以自己的名义来保护自己的阶级利益，无论是通过议会或通过国民公会。他们不能代表自己，一定要别人来代表他们。他们的代表一定同时是他们的主宰，是高高站在他们上面的权威，是不受限制的政府权力，这种权力保护他们不受其他阶级侵犯，并从上面赐给他们雨水和阳光。所以，归根到底，小农的政治影响表现为行政权力支配社会。"③

在历史唯物主义看来，社会成员是划分为不同阶级，国家是阶级的政治代表，国家治理必须反映一定阶级的利益，阶级关系是国家治理的主体基础。"由一些同名数相加形成的，好像一袋马铃薯是由袋中的一个个马铃薯所集成的"的小农便是波拿巴上台和执政的阶级基础。"正如波旁王朝是大地产的王朝，奥尔良王朝是金钱的王朝一样，波拿巴王朝是农民的王朝，即法国人民群众的王朝。被农民选中的不是服从资产阶级议会的那

---

① 中共中央宣传部：《习近平总书记系列重要讲话读本》，学习出版社、人民出版社 2016 年版，第 75—76 页。
② 《马克思恩格斯全集》第 1 卷，人民出版社 1995 年版，第 677 页。
③ 同上书，第 677—678 页。

个波拿巴,而是驱散了资产阶级议会的那个波拿巴。"①

但是,马克思对小农的认识是多层次的。小农具有双重性:作为小生产者,需要"别人来代表他们",但是作为纳税者,他们也受到帝国官僚的压迫。这是因为:"强有力的政府和繁重的赋税是同一个概念。小块土地所有制按其本性说来是全能的和无数的官僚立足的基础。它造成全国范围内一切关系和个人的齐一的水平。所以,它也就使得有可能从一个最高的中心对这个划一的整体的各个部分发生同等的作用。它消灭人民群众和国家权力之间的贵族中间阶梯。所以它也就引起这一国家权力的全面的直接的干涉和它的直属机关的到处入侵。最后,它造成没有职业的过剩的人口,使他们无论在农村或城市都找不到容身之地,因此他们钻营官职,把官职当作一种值得尊敬的施舍,迫使增设官职。"②

而波拿巴只是代表了小农的一个方面。"波拿巴王朝所代表的不是革命的农民,而是保守的农民;不是力求摆脱由小块土地所决定的社会生存条件的农民,而是想巩固这些条件和这种小块土地的农民;不是力求联合城市并以自己的力量去推翻旧制度的农村居民,而是愚蠢地拘守这个旧制度并期待帝国的幽灵来拯救他们和他们的小块土地并赐给他们以特权地位的农村居民。波拿巴王朝所代表的不是农民的开化,而是农民的迷信;不是农民的理智,而是农民的偏见;不是农民的未来,而是农民的过去;不是农民的现代的塞文,而是农民的现代的万第。"③ 波拿巴迎合了农民的保守、迷信、偏见、过去,一时获得了政权,但其国家治理不可能长期持续。

国家是由不同利益的阶级、阶层和群体构成的。国家治理必须充分而又理智地考虑不同阶级的利益诉求及其关系。中国是一个农民国家,必须充分注重农民利益和诉求。特别是在当下社会高度分化的进程中,国家治理要考虑广大农民及其弱势群体的利益和诉求,为他们提供更多发展机会和保障。同时国家治理决策也要充分防止迎合某种民众情绪的民粹主义。中国是一个数千年小农历史的国度,小农意识不仅仅在于农民,而且植入

---

① 《马克思恩格斯全集》第 1 卷,人民出版社 1995 年版,第 677 页。
② 同上书,第 681—682 页。
③ 同上书,第 678 页。

在每个人的基因之中。在由传统自然经济向市场经济的转变中,传统的平均主义很容易转换为民粹主义,企盼简单的平均化,将所有人变为"同名数相加",不重视分工和竞争,更看不到由于分工和竞争产生的社会进步作用。这种民粹主义是一杯沾染深厚香甜味的毒药,相当于慢性自杀,能够一时出气,但会陷入困境,如"拉美困境"。十八大以来,我党提出了全面深化改革的战略,认为是"解决中国现实问题的根本途径。""改革是由问题倒逼而产生,又在不断解决问题中得以深化。""破解发展中的难题,化解来自各方面的风险挑战,推动经济社会持续健康发展,必须依靠全面深化改革。"[①] 这就意味着将历史拉回"过去"的选择是不可取的,与国家治理现代化相伴随的是全面深化改革。

(原文刊载于《贵州民族大学学报》2016年第6期)

---

① 中共中央宣传部:《习近平总书记系列重要讲话读本》,学习出版社、人民出版社2016年版,第69页。

第八章　对话国家治理体系和治理能力现代化

一　对治理与国家治理概念的理解

▲ 1989年世界银行在概括当时非洲的情形时，首次使用了"治理危机"，此后"治理"一词便被广泛地用于政治发展研究中。关于治理的概念，西方学者给出了多种不同的解释，您如何界定治理的涵义？

● 自1990年代以来，治理就成为政治学领域一个特别热门的话题。而中共十八届三中全会提出国家治理体系和治理能力现代化之后，治理更是由学术热词变为政治热词。但就治理的涵义而言，尚没有形成一个统一明确的定义。

治理是一个内容丰富，使用灵活的概念。从广义上看，治理是指通过人们通过一系列有目的的活动，实现对对象的有效管控和推进，反映了主客体的关系。从治理内容看，有国家治理，即对国家的治理；有公司治理，即对公司的治理；有乡村治理，即对乡村的治理；有社会治理，即对社会的治理，还包括治党治军治吏，等等。它不外乎三个要素：治理主体、治理方式、治理效果。这三者共同构成治理过程。

从"治理"成为中国的一个学术和政治热词看，主要是指国家治理，属于政治学的范畴。但是，在政治学界，对"治理"的定义有多种解释，有人统计达140多种。1990年代中期，"治理"进入中国政治学界，但当时也有不同的解释，就是对"治理"的英文"GOVERNANCE"如何翻译就有不少争论。正因为如此，我在1997年《政治学研究》发表了《GOVERNANCE：治理的阐释》一文。论文认为，有学者将"GOVERNANCE"译为"治道"不合适，而译为"治理"较好。提出：治理是通过对公共事务的处理，以支配、影响和调控社会。后来，"GOVERNANCE"普遍译为"治理"。中央编译局的俞可平教授率领的团队在治理理论方面做了大量研究，翻译出版了大量的外国文献，同时也对中国的治理问题进行了较多研究，并于2012年主编出版了中国第一部以"治理"为主题的《中国治理评论》。北京大学的徐湘林教授多年强调"治理话语"，主张用"治理"替代"民主"作为政治学的主导话语。本人所在的华中师范大学中国农村研究院则于本世纪初将"村民自治"扩展到"乡村治理"，并发表和出版一系列乡村治理的论著。还有其他学者也作了相当贡献。应该说，"治理"从学术上的热词扩展为政治领域的热词，政治学者有一份贡献。

值得注意的是，"治理"并不是一个完全舶来的外国名词，相反，在中国有着深厚的话语根基。这在于中国是一个古老的文明国家。中国长期流行"大禹治水"的传说。大禹率领民众，与自然灾害中的洪水斗争。大禹是领导权威，他率领民众进行治水，就是一种治理活动。因此，在中国，治理的历史悠久，且内涵十分丰富，并形成中国特有的治理语汇。

在中国历史上，治理包括四层涵义：一是统治和管理。《荀子·君道》："明分职，序事业，材技官能，莫不治理，则公道达而私门塞矣，公义明而私事息矣。"《汉书·赵广汉传》："壹切治理，威名远闻。"《孔子家语·贤君》："吾欲使官府治理，为之奈何？"二是指理政的成效。如天下大乱达到天下大治，一治一乱。三是治理政务的道理。清严有禧《漱华随笔·限田》："'……由此思之，法非不善，而井田既湮，势固不能行也。'其言颇达治理。"四是处理公共问题。对某事某物的整修、整顿等。如：治理黄河、治理官吏。

无论从西方，还是中国来看，都应该将治理放在"国家"及国家与社会关系的角度来分析。在恩格斯看来，国家是人类进入文明社会的门槛。从国家构成要素看，包括国土、人口与政权。当今，每个人都生活在一定的国家范围之内，取得一定国家的国籍，在一定的政权领导管理之下。从国家实质看，国家指政权，反映了政权与民众的关系。国家职能包括：政治统治、经济管理、社会管理等。国家行使职能的过程就是治理的过程。因此，"治理"作为一个政治术语，非常强调政治过程和政治绩效。世界银行首次使用"治理危机"就是指一些国家尽管也有政权，甚至有引进的外国政治制度，但不能对国家进行行之有效的治理，甚至出现治理危机，导致治理失败。中国历史上经常说到的"天下大乱，达到天下大治"也是从治理过程和治理绩效来讲的。

所以，应该从特定的背景下去理解"治理"的涵义。如果要给"治理"一个定义，我主张为：治理是政治主体运用公共权力及相应方式对国家和社会的有效管控和推进过程。概括起来就是：谁治理，如何治，治理成效如何？

▲ 在谈到国家和人民的关系时，有"国家统治""国家管理""国家治理"等不同的概念描述。"少一些统治，多一些治理"，是21世纪世界主要国家政治变革的重要特征。从政治学理论来看，统治、管理与治理有何区别？

● "国家统治""国家管理""国家治理"三个概念既相互联系又相互区别，其背后有不同的历史背景、思维理念、认识方法，反映了政治活动的变化。我们还是可以从政治主体、政治方式和政治过程三个维度加以分析。

国家统治是指统治阶级运用国家政权对国家和社会的支配性控制。统治更多是从阶级对立和政治冲突的角度下表达的，体现着压迫—被压迫关系。由于阶级对立而形成统治与被统治两大对立阶级，统治阶级以强制性的方式支配和控制被统治阶级。19世纪，马克思主义为了揭示国家的实质，运用阶级分析方法看待国家，比较关注国家统治，将国家视之为阶级压迫的工具。从政治主体看，国家统治强调统治阶级的中心地位，甚至唯一地位。国家统治是不能由两个对立的阶级分享的。从政治方式看，国家统治强调强制性、压迫性。恩格斯因此将军队、警察、监狱等暴力机器视之为国家的支柱。从政治过程看，国家统治强调统治阶级的单向度支配和控制，强调国家政权的稳定。因此，国家统治注重的是政治主客体之间的"关系—地位"，且这种关系—地位是固化的。

进入20世纪以后，"国家管理"的概念使用得多了起来。一方面在于随着社会经济的发展，政府由一种消极无为的"守夜人"的角色变为积极的行动者，国家机器愈益发达，国家管理活动的内容日益丰富。著名德国社会学家韦伯非常注重官僚体制或者说科层制的研究并取得了大量成果，并反映了20世纪以来政治生活的变化。与此同时，无产阶级取得国家政权以后也面临着如何运用国家政权对国家与社会的管理问题。1950年代，毛泽东就表示，社会主义制度建立以后，国家政治生活的主要内容就是管理问题，也会产生管理者与被管理者的矛盾。因此，与"国家统治"相比，"国家管理"比较注重"方式"，强调国家制度建设并运用国家制度对国家与社会的支配，其内容和形式比国家统治更为丰富。从政治主体看，国家管理主要是执政党、政府。从政治方式看，国家管理注重自上而下的纵向支配和管控，体现着命令—服从关系。政府本身就是一个由不同层级构成的科层制组织体系，并会运用不同方式和手段去支配和管控社会。尽管国家管理强调方式和手段，但其背后仍然强调管理者的中心地位和管理者单向性。

国家治理是20世纪后期，特别是进入21世纪以后大行其道的政治术语。国家治理的流行反映了社会的巨大变化。人类社会生活的复杂性、多变性、相互联系性超出任何时候。一方面，社会迅速进步，不同国家之间紧密联系的过程中又相互竞争；另一方面，社会进步过程中又面临大量新的问题，这些问题的影响远远超出人们所能想象的范围，引起社会的共同关注，如贫困、贫富差距、战争、霸权主义、恐怖主义、生态等问题。只有解决好这些问题，人类社会才有一个美好的现在和未来。而这些问题的解决需要有新政治思维和认识理念。"国家治理"因此应运而生。

国家治理包含着国家统治、国家管理的因素，但内涵更丰富，更具有开放性、动态性、积极性。从治理主体来看，除了直接执掌政权的国家和管理者以外，还包括大量的非直接执政的政治组织和个人。由于国家治理是一个多层次的体系，即使是一些非政府性的经济组织、社会组织也参与国家治理，或者在国家治理过程中扮演着重要角色。如在长期历史上，与市场相关的经济组织没有纳入到国家治理主体的范畴。但随着市场经济在经济生活中的地位愈益重要，与市场经济相关的经济组织，如公司也成为国家治理的重要支点。当今，众多的人都生活在公司组织体系内，遵循公司规则。公司治理对于国家治理具有重要作用。除了经济生活以外，人们还有大量社会生活是通过社会组织进行的。社会组织不仅将分散的个人连接和组织起来，将一个个孤立的为私利而生的"经济人"变为有机体中的"社会人"，而且参与或者推动国家治理。在大量社会生活领域，人们自己直接管理自己的生活，无需政府干预，这就是社会自治。因此，在

"国家治理"的话语体系下，政治主体的范畴大大扩展了。尽管核心主体仍然是政党和政府，但远远不止于政党和政府。从政治方式看，除必要的政府强制外，治理更多的是通过引导、协商、沟通、参与来达到治理目的。从政治过程看，除必要的政府单向管控外，国家治理更强调多元互动共治。国家治理成效是国家与社会双向良性互动的结果。因此，国家治理比较强调"共识、合作共赢、良性互动"，国家治理过程是共同解决所面临的问题，共同推动社会进步，而不仅仅只是某一个阶级的统治权，也不仅仅是政府的单一行为。因此，与国家统治、国家管理相比，国家治理更强调治理过程和绩效。

从国家统治、国家管理与国家治理三个术语看，它反映了人类社会的进步，国家治理这一术语将人类政治认识提升到一个崭新的境界。

▲ 改革开放35年来，我们党始终把理论创新作为推动中国特色社会主义事业发展的强大动力。2003年党的十六届三中全会，"社会建设和管理"被列入贯彻落实科学发展观的"五个统筹"之中；2004年十六届四中全会提出"加强社会建设和管理，推进社会管理体制创新"；2007年党的十七大和2012年党的十八大，都提出加强和创新社会管理、健全社会管理体制的问题。十八届三中全会继续推进理论创新，把"推进国家治理体系和治理能力现代化"列为全面深化改革的总目标，成为新时期深化改革的执政理念和治国方略。那么，在当代中国的语境下，从"管理"到"治理"的改变反映了我们党的执政理念发生了怎样的变化？变化的深层动因是什么？有着怎样的理论和实践意义？

● 的确，理论创新是中国特色社会主义不断向前发展的强大动力。而我国的理论创新有一个重要特点，就是不断适应时代的发展要求，积极回应实践提出的挑战，是根据时代和实践活动渐次展开的。1978年，邓小平同志提出解放思想，随后召开的中共十一届三中全会实现了我党工作重心由以阶级斗争为纲向经济建设为中心的大转移。1992年邓小平南方谈话之后，我国终于将社会主义市场经济作为经济制度确立下来。随着经济建设和市场经济发展，我国社会发生了巨大变化。如何治理一个正在走向现代化的中国，成为重大课题。1990年代后期，中央提出了依法治国的基本方略。进入新世纪，中央提出了社会建设的重大任务，积极推进社会管理创新。在这一过程中提出了要形成党委领导、政府负责、社会协同、公众参与、法治保障的社会管理体制。这其中，就包含现代治理的理念和方法。

正是在此基础上，党的十八届三中全会提出了全面深化改革的总目标是完善和发展中国特色社会主义制度，推进国家治理体系和治理能力现代化。这一提法具有全面性、总体性、战略性，其内涵十分丰富，涵盖国家治理的各个方面、各个层次和各个领域。这是执政党执政理念、执政思维和执政方法的重大跃升，是对新时代新课题的积极回应。其重大理论和实践意义在于：

一是完善中国特色社会主义制度的需要。新中国建立，特别是改革开放以来，经过数代人的探索，中国走出了一条中国特色社会主义道路，这条道路不同于原有计划经济模式，也不同于西方现有的模式，它所取得的成就使我们获得了理论自信、制度自信、道路自信。以"高楼、高铁、高速公路"为代表的"中国奇迹"令世人瞩目。但是，从总体上看，中国特色社会主义制度体系还有待完善。正如邓小平在1992年南方谈话中所说，恐怕再有30年时间，我们才能在各方面形成一整套更加成熟，更加定型的制度。正是因为我们制度体系还不完善，出现了许多制度性漏洞；正是因为发展中还面临着一系列体制机制性障碍，所以要全面深化改革。

二是实现社会主义现代化的内在要求。我国的历史悠久，但主要是传统农业社会历史，治国理政带有许多传统的框架。当下中国和未来数十年的总体目标是实现现代化，即2049年中华人民共和国成立100周年时初步实现现代化。现代化不仅是工业、农业、科技等层面，也包括制度和能力层面。没有国家治理体系和治理能力的现代化，也不可能有其他层面的现代化，或者难以持续。国家治理体系和治理能力的现代化本身就包括现代世界人类社会的主流价值，如民主、平等、人权、法治、参与、协商等。大量使用"治理"，而不是"统治""管理"，也反映了我们国家面向现代化的治国理政理念的变革，无疑是我国政治生活的一大飞跃，体现着现代政治生活的基本价值和人类理想目标。应该看到，我国的国家治理还有不少传统的元素，甚至治理思维还停留在传统框架内。"中国特色"往往成为保护中国落后的代名词。同时我们还面临信息化、国际化的大环境，改变着我们的政治生态。这都要求在各个方面推动国家治理体系和治理能力现代化。近些年我们在实践中提出了建立现代企业制度、现代大学制度等具体领域的现代制度。而"推进国家治理体系和治理能力的现代化"则是全面推进我国治理体系走向现代化。

三是有效处理大量新情况、新问题的要求。经过改革开放数十年，我国进入到一个全新的社会阶段，即"中等收入阶段"。治理贫穷社会不容易，治理相对富裕社会更艰难。这就是人们的权利意识增强，人们对执政者的要求提升，人们不再是根据执政党的历史来衡量而是根据其政绩和能力来决定认同性。而改革开放中出现的发展不平衡、发展不公正问题也给执政党能否长期执政和国家能否实现现代化提出了严峻的挑战。所有这些都要求推进国家治理体系和治理能力现代化，及时有效应对面临的一系列挑战和问题。

总体上看，"推进国家治理体系和治理能力现代化"的实质就是如何治理一个现代中国的问题。使用"治理"而不是"管理"，一则在于"治理"的内涵更为丰富；二则在于"治理"不仅包括"管理"中管控和稳定，更在于进步与发展；三则在于"治理"内含着民众的主体地位和积极作用。这与我国现代化走向是高度一致的。

▲ 十八届三中全会将"国家治理体系和治理能力"两者放在一起，作为全面深化改革的总目标。您如何理解"国家治理体系"与"治理能力"的内涵以及二者的内在联系？

● 正是因为十八届三中全会提出的"推进国家治理体系和治理能力现代化"是一个新的提法，全会之后，中共中央总书记习近平就"国家治理体系"与"治理能力"的内涵以及二者的内在联系作了专门解释，认为：国家治理体系和治理能力是一个国家制度和制度执行能力的集中体现。国家治理体系是在党领导下管理国家的制度体系，包括经济、政治、文化、社会、生态文明和党的建设等各领域体制机制、法律法规安排，也就是一整套紧密相连、相互协调的国家制度；国家治理能力则是运用国家制度管理社会各方面事务的能力，包括改革发展稳定、内政外交国防、治党治国治军等各个方面。国家治理体系和治理能力是一个有机整体，相辅相成，有了好的国家治理体系才能提高治理能力，提高国家治理能力才能充分发挥国家治理体系的效能。

简单来讲，"国家治理体系"和"治理能力"就是"制度"与"人"

的关系。要治理一个国家，特别是我们这样的历史悠久并正在成为世界性大国的国家，必须有完备的制度体系。事实上，自国家诞生以来，治国就需要有一定法度。即使是传统国家，也有一整套完备的制度体系，如中国的儒法制度。通常讲的"人治"是指国家最高统治者的意志可以凌驾于国家法律制度之上，具有相当的随意性。但即使如此，统治者也不尽是为所欲为。当然，制度一旦定型，也有可能阻碍社会的进步。愈是成熟和定型的制度，愈有可能成为社会进步的障碍。中国"变法维新"之所以比日本的"明治维新"难，与传统制度过于成熟密切相关，最后不得不采用革命的方式推翻旧的制度。"革命"意味着以"人力"破除，"革命"之后则需要"立新"。特别是社会主义是一个超越于一切过往制度的新型社会，如何建立新型的制度体系还是一个极具挑战性的课题。在这一过程中，由于过分迷恋"革命"中人的意志作用，社会主义国家的开国执政者对建立新的制度有所忽视，甚至出现了重大失误。如中国的"文化大革命"就是在革命后又试图用"革命"的方式解决"革命"后的问题。这种"革命"并没有实现主政者预期"天下大乱"，达到"天下大治"的结果，特别是依靠"七、八年再来一次"的"革命"根本不可能实现"长治久安"。正因为如此，"文革大革命"结束后，邓小平十分强调制度的作用，提出制度问题更带有根本性、全局性、稳定性和长期性。在国际共产主义运动历史上，邓小平高度重视制度的作用并致力于制度建设是具有开创性的。正因为如此，1978年以来，我国拉开了改革开放的大幕。改革开放说到底就是在突破旧的制度障碍过程中建立起新的制度。应该说，改革开放以来，中国在经济、政治、文化、社会等各个领域都建立起了一套行之有效的制度，提出了依法治国的基本方略。正因为如此，我们才有足够的信心和底气表达其制度自信。只是从治理一个现代中国来讲，现有的制度体系还不完善。特别是如何通过制度的力量实现"长治久安"还有大量工作需要做。

另一方面，制度不是万能的。制度再好，不能"落地"就会"悬空"，不能"运转"就会"僵滞"。如何让制度"落地"和"运转"则需要人，需要有能力的人。正因为如此，进入新世纪以来，中国共产党高度重视执政能力建设，提出要建立一个"学习型政党"，不断提升执政能力。十八届三中全会将"国家治理体系和治理能力"两者放在一起提，一是赋予治理能力以更丰富的内涵,二是将"制度"与"能力"联系起来了,使治理更具有动态性、互动性、发展性。

二 善治与国家治理现代化

▲ 5. 老子曾说过:"政善治,事善能"。您认为善治的标准是什么?"善治"与实现"国家治理体系和治理能力现代化"的目标是否一致?

● 老子提出的这句话原文是:"上善若水。水善利万物而不争,居众人之所恶,故几于道。居善地,心善渊,与善仁,言善信,政善治,事善能,动善时。夫唯不争,故无尤"(出自于《道德经》第八章)。从上下文看,"政善治,事善能,动善时",通常来讲就是,为政要善于治理好,处事能够善于发挥所长,行动善于把握时机。但当下治理研究中,是将"善治"作为一个词汇来看的,指的是"好的治理",即"GOOD GOVERNANCE"。这里讲的"善"是一种价值标准。在老子看来,一个好的政府,一种好的治理,要像水一样"利万物,而不争"。政府要为民服务,给民众带来好处而不是与民争利,因此他主张"政府无为"。相反,与民争利,甚至压迫民众的政府和治理则属于"苛政",甚至是"暴政",应该受到谴责和反对。事实上,当国家产生并有了国家治理以后,人们就在探索一种好的治理。古希腊哲学将"善"作为人类社会和国家治理的最高标准,"善"包括公平正义等一系列价值元素。人们为什么要有国家,是因为国家能够使人类生活得更美好。当然,在马克思主义看来,国家来自于社会又凌驾于社会之上,有可能造福于社会,也可能祸害于社会。因此,追求一个好的国家和好的国家治理,即"善治"就成为人类社会的理想目标。

在我看来,"善治"与实现"国家治理体系和治理能力现代化"的目标是一致的。现代化是一个历史过程,但这一过程受现代性的价值目标所牵引。这就涉及到价值理性和工具理性的分立和关联问题。自现代化启动之后,人们所看到和直接能够感受到的更多的是器物层面,或者工具理性层面的现代化,而容易忽视现代化内在的价值和精神。因此,在推进国家治理体系和治理现代化进程中,一定要高度重要其内在的核心价值理念。国家治理体系和治理现代化的目标是"善治",是为了改善国家治理，提升国家治理水平，使人们通过良好的国家治理获得更美好的生活。因此，国家治理体系和治理能力现代化不仅仅在于技术工具层面，更在于价值理念层面，要将实现公平正义等先进理念贯穿于治理现代化的全过程之中。

▲ 衡量一国治理是否现代化的标准是什么，您认为当前中国推进国家治理现代化的基本路径有哪些？

● 国家治理体系和治理能力现代化是目标，也是一个过程。它相对于传统治理而言，至少包括五个要素或者标准：

其一，治理制度化，即有完备的国家治理制度体系。这一制度体系不仅仅在于解决当下的问题，更重要的是能够推进社会的持续发展，实现长治久安。韦伯将统治分为三种类型：一是传统型，二是个人魅力型，三是法理型。从总体上看，国家治理现代化属于法理型。这在于现代社会的复杂性和多变性，没有一个完备的制度体系和执行机制，就无法支撑现代国家治理的有效运转，也无法促成社会的有序发展。我国提出依法治国的基本方略便体现了国家治理的制度化，只是国家治理制度化包括的含义更为丰富，它要求国家治理的各个方面各个领域都能够有制度可依照，按制度治理，有一个以法律为核心的制度体系。

其二，治理民主化，即国家治理体系和治理过程都要体现主权在民或人民当家作主，国家治理过程中的公共政策和行为方式要从根本上体现人民的意志和人民的主体地位。这是传统治理与现代治理的重要区别。当下更多使用国家治理而不是国家统治和国家管理，不仅体现着人民主权地位的实质，更要求通过一系列体制机制将人民主权落在实处，让广大公民通过不同形式参与治理过程，实实在在地感受和体验到公民的存在，不断维护和扩展公民权利。

其三，治理法治化，即宪法和法律成为国家治理的最高权威。国家治理体系要围绕宪法和法律加以完善，国家治理能力要体现宪法和法律精神。执政党要依法执政，政府要依法行政，政府工作人员要依法办事，公民要依法行使权利。国家治理法治化是对国家范围内每个组织和每个人的要求，特别是对执政党和政府的要求。正因为如此，我们党多次提出党领导人民制定法律同时要模范遵守法律。

其四，治理高效化，即国家治理要积极应对复杂多变的挑战和问题，通过决策科学化和执行的高效率，最大限度实现社会经济效益，促进社会稳定和推动社会发展。现代国家治理对决策科学化要求愈来愈高，要尽量避免出现具有颠覆性失误。如从理论上看，社会主义属于更具有先进性的制度，但为什么社会主义命运出现了比较大的曲折，重要原因就是决策的重大失误。而有了科学的决策还需要强化执行力，将决策转化为实际行动。在以往政治动员时代，执行力强是一大优势，而随着市场经济发展和利益多样化，如何强化执行力面临新的挑战。

其五，治理协调化，即现代国家治理的各个方面和各个层次成为一个有机整体，相互协调，互动共进。现代国家和现代社会是处于高度分工和分化状态，各个主体有自己的利益和价值，在这一背景下，国家治理很容易出现"碎片化治理"，每个主体都在使力用劲但发生的作用力和着力点不一致，甚至是相反状态，不仅力量相互抵消，甚至相互对抗。因此，现代国家治理特别强调系统治理，在多元社会中寻求最大社会公约数，在多元共治中强化核心治理力，以推进治理的协调化。

国家治理体系和治理能力现代化是一个不断推进的过程，不同阶段有不同的重点，就如同中医一样缺什么补什么。当前中国推进国家治理现代化的基本路径，一是要完善国家治理体系。除了发挥党和政府在国家治理中的核心和主导地位以外，更加重视市场与社会在国家治理中的作用。十八届三中全会强调市场在配置资源中起决定性作用，这一作用不仅仅在于经济领域，实际上还具有建构经济秩序的效应。人们在每天的日常工作和生活领域形成的规则和秩序是最具有活力、最为基础也最具有持续性。当然，在建构市场和社会秩序中，执政党和政府不是无所作为，恰恰相反要创造条件，发挥引导规范的能动作用。二是特别注重体制机制创新。我国经过数十年的建设，已形成了基本的制度原则。当前最重要的是通过一系列体制机制让这些制度原则能够"落地"和"运转"。如我国提出了人民当家作主的理念原则，超越了历史上经由精英民主再到大众民主的常轨。但如何为人民当家作主，参与国家治理提供条件，创造有效的实现形式则还急待解决。三是加强政治整合，将发挥创造性积极性与国家有效治理结合起来。传统国家统治和国家管理比较注重的是稳定性、管控性，国家治理既要保持稳定性，更要注重发展性。因为没有发展的稳定最终是不稳定的。发展就要发挥社会的积极性创造性。在这一过程中可能出现一些主政者意料之外的现象。这就需要有足够的自信，相信经过多年的发展我们有足够的底气应对挑战，同时也要采用更为有效的方式加以处理和化解。否则就可能只有"治"而缺乏"理"。

▲ 推进国家治理能力现代化对治理主体提出了怎样的要求？

● 在众多治理主体中，执政党无疑居于核心和中心地位，因此对执政党的治理能力要求也更高。新世纪以来，中国共产党就提出要建设一个学习型政党，努力提高执政能力。国家治理能力与执政能力密切相关，但内涵更为丰富。对于执政党而言，谋划、统筹和驾驭全局的能力尤其重要。治理结构是一个合理分工的体系，其中包括"掌舵"和"划桨"的角色分工。对于执政党而言，最重要的是提高"掌舵"能力，把握国家治理的总方向、总原则、总目标，同时动员其成员为实现总目标而率先垂范。

政府是国家制度的主要执行者，政府的治理能力现代化尤其重要。新世纪以来，我国提出了建设服务型政府、法治型政府。国家治理能力现代化对于政府提出了更高和更全面的要求。对于一个现代政府而言，一是效率要高，二是成本要低，三是为政要廉。就这三个方面看，我国政府还有很大的努力空间。我国政府在经济社会发展中居于主导地位，属于积极政府，但长期历史上延续着"父爱主义"传统，习惯于包办一切。这在一个简单性社会还有其价值，而今中国进入到一个复杂多变的社会，政府包不了，也包不好所有事务。这就需要强化市场和社会的作用，将政府治理与社会治理连接起来。面对复杂多变的社会，需要加强政府的回应能力、整合能力、执行能力。

市场主体和社会主体愈来愈成为国家治理的重要主体。中国历史上长期是"官管民"，民众也习惯于被官管。随着现代国家的建设，国家开始赋权于民。特别是改革开放以来，人们的权利意识迅速萌生，参与国家治理的活动愈来愈多。但总体上看，当前十分迫切的是提升公众的参与能力。如我国公众在日常生活中并不愿意参与公共治理，一旦利益受到损害，还是习惯于以传统的方式表达自己的诉求，表现为一种"平时冷漠，非常激情"。在自治空间内不能自己管理好自己，最后导致只能由外部力量介入进行"他治"。因此，除了继续赋权于民以外，还要加强赋能于民，在实践中不断提升公众参与国家治理的能力。

▲ 十八届三中全会提出,要摒弃单一的行政管控手段,重点培育、优先发展行业协会商会类、科技类、公益慈善类、城乡社区服务类社会组织,让人民群众依法通过社会组织实行自我管理、自我服务和参与社会事务管理。与政府部门相比,社会组织对于一些社会问题的解决具有哪些优势?

● 社会组织在解决问题方面确有其独特的优势。一是社会组织存在于社会之中,可以及时了解、发现问题。政府毕竟外在于社会,不可能及时了解社会正在发生的问题。二是社会组织是社会内部生存的,其权威植根于社会内部。而大量社会问题属于人们日常生活问题。这些问题通过草根性的社会组织加以解决,效果可能更好。如由社会组织出面调解民间纠纷比动辄"告官"更有效。三是社会组织在解决社会问题过程中可以形成一整套自我运转的规则和秩序。这样的规则和秩序内化于社会内部,久而久之,就可以转化为人们的一种生活习惯。这种习惯的力量不需要外部性监督,其作用更为持久和坚韧。

我国古代"皇权不下县"的重要条件是"乡村有自治",大量社会问题由民间社会组织加以解决。而当今中国正由"乡土熟人社会"进入到城市"陌生人社会",人们居住近了,心却远了,"猫狗之声相闻,老死不相往来",大量公共性的社会问题得不到及时有效解决。尽管政府积极有为,但能力终究有限,效果也不尽好。特别是我国长期历史上的农村实行自治,城市属于官治,人们也习惯于政府包办。相对村民自治来讲,城市社会自治更为艰难。这就迫切需要推动发育和健全各种类型的社会组织参与解决社会问题。

▲ 随着全球化的发展,各民族国家的命运前所未有地联结在一起。进入 21 世纪后,国际政治领域最引人注目的发展之一,便是全球治理作为一种理论思潮与实践活动的兴起。您如何理解全球治理的内涵,它兴起的原因是什么?

● 全球治理是时代发展的走向,也是人类社会智慧的结晶。自 19 世纪以来,全球化便成为一种趋势。但这种全球化极具竞争性,其极致就是战争。因此,20 世纪发生两场世界大战,局部性战争更是难以胜数。进入 20 世纪后期,人们逐渐发现竞争,特别是战争并不是解决矛盾的最好方式,其结果导致的是"双输"。而且许多问题和矛盾不是一个国家,更不是依靠暴力能够解决的。如全球气候问题对于全球都是一个挑战，而且单独依靠一个国家的自己的力量难以解决。"全球治理"因此得以兴起。其兴起不仅仅在于需要解决全球共同面临的问题，更在于获得一种新的理念，这就是"合作共赢"。"全球治理"就是全球各国相互合作，共同解决所面临的问题。这标志着全球化进入到一个崭新的阶段。

▲ 从现实进程来看，全球治理取得了哪些积极成果，是否能满足全球化进程的需要，其演变趋势如何？

● 应该说，近些年来，全球治理取得了一些积极成效。一是"合作共赢"的理念日益深入人心，多对话少对抗，多合作少对立愈来愈成为时代的主流。二是在解决共同面临的问题方面也逐渐找到一些机制和办法。三是共同解决所面临问题方面取得了一些卓有成效的进展。

当然，相对国家治理而言，全球治理更为艰难。这在于国家治理有核心治理主体，有必要的实力和手段。尽管联合国在全球治理中居于重要地位，但其作用因为没有主权国家那样的能力而受到影响。同时，在日益广泛深入的全球化进程中，各个国家之间的价值、利益等冲突也更为广泛和深刻，对立和对抗性思维及方式仍然大量存在。这必然会制约全球治理的成效。但无论如何，通过有效的全球治理达到世界和平与发展，建构人类命运共同体，已成为人类社会的共同价值和追求。

▲ 西方的民主和治理模式是否适用于中国？

● 由于现代化的进程起点不同，西方国家的民主和治理模式会起到一定的示范效应。但是，任何模式都是在特定的时空中产生的。特定的时空作为给定的条件制约着人们对民主治理模式的选择。因此，西方的民主和治理模式并不是普遍适用的。即使是同属于社会主义国家的苏联模式也不适用于中国，不能简单照搬。改革开放以来，我国提出建设中国特色社会主义，就是针对过去存在照搬苏联模式而言的。当然，西方民主和治理模式蕴含的某些价值、理念，特别是方式、手段还是可以借鉴的。不能因为"中国特色"而排斥吸收人类文明进步的东西。那种追求纯而又纯的"某国特色"是一种臆想。应该看到，随着全球化进程，各个国家的进步都是在文明交流融合中取得的。我国的改革是与开放联系在一起。换言之，没有开放，改革也缺乏动力和目标。中国的改革除了内在的动力以外，还来自于外部的影响。我国现在提出国家治理体系和治理能力现代化本身不仅是本国发展的需要，也反映了人类共同追求的目标。它既有本国深厚的历史文化根底，又能吸取借鉴外国的先进文明，因此能够超越一般的固定模式。

▲ 作为一个负责任的发展中大国，中国在全球治理中应发挥怎样的作用，承担什么样的责任？

● 当今中国正处于历史的大变化之中。在长期历史上，我国还只是一个地区性大国，其影响主要在周边领域。改革开放以来，我国不仅是作为一个政治大国，而且作为一个经济大国进入世界体系，正在成为一个世界性大国。所谓世界性大国，首先是世界离不开中国。如当今中国已取代美国成为第一制造大国。没有"中国制造"，世界很难享用到低廉实惠的产品。正如19世纪的英国一样，没有英国的棉纺业，世界就不可能享受到廉价耐用的棉织品。另一方面，中国也离不开世界。中国现在已成为世界第一汽车大国，也是世界第一石油进口国。离开了世界，中国民众的日常生活就会受到重大影响。这与当年中国可以作为无所求人的"天朝帝国"所面临的情形完全不一样。作为一个世界性大国，它所面临的责任更为重大，在全球治理中发挥的作用也更为重要。首先，中国要把自己的事情做好。正如邓小平同志当年所说，将占世界人口五分之一的中国的事情办好，本身就是对世界的一大贡献。其次，中国要以世界性大国的地位和角色参与全球治理，在全球治理中发挥主动性作用。特别是作为长期历史上地区性大国，中国没有充当世界霸权的历史，能够取得更多治理合法性，能够在建立更为公正的世界秩序中发挥更大作用。当然，在这一过程中，要避免重复当年强国只求霸道而缺乏王道的行为。

（原文刊载于《当代世界与社会主义》2014年第1期。原文题目《关于国家治理体系与治理能力现代化的对话》）

第九章 现代化进程的节点与政治转型

在产生了经济发展的"中国奇迹"的当下中国，也存在着普遍性的"中国焦虑"。200多年前的欧洲存在类似现象。法国大革命后，欧洲陷入"贵族不可能，民主无希望"的焦虑状态。回归传统的贵族社会不可能，理想中的民主社会又无希望。整个欧洲思想界陷入深深的迷惘之中。当下的中国知识界也处于迷惘之中。这种迷惘来自于中国式焦虑："文革回不去，改革迈不动。""文革"的老路走不了，尽管还有人想走；改革的新路很难走，尽管改革的意志尚存。思想界的分歧尖锐，几乎任何重大问题都有分歧，甚至是激烈的对立，政治共识难以达成。造成这一状况的深刻背景是现代化正处于一个新的历史节点上，社会发生剧烈变化，并要求政治发展转型。

一 现代化的第一节点与动员型政治

现代化是由传统农业社会向现代工业社会的转变过程。但是，现代社会与传统社会不是断裂性的，而是历史的更替过程。现代化进程、特点及政治类型在相当程度上取决于前现代社会，即农业社会的特性及因子，特别是作为传统社会因子的农民问题。

早期现代化的国家属于内生型，即在现代社会诞生之前，就在其社会内部孕育着现代社会的因素。如持续长达数百年时间的"圈地运动"，不仅促进了农村商品经济的发展，而且造成了传统农民的消失。正如巴林顿·摩尔所说："'圈地运动'是一项决定性的扫荡，它摧毁了体现在传统村庄中的整个农村社会的结构。"① 英国"以部分采用商品化农业来适应那些具有自己强大经济基础的贸易和工业加工生产的阶级的发展,这就使农民问题不复存在了"②。相比英国的渐进主义,法国则是以激进主义的大革命方式进入现代世界的,其中一个重要原因是新兴社会因素与传统社会因素的脱节,"法国的贫苦农民是蓬勃发展的现代化力量在摆脱古代的农村社会束缚过程中所造成的主要牺牲者"③。美国进入现代社会相对平稳,其中一个重要因素,甚至是决定因素,就是美国作为一个主要由移民构成的"新大陆","并未遇到要瓦解封建主义或官僚主义的、庞大而又牢固的农业社会这样一个问题"。"美国社会也从未有过像欧洲和亚洲社会那么庞大的农民阶级。"④ 由此可见,现代化的历史进路及政治类型在相当程度上取决于前现代社会的特性。

与英国等早发内生型现代化相比,中国的现代化属于后发外生型。对于后发外生型现代化的国家来说,现代化的第一个节点是现代化启动初期。

中国是世界上最为典型的农业社会和官僚社会,有一个庞大的农民阶级。当中国在外部力量的入侵下进入现代化进程时,其传统农业社会内部未能生长出新的社会因素,农业商品经济极不发达。近代以来的城市工商经济不仅比例极小,而且与广大农村是脱节的,农民更多的是以牺牲者的状况进入现代化。直至1949年,中国的农民仍然占总人口的85%以上,是典型的农民中国,或者说是乡土中国。

农民中国的一个重要特点是贫困,广大农民处于极度贫困状态之中,对生存和物质的要求极其强烈,整个社会以资源占有为中心。这种生存危机依靠英国式渐进道路很难解决,通过激烈的革命进入现代世界成为主要选择。而在毛泽东看来,中国革命的首要问题是农民问题。因为不解决占全国人口大多数的农民的生存问题,革命的成功根本没有可能。而农民问题的核心又是土地问题,只有农民获得土地资源,才有生存的可能和发展的基础。

---

① [美]巴林顿·摩尔:《民主和专制的社会起源》,华夏出版社1987年版,第15页。
② 同上书,第30页。
③ 同上书,第56—57页。
④ 同上书,第88页。

农民中国的另一重要特点是分散。自秦王朝以后，中国就处于小农经济和官僚政治的结构之中。亿万小农尽管人数众多，但他们的生产方式主要是与自然交换，缺乏社会的横向联系，处于孙中山先生所说的"一盘散沙"状态，重要问题是"贫、弱、愚、私"。他们不能依靠自我组织的力量改变整个阶级的命运，特别是没有先进的思想引导进入一个新的世界。

因此，在现代化初期的第一节点上，传统政治形态分崩离析，中国政治面临的主要任务是将整个社会，实质是分散的农民社会通过政治动员的方式带入现代化。以政党为中心的动员型政治由此兴起。以孙中山先生为代表的一批先知先觉者率先组成政党，进行革命。但孙先生为代表的政党还不能完全适应农民中国的特点和要求，未能深入动员广大农民。随后，更有组织性和动员能力，特别是能够与农民中国相衔接的中国共产党应运而生。

动员型政治是由少数政治精英对社会大众的动员，由此将社会大众，特别是广大农民带入并整合到现代化过程之中。毛泽东明确指出："要打倒帝国主义和封建主义，只有把占全国人口百分之九十的工农大众动员起来、组织起来，才有可能。"① 动员内容是以土地改革、经济发展，满足大众的物质需求。中国共产党之所以能够取代资历更老的国民党而在全国执政，主要因素就是能够满足广大农民对土地的迫切要求。如亨廷顿所说："得农村者得天下。"②

动员过程是由一个权威性政党和领袖，自上而下将社会吸纳到党和国家体系中，自主性社会消失，权力高度集中。社会大众，特别是农民大众由于能够从动员中改变自己的命运，他们很容易将自己的命运交付于领导权威，由领导权威"为民作主"和"替民作主"，并表现出对领导权威的感恩和服从。因此，政治动员的过程实质上又是一个新的权威主义政治的建构过程。特别是中国的动员型政治产生于生死存亡的战争动员时代，权威主义的特性更为突出。

---

① 《毛泽东选集》第 2 卷，人民出版社 1991 年版，第 564 页。
② ［美］塞缪尔·P. 亨廷顿《变化社会中的政治秩序》，生活·读书·新知三联书店 1989 年版，第 267 页。

动员型政治是一种政治与社会互动关系的模型,其突出特点是政治发动、引导和推动社会,政治居于主导地位。

任何政治一旦生成都有其自主性,动员型政治尤其如此。但是,动员型政治也与其他类型政治一样不可能完全脱离社会的要求。1949年以后,中国以政治动员的方式启动国家工业化。为了工业化的需要,国家将广大农民组织起来,土地归集体所有,形成城市国家所有制和农村集体所有制的城乡二元结构。城市工业发展与农村农业发展处于脱节状态,农民的数量和贫困状态并没有根本性改变。为此,1979年后,国家推动农村第二次土地改革,让农民获得土地经营自主权,以适应农民要求改善自己命运的要求。整个国家的重心转入发展经济,特别是确立了发展市场经济的导向。随着经济的发展,国家进入现代化进程的第二个节点。

二 现代化的第二节点与回应型政治

如果说,现代化的第一节点是农民中国,那么,现代化的第二节点则是城乡中国,而不是如发达国家一般直接进入城镇中国。

城乡中国首先表现为:工业化和城镇化加速并占主导地位。在经济发展推动下,社会财富迅速增加,普遍性贫困消除,农民减少,城镇人口增加。改革开放以来,我国的工业产值和来自工业的财政收入占80%以上,城乡人口各占50%左右。特别是市场经济造成社会日趋活跃,自主性增强。即使是传统的乡土中国也深深为城市市场经济所渗透。

城乡中国同时还表现为社会差距扩大,特别是城乡差距扩大。这是因为,"现代化带来的一个至关重要的政治后果便是城乡差距。"① 在当下中国,尽管城乡人口各半,但社会财富和公共资源的占有极不均衡,处于"一个国家,两种社会"的格局下。经济落差造成社会落差,对社会的期待扩大,甚至是"期待革命"。公众不仅要求温饱生活,更要求社会公平。在市场经济中孕育的个人权利意识增强,但相应的制度构建滞后。与

---

① [美]塞缪尔·P. 亨廷顿:《变化社会中的政治秩序》,生活·读书·新知三联书店1989年版,第66页。

市场经济相伴随生长的不是理想状态的"市民社会",而是以交换为中心并浸润到所有领域的"市场社会"。这种无限度的"市场社会"造成社会的普遍不满,对执政者的压力增大,自上而下的动员型政治开始失灵和失效,从而向回应型政治转变。

回应型政治是治理者不断回应社会的要求和压力,主动调适自己的政治行为,对各方面的利益加以整合,从而保证现代化的稳定性和持续性。

回应型政治是动员型政治的基础发生重要变化的替代物。一是权威主义下降,动员时代产生的政治权威发生变化,政党的社会化程度提高而精英性降低,政党领袖的平民化程度提高而魅力性降低,政治权威一呼百应的能量减少。二是平民主义上升,动员时代万众一心跟党走的状况发生变化,社会自主性增强。特别是在"市场社会"条件下,每个人都希图通过自己的行为表达自己的意向,最大限度实现自己的利益。社会大众,包括农民对政治权威的认同都取决于政治能够为自己提供什么,且政治认同是有限的、有期的。"人们已习惯于根据公民的经常性利益来评价政治。"[①] 新世纪以来,经济持续发展,执政党改善民生,在农村废除农业税,建设新农村,政绩卓著。但也正是在这一时期,是政治诉求最强烈和社会不满足感最突出,群体性事件迅速增多的时期。这恰恰反映出传统动员型政治的失灵。

与动员型政治是政治权威主导的政治过程所不同,回应型政治则是社会诉求与政府治理的互动过程。互动的依据是民众在现代化进程中获得的权利。中国的改革开放和市场经济发展的一个突出后果,就是社会大众获得前所未有的个人权利。作为中国改革突破口的农村改革的主要内容,就是赋予农民以生产经营自主权。伴随着改革开放,人们获得的经济、社会和政治权利愈来愈多。中国由一个资源为中心的时代进入到一个权利为中心的时代。只有获得权利才能获得资源,只有维护权利才能维护自己的利益。由此建构起以"维权"为中心的权利话语体系。这一话语体系赋予公众对自己政治诉求的正当性。他们不再是听治理者如何说,而是看如何做,更在意如何使自己满意。由此构成对治理者的政治压力。近几年迅速兴起的"网络问政"就是重要标志。

---

① [日]山口定:《政治体制》,经济日报出版社1991年版,第216页。

回应政治的突出特点是市场社会推动政治。政治要不断回应日益增长和永无止境的社会诉求。其结果是达到社会与政治、权力与权利的相对均衡。

三 政治转型的不适应性及调适

中国自新世纪以来，就开始由动员政治向回应政治转型。其标志是胡锦涛提出的"新三民主义"，即"权为民所用，情为民所系，利为民所谋"，由此确立了新世纪以来的民生主义导向的施政理念。从党的十六大到十八大报告，都高度强调权力属民、权力为民的原则，十分重视民生导向，并与政治动员时代的群众路线相衔接。十八大报告更是强调："坚持问政于民，问需于民，问计于民，从人民伟大实践中汲取智慧和力量。"

当然，与经济高速发展和社会迅速变化相比，我国的政治转型还有诸多不适应之处，并需要加以调适。

一是社会期待迅速扩大，政治回应不及。现代化是一个历史变革过程，充满着社会矛盾。在早期现代化国家，这些矛盾具有历时性，矛盾是渐次递进的，治理者有相对从容的时间和空间逐一解决。而在中国这样的后发现代化国家，矛盾具有共时性，即各种社会矛盾同时压缩在一个时空里，由此对治理构成巨大的压力。如改革开放以来，我国面临的首要任务是发展经济，解决普遍贫困问题。邓小平因此表示"发展是硬道理"。但是，与经济高速发展相伴的是社会差距、社会不公、政治腐败问题。这种问题在许多国家，甚至早期现代化国家都存在。如法国大革命前的18世纪经济繁荣和美国19世纪的经济繁荣过程中的社会不公与政治腐败。但是，对于当下中国来说，社会期待特别巨大。一方面要求迅速增加财富，改善民生；另一方面又急切期待社会公平和反对腐败，实现清廉政治。当这种巨大的社会期待由于政治回应不及而难以很快全面满足之时，就可能出现情绪化的激进主义。如回归"文革"的运动式治理。重庆"唱红打黑"正是适应了这种激进主义情绪，因此被某些人称为"重庆模式"。面对这一"模式"裹胁的民意，权威中心一度还很难适应。尽管所谓的"重庆模式"只是政治动员时代中极端年代的一种回光返照，不可持续，但是它也昭示着中国执政者面临的社会期待是超历史的。如果不能作出必要和及时的回应，因势利导，就有可能发生难以预见的后果。近几年，中央领导人一再推荐《旧制度与大革命》一书，实际上就反映出一种历史性的忧虑。法国由于没有及时回应而造成大革命，美国通过改革"新政"则化解了政治危机。当下的中国治理，更需要强化回应能力，对错综复杂的社会矛盾以庖丁解牛般的破解，既需要巨大的政治勇气，也需要极大的政治智慧。

二是社会公平要求强烈，被动式政治回应。与农业时代的利益单一化不同，进入工业社会以后，利益多样化，且由于权利意识的萌生，人们都会寻求渠道加以表达自己的利益诉求，要求社会公平。治理者需要建构合适的渠道让民众的社会诉求进行制度性表达。如英国等早期现代化国家面对巨大的社会公平压力，在19世纪不得不建立起政治表达机制，对巨大的压力加以疏导，从而化解了紧迫的政治危机。在当下中国，经济迅速发展，但由于利益结构的调整和不均衡，人们在普遍受益过程中又认为自己吃亏，存在强烈的不满足感，并以积极行动加以表达，群体性事件增多。特别是网络时代放大了民众的呼声和事件的影响。但由于长期动员型政治的影响，我国未能及时建构起合理的利益诉求表达机制，与积极主动的"维权"诉求相比，政府只能被动"维稳"，尽可能满足人们的要求，实行"糖果主义"治理。如对各种上访的处理。由此有可能出现新民粹主义，即群众诉求天然合理。其政治后果很容易出现"维而不稳"，造成"小闹小解决，大闹大解决，不闹不解决"。"小闹"和"不闹"的人觉得自己吃亏，进一步助长了无序的行为表达。中共十八大报告高度强调"加紧建设对保障社会公平正义具有重大作用的制度"，并第一次提出"权利公平、机会公平、规则公平"的内容，为回应社会公正要求指出了方向。

三是面对多元社会的发展要求，整合式的政治回应不够。传统社会是一个社会结构和利益固化的社会，具有强烈的身份等级性。现代社会得以取代传统社会的重要特征是社会流动，机会均等，社会多元化，并可以通过表达而改变自己的命运。如亨廷顿所说："现代化在很大程度上会引起社会上各种社会势力的集聚化和多样化。"[①] 当然，在现代化进程中，也

---

① ［美］塞缪尔·P·亨廷顿：《变化社会中的政治秩序》，生活·读书·新知三联书店1989年版，第8页。

可能出现旧的社会结构和利益固化未能完全消除，又生产出新的社会结构和利益固化。如早期现代化国家于20世纪初期出现的经济垄断，阻碍了社会的共同发展。为此这些国家出台了各种反垄断举措，以保持社会活力和促进共同发展。中国的改革开放为每个人的发展提供了机会，社会多元化，尽管有社会差距，但只要有机会和空间，就可以缓解社会差距有可能出现的社会冲突。因此，在现代化的新的节点上，特别需要整合式的政治回应，通过对多样化的利益和声音加以整合，形成能够引领社会发展的主导思想和整合利益的公共政策，以打破社会结构和利益固化的格局，为社会共同发展创造空间。显然，当下的整合式政治回应还不够，"改革迈不动"就是这种反映。如收入分配不公是重要问题，但社会期待已久的收入分配改革政策却迟迟难以出台。随着经济高速发展，政治体制改革成为重要任务，但更多的是态度表达而缺乏实际的行动方案和时间表。其中的重要原因就是利益固化问题。而"改革迈不动"必然会引发"回到文革去"的冲动。为推动改革，中共十八大强调："必须以更大的政治勇气和智慧，不失时机深化重要领域改革，坚决破除一切妨碍科学发展的思想观念和体制机制弊端"，并鲜见地将"攻坚克难"作为十八大的主题词之一。

四是社会参与动力增强，包容性的政治回应不足。在传统社会，政治资源处于垄断状态，社会参与缺乏制度性空间。因此，现代世界诞生的重要标志就是改变政治垄断，打开社会参与的大门。但在现代化初期，早期现代化国家的政治大门是有限度的开放，对社会参与作了各种资格性限制。只是到了19世纪以后，早期现代化国家才扩大了社会大众的参与空间，同时也借此缓解了社会矛盾。如整个19世纪前，早期现代化国家主要受"钞票"控制，劳资冲突尖锐。19世纪后期，随着普选制的实现，缺乏"钞票"的人有可能通过"选票"改善自己的命运，缓冲劳资矛盾。在中国，动员型政治打开了公众参与的大门，但在权力集中的体制下，公众更多是对体制的依附，缺乏参与的动力和空间，社会活力也严重不足。改革开放以来，中国的社会充满活力，这种活力需要通过政治参与加以保障，参与动力由此增强。但是政治回应的包容性还不够，特别是缺乏制度化渠道和机制保障多元化的社会参与。相当多数的治理者还缺乏对批评的包容态度，更习惯于动员时代的自上而下的领导，而缺乏平等协商、包容不同意见的意识，极个别地方的当权者甚至运用粗暴的手段压制不同声音。所谓"重庆模式"的年代，仅仅因为不同声音就有可能被"劳教"和处罚，法治被粗暴地践踏。而大量进城务工的农民由于缺乏制度化参与保障自己的权利，只能以极端的方式加以表达。

当今中国"文革回不去，改革迈不动"的焦虑，一方面表明中国的现代化进入到一个新的节点，社会发生剧烈变化；另一方面又表明政治治理需要转型，以适应社会的剧变。中国动员型政治相当成熟，回应型政治才刚刚开始，还有相当长的路要走。

回应型政治的重点是注重长远和精致的顶层设计。在政治动员时代，整个社会处于黑暗无际状态，政党和领袖以其敏锐的先进性和严密的组织性，振臂一呼，就可划破黑夜，群起响应，万众一心进入现代世界。而在现代化的第二个节点上，社会迅速成长，利益和价值多元化，群众不那么"听话了"，但对政治又有强烈期盼。因此，当政者要积极回应社会的要求，通过具有前瞻性和精致化的政治设计，规划社会发展蓝图，并确定行动路线图，实现改革与稳定、自由与秩序、活力与和谐的相对平衡，从而顺利迈过第二个节点。

回应型政治的难点是时序的选择。与早期现代化国家的历时性的社会矛盾相比，中国的现代化的社会矛盾具有共时性，第二个节点尤其突出。因此，回应型政治特别重视政治策略和行动路线，从时序上逐一解决社会矛盾，既不回避矛盾，也不期望一揽子解决。20世纪80年代改革中提出了从群众最关心的问题入手，从做得到的事情着手，这仍然是回应型政治必须坚持的一个原则。

回应型政治的基点在地方和基层探索。法国大革命后的欧洲知识界在相当长时间陷入迷惘之中，直至托克维尔的《论美国的民主》一书横空出世，才打破了思想迷惘的沉闷局面。这是因为，托克维尔的书指出了"民主有希望，基础在社会"。法国大革命的民主带来的是混乱和倒退，美国的民主带来的是繁荣与和平，关键是美国有一个民主的社会。当下中国尽管社会活跃，但并没有出现一个法治有序的市民社会，而是一个将交换无限放大的"市场社会"，民间意识形态尖锐对立，利益结构错综复杂,任何一项自上而下的总体性改革都会遇到重重困难。除了自上而下的顶层设计以外,还应给地方和基层开放更多的探索空间,通过先行先试,积累经验,同时中央要及时总结提炼,上升为普遍性的政策和制度,形成上下的联动和呼应。

(原文刊载于《探索与争鸣》2013年第3期)

第十章　两种依赖关系视角下的"以文治理"

以文化人心，推动社会的有效治理，是中国国家治理的重要特点。在长期历史上，国家治理的理想境界是"文治武功"，对内以文化人心，人们自觉依据规范行为，而无须外在的强制，从而实现"皇帝无为天下治"。而在全面建成小康社会的当今，以文化人心，通过文化进行治理，仍然是国家治理的重要手段。那么，传统中国和当下中国的"以文治理"的基础有何不同，当下的"以文治理"为什么更为艰难，能否从传统"以文治理"中获得某种启示？这与两种依赖关系构成的社会形态特质相关。本文从马克思有关两种依赖关系的社会形态理论出发，对中国的"以文治理"的相关问题作一探讨。

一　"费正清惊异"的追问及分析视角

费正清是美国的中国学大家和开拓者。他在美国等西方国家对遥远的东方中国十分陌生的情况下，到中国求学和生活，后成为美国的中国学开创者，有大量论著。其中，《美国与中国》是一部具有比较意义的经典论著。在这部书里，他对中国与美国进行了比较，在他看来，"对一个享有较高物质生活水平的美国人来说，使他感到惊异的是中国农民在这样困苦的生活条件下，竟能维持一种高度文明的生活。问题的答案在于他们的社会习俗，这些习俗使每个家庭的人员，按照根深蒂固的行为准则经历人生的各个阶段和变迁。这些习俗和行为准则，一向是世界上最古老而又最牢固不变的社会现象。"① 之后，有愈来愈多的学者持与费正清相类似的观点，认为传统中国是一个"文化中国"，主要依靠文化而不是暴力进行治理。

然而，我们要进一步追问，为什么中国人能够在困苦的生活条件下通过社会习俗维持一种高度文化的生活，这种社会习俗从何而来？

马克思主义为我们提供了研究方法。恩格斯《在马克思墓前的讲话》对马克思的贡献作了精辟的概括，说："正像达尔文发现有机界的发展规律一样，马克思发现了人类历史的发展规律，即历来为繁芜丛杂的意识形态所掩盖着的一个简单事实：人们首先必须吃、喝、住、穿，然后才能从事政治、科学、艺术、宗教等等；所以，直接的物质的生活资料的生产，从而一个民族或一个时代的一定的经济发展阶段，便构成基础，人们的国家设施、法的观点、艺术以至宗教观念，就是从这个基础上发展起来的，因而，也必须由这个基础来解释，而不是像过去那样做得相反。"②

文化观念及其派生的社会习俗属于精神生活领域。文化习俗的产生及其功能，不能从其自身寻找其根源，而要从物质生产、生产关系及其交换关系中寻找。在此，马克思为我们提供了进一步的分析视角。马克思从由生产和交换关系的视角，将人类社会分为三种形态。在他看来，"人的依赖关系（起初完全是自然发生的），是最初的社会形态，在这种形态下，人的生产能力只是在狭窄的范围内和孤立的地点上发展着。以物的依赖性为基础的人的独立性，是第二大形态，在这种形态下，才形成普遍的社会物质交换，全面的关系，多方面的需求以及全面的能力的体系。建立在个人全面发展和他们共同的社会生产能力成为他们的社会财富这一基础上的自由个性，是第三阶段。"③ 不同的社会形态产生不同的文化习俗，并发挥相应的功能。

二 人的依赖关系与"以文治理"

中国是一个有着数千年文明史，且地域规模日益扩大的国家。从一般

---

① ［美］费正清：《美国与中国》，世界知识出版社1999年版，第21页。
② 《马克思恩格斯选集》第3卷，人民出版社1995年版，第776页。
③ 《马克思恩格斯全集》第46卷上册，人民出版社1979年版，第104页。

意义上讲，文明时间延续愈长，地域规模愈大，国家统治的成本就愈大。国家作为一种特殊的公共权力，其支柱是包括警察、监狱等国家机器在内的强制力量及其维持强制力量运行的税收。这就是说，国家对一个社会的治理是需要支付成本的。而在农业文明时代，生产剩余有限，支撑国家治理的成本也有限。那么，在传统中国，皇权不下县。晚清时全国吃"皇粮"的官员仅有2万人，却要管理一个有4亿人口的国家。① 仅仅依靠数量如此少的官员，广大乡村社会是如何持续有效运转，创造出世界最为灿烂的农业文明，并实现"皇帝无为天下治"的呢？这在相当程度上依赖于以文化习俗这一软实力而不是依靠国家暴力和官僚机器进行治理，即"以文治理"。

在传统中国，"以文治理"之所以能够取得成效，其基础在于"人的依赖关系"这一社会形态。中国是以自然经济为特征的农业文明延续最长和最发达的国家。在自然经济形态下，人们"在狭窄的范围内和孤立的地点上"从事生产生活，并形成人对人的依赖关系。每个人都以一个具体的角色存在，要么是父，要么是子；要么是夫，要么是妻；要么是亲，要么是友，相互之间形成紧密的联系，谁也离不开谁。离开了人对人的依赖关系，生产生活就难以存续。正因为如此，人们将传统中国社会称之为"关系社会"。

"人的依赖关系"是一种客观存在，也需要主体加以维系，其方式就是通过反映一定文化理念的规范引导和规范人们的行为。如《孟子·滕文公上》："使契为司徒，教以人伦：父子有亲，君臣有义，夫妇有别，长幼有序，朋友有信。"人伦中的双方都是要遵守一定的"规矩"。为臣的，要忠于职守，为君的，要以礼给他们相应的待遇；为父的，要慈祥，为子的，要孝顺；为夫的，要主外，为妇的，要主内；为兄的，要照顾兄弟，为弟的，要敬重兄长；为友的，要讲信义。这种以"人伦"为中心的文化习俗是历代相沿积久、约定俗成的风尚、礼节、习惯的总和，也是人们在衣食住行、婚丧嫁娶、岁时节庆、生产活动、宗教信仰、文化娱乐等方面广泛的行为规范。文化习俗体现着一定的价值观念，同时这种价值观念要通过教化等方式进入人的内心，转换为人的自觉行为，即以"文"

---

① ［美］费正清：《美国与中国》，世界知识出版社1999年版，第38页。

化人。传统中国正是依靠以"人伦"为中心的文化习俗体系进行国家治理。

在传统中国,为何"以文治理"能够取得巨大成效?

其一是"以文治理"的内生性,即"人伦"是人们在日常生活中自生自发形成的,内生于人们的需求之中。"父慈子孝、兄友弟恭、夫正妇顺、内外有别、长幼有序、礼义廉耻"等是人们日常生产生活的需要,否则正常的生产生活就难以维系。费正清对比美国依靠契约和中国依靠习俗的治理方式时指出,"尊卑制(与我们那种由契约关系决定的个人独立制相反)的一个好处是,一个人自动认识到他在他的家庭或社会中所处的地位。他有一种安全感,因为他知道,如果履行了指定给他的那部分职责,他可指望这体系内的其他成员反过来也对他履行应尽的职责。"① 正是这种"对等"关系使得人们愿意按照人伦习俗行为。

其二是"以文治理"的民间性,即每个人都能直接感受和体验到,不是官方所建构和强制的。作为"人伦"的理论体现的儒家经典,最初来自于实际生活,尽管后来成为统治思想,但仍然深深地植根于人们的实际生活,是一种乡土化的理论。尽管有外来思想,如佛教的进入,但都无法替代儒家伦理的地位,且需要中国化。根源就在于儒家思想体现了基于血缘关系的人伦习俗。每个人时时处处都能够感受和体验它的存在,并构成其行为依据。这种民间性的习俗不需要高居于社会之上的强制力量加以输入,更主要依靠社会内在的力量加以约束。正如费孝通的说:"礼并不是靠一个外在的权力来推行的,而是从教化中养成了个人的敬畏之感,使人服膺;人服礼是主动的。"②

其三是"以文治理"的生活性,即人们通过日常生活所理解,人一出生开始就从日常生活中接受规训,并贯穿着人的一生活动之中。人伦文化通过代际传递变为每个人的行为职责。"子不教,父之过"。每个人在日常生活中既要遵守人伦规范,同时也要在日常生活中教化他人。如"食不语,寝不言"。人们时时处处都受到相应的规范约束。

在人的依赖关系基础上形成的"以文治理"有一整套体系作为支撑。

---

① [美]费正清:《美国与中国》,世界知识出版社1999年版,第24页。
② 费孝通:《乡土中国 生育制度》,北京大学出版社1998年版,第51页。

一是以家庭作为载体。在长期历史上，中国是一家一户最能体现"在狭窄的范围内和孤立的地点发展着"的特点，人们生产生活的基本单位，形成了牢固的家庭制度。如费正清所言："中国是家庭制度的堡垒"。"中国家庭是自成一体的小天地，是个微型的邦国。从前，社会单元是家庭而不是个人，家庭才是当地政治生活中负责的成分。"[①] 家庭不仅承担从事生产生活，为人提供生活基础的功能，还承担着教化家人，为家人提供秩序的治理功能。由此产生了家教、家训、家风、家传、家规等一系列治家规则。其"执法者"则是内生于家庭生活之中的"家长"权威。人们自出生之日就自然而然接受了"家长权威"而无须外部性授权。因此，家庭是"以文治理"的根基。

二是以乡贤作为模范。除家庭以外，人们还生活在一定地域之内。在一定地域，社会分成三个维度：因财富分成贫富，因权力分成官民，因名望分成绅劣。中国历来将"富"与"贵"连结在一起，富不等同于贵，富使人羡慕，贵才能使人尊重。能够得到人尊重的是体现了人们共同意愿的德才兼备的人。这样的人被称之为"乡贤"。"在狭窄的范围内和孤立的地点上发展着"的人们不得不以能够获得他人尊重的方式为人处事。否则，即使是富人也难以立足。通过我们的调查发现，在传统中国，生活于乡土地域的富人在某种程度上害怕穷人，他需要以修桥补路、帮贫济困等行善积德的方式获得社会名望，缓解贫富矛盾。而即使是穷人，由于为人有德行，也能够得到政府表彰和社会拥戴。因此，集中体现人伦价值的"乡贤"是乡村秩序的守护者，是社会的模范。有了乡贤，有助于形成良好的乡风。

三是以官员作为表率。政府官员是高于社会之上的公共权威。这种权威除了其强制性以外，其力量更在于社会的自我认同。因此，传统中国特别重视"以吏为师"，政府官员要成为行人伦的表率。在官员选拔中实行"举孝廉"，人伦道德成为第一优先录用原则。科举考试的内容也是反映人伦的儒家经典。官员当政期间要恪守人伦原则，如父亲去世要停职守孝等。

---

① ［美］费正清：《美国与中国》，世界知识出版社1999年版，第21—22页。

三 物的依赖关系与"以文治理"

尽管在传统中国的以文治理卓有成效,但必须看到,这种成效是非常有限的,是一种为维系一种低水平物质生活不得已的选择。由于物质生活水平低下且财富占有极不均衡,传统中国并不可能从根本上实现所谓"皇帝无为天下治",治与乱如影相随。

进入 20 世纪后,中国社会发生了翻天覆地的变化。经历了革命、改革和建设,中国进入到一个相对稳定的常态社会。从社会关系的角度看,影响最深刻最广泛的变革是"物的依赖关系"对"人的依赖关系"的替代。

"人的依赖关系"建立在自然经济基础上,而"物的依赖关系"建立在市场经济基础上。市场经济是一种突破"狭窄的范围内和孤立的地点上发展"的经济形态。在这种形态下,形成了普遍的社会交换,并在交换交往中形成广泛的社会关系,需求扩大,满足需求的能力也扩大了,物质财富得到空前的增长。正如马克思恩格斯在《共产党宣言》中所说的"资产阶级在它不到一百年的阶级统治中所创造的生产力,比过去一切世代创造的全部生产力还要多,还要大。"① 正是由于社会的普遍交往,人们从以往"狭窄的范围内和孤立的地点上"走了出来,依靠自己的能力,获得了人的独立性。

马克思在谈到"物的依赖关系"时,充分肯定了这一阶段的历史进步性,同时也指出了其历史局限性,这就是"人的独立性"是建立在"以物的依赖性为基础"上的。商品经济和普遍的社会交往将所有人卷入到一个经济体系中来,人们的生产不是为了满足自己的需求,而是为了交换。交换则需要借助货币。货币成为一般等价物。有了货币就可能获得自己所需要的一切,甚至良心。尽管人有了人身自由,有了独立的个性,但是这种自由和个性建立在对物的依赖性基础上,人们的存在发展以获得更多的物为目的。因此,市场经济社会从一定意义上说是"物化社会"。

"物化社会"改变着的人的价值观念和行为取向,将"一切封建的、

---

① 《马克思恩格斯选集》第 1 卷,人民出版社 1995 年版,第 277 页。

宗法的和田园诗般的关系都破坏了。它无情地斩断了把人们束缚于天然尊长的形形色色的封建羁绊，它使人和人之间除了赤裸裸的利害关系，除了冷酷无情的'现金交易'，就再也没有任何别的联系了。"① 这种以物为中心的社会在历史上有进步作用，但也会将人变成物的奴隶，因此人类要进入第三阶段，即"建立在个人全面发展和他们共同的社会生产能力成为他们的社会财富这一基础上自由个性"阶段。而要进入这一阶段，除了制度变革以外，还需要创造新的价值、新的观念，建立起新的关系。

20世纪，特别是改革开放以来，我国逐步确立了社会主义市场经济体制，生产力得到迅速发展，不仅全面实现温饱，而且即将全面建成小康社会。市场经济带来社会的深刻变化，人的独立性愈来愈强，对公平正义、自由平等的需求愈来愈强。与此同时，与市场经济相应的"物的依赖关系"及其观念不可避免地渗透到人们的日常生活之中，"物化社会"的诸多弊端开始显现，相当多数的人"富了口袋，穷了脑袋"。经济收入成为乡村生活的主要目标，农民则成为"社会化小农"和"市场化小农"，其行为和动机也主要在于追求货币收入的最大化。市场的利益原则、交换关系渗入到农民的日常生活和社会交往中来，而从价值观念上，利益标准逐步取代了传统文化中所蕴含的道德标准。这在很大程度上消解了传统农村的伦理道德体系，导致乡村治理内在的柔性作用、自律性机制逐步消失，破坏了乡村传统优秀文化基因和文明脐带。这一社会状况显然不是理想的社会，也与中国特色社会主义的理想目标不符合。要改变这一状况的重要举措就是通过"以文化人"，在物质文明建设基础上，通过"以文治理"克服市场经济发展中的"物化"倾向，以文化改变"物化的人"的片面性，实现人的全面发展。

在新的历史阶段，"以文治理"要体现社会主义核心价值观，与中国特色社会主义目标相一致。这是因为，中国毕竟进入社会主义市场经济时代，人的社会关系大大丰富，早已超越传统的"五伦"范围。传统的建立在"人的依赖关系"基础上的人伦习俗已无法成为全社会的普遍规范。从这个意义上讲，试图依靠基于血缘关系基础上的儒家思想实现"以文治理"已非常困难。当然，当下中国正处于社会转型之中，社会主义核

---

① 《马克思恩格斯选集》第1卷，人民出版社1995年版，第274—275页。

心价值观既基于社会的内在需要，又具有相当程度的建构性。要推进以社会主义核心价值观为基础的"以文治理"，需要多方面着力。其中，传统社会的"以文治理"形式有诸多可借鉴之处。

一是"以文治理"要强化其内生性、民间性和生活性。社会主义核心价值观念是统揽全局的国家价值。它集中反映了全国人民的意志和方向。但是要努力将国家价值"落地"，转化为人们的日常生活行为。这是一项艰巨的工作。由于长期历史的影响，普通民众对社会主义核心价值观念还较陌生，理解还不深透，但对"温饱""小康""大同""以和为贵"之类的话语较为熟悉，并比较容易接受。同时，社会主义核心价值观具有丰富的含义。人们可能不理解高深的理论，但在日常生活中尊重老人、扶贫济困等做人的道理却容易接受和理解。因此，在现阶段"以文治理"中要善于将社会主义核心价值观大众化、生活化，与人们日常生活紧密结合起来，成为人们内心的信念，而不是一般的口号。

二是"以文治理"可借助传统形式并赋予新的时代内容。家庭是社会的微观组织。随着市场经济发展，个人的独立性愈来愈强，家庭的功能愈来愈弱。但是，无论怎样变化，家庭作为人口再生产的单位及其血缘关系不会变化，由家庭血缘关系带来的天然情感不会变。正因为如此，邓小平说"家庭是个好东西"。因此，"以文治理"的基础在家庭。通过家庭日常生活传递符合社会主义核心价值观念的理念体系。传统家庭子女只有义务没有权利固然不对，而受片面的"物的依赖关系"支配的子女只享有权利而不尽义务，也不对。尽管社会日益个体化，但个体不可能天然具备现代社会要求的素质，还必须在家庭怀抱里得到良好的规训。"教子无方，何以治国"。以文治理需要激活家庭细胞的治理功能，将家庭作为文化治理的基本单元，发挥家庭在文化治理的基础性作用。特别是强化与社会主义核心价值观相一致的良好家教，建立与国法相衔接的家规，提倡树立良好的家风，鼓励通过撰写家史传导良好的家传。

尽管历史上的乡贤已不复存在，但乡贤精神则可继承，这就是对社会公益精神的弘扬，塑造新乡贤文化。改革开放以来，产生了一批富人，但需要由富向贵提升。这就需要为这些人提供平台，让他们有能够为公益事业作贡献的机会和渠道，并能够得到政府鼓励，从而带动社会向善治的方向发展。在这一过程中，政府要加强对农村乡贤能人的教育和培训，建立可持续的乡贤培训机制，结合农村发展的趋势，强化对乡贤能人公共文化、法律知识等方面的培训，让其真正成为引领乡村发展的"新乡贤"，以此增强农村基层文化的自我发展能力。同时，可以创新性的实施"乡贤能人回请计划"，以乡情为纽带，吸引和凝聚外出乡贤返乡，充分发挥其建设新农村、倡导新文明的作用。此外，充分发挥"新乡贤"的引领示范作用，抓住"关键的少数"，通过"新乡贤"的带头示范作用，激发农民学习新文明、遵守新文明、倡导新文明的热情。

在现阶段"以文治理"中，最重要的是加强公共文化建设。传统"以文治理"具有很强的血缘和地域性，主要是将人限定在一个"狭窄的范围内和孤立的地点上发展"。随着当下社会的开放性和流动性，人们需要通过超越血缘和地域的公共文化满足人们的文化需要，并在其中确立社会主义核心价值观。当下农村闲暇时间日益增多，但可供消费的文化产品却相对缺乏，大量时间用于打牌，甚至赌博等。而公共文化的供给者主要是政府。一方面，要针对当前农村公共文化服务供给不足、发展滞后的问题，需要充分发挥政府作用，加快推进农村公共文化供给侧改革，为农民提供优质的、均等化的公共文化服务，不断丰富农民文化生活。另一方面，在公共文化服务供给的过程中，须改变"运动式、大水漫灌式"的方法，针对不同农民群体的实际需求，将文化服务与农民的日常生活紧密结合起来，真正实现服务的有效供给。如结合农村的实际情况和特点开展文化服务。准确把握公共文化活动开展的时机，针对农民的生活特点，充分利用节假日和农村集市等时机，把经常性、小型多样的文娱活动与定期举办的大中型文体活动结合起来，将农民引导到文艺演出、民俗表演、趣味运动会等喜闻乐见、互动性强的活动中来，"寓教于乐"。

（原文刊载于《学习与探索》2017年第11期，原文题目《两种依赖关系视角下中国的"以文治理"——"以文化人"的乡村治理的阶段性特征》）

第十一章　中等收入社会难题与社会治理创新[*]

我国经济社会正在发生迅速变化，总体上已告别低收入阶段，进入中等收入社会。低收入社会有其特有的困难，关键问题在治穷。中等收入社会也有特有的难题，社会治理的基础与生态都发生了变化，原有的社会治理已不相适应。因此，中共十八届三中全会提出创新社会治理体制，最大限度增加和谐因素，增强社会发展活力，提高社会治理水平；要鼓励地方、基层和群众大胆探索，加强重大改革试点工作。而在此之前，在中共十八大精神和"中国梦"的指引下，福建省厦门市委提出了"美丽厦门·共同缔造"的目标和行动，在社会治理体制创新、提升治理水平方面作出了积极探索，积聚了相当的经验，特别是率先一步，在全国解决中等收入社会难题方面起着示范领头作用。

一　中等收入社会难题：共同缔造的背景

2013年6月，福建省厦门市提出"美丽厦门·共同缔造"目标，要在中国共产党建党一百周年时，即2021年，将厦门率先建成为美丽中国的典范城市；在建国一百周年时，即2049年，将厦门建成为展现中国梦的样板城市。这是一个宏伟的目标。而要实现这一目标的关键是"共同缔造"。这就是以群众参与为核心、培育精神为根本、统筹推进为方法，强化"共谋、共建、共管、共享"。提出"美丽厦门·共同缔造"不是突发奇想，更不是心血来潮，而是有强大的现实依据和远大的战略谋划。这

---

[*] 本文与马海明合作，在此致谢！

就是适应中等收入社会的来临并积极破解中等收入社会的难题。

（一）我国已进入中等收入社会

近年来，我国的经济社会正处于一个深刻的历史变化之中，并具有鲜明的阶段性特点。尽管我国从社会发展形态的总体上看处于并将长期处于社会主义初级阶段，但从经济社会发展进程看，我国已进入中等收入社会，特别是部分城市已民主管理率先一步达到中等收入社会水平。2013年6月5日，国务院总理李克强在人民大会堂同出席"2013财富全球论坛"和全球首席执行官委员会的企业家代表会见并座谈时强调，"中国已进入中等收入阶段"。中等收入阶段标志着我国已结束长期的低收入阶段，进入一个崭新的历史阶段。这一阶段不仅仅是经济水平的变化，而且意味着社会发展的变化。

低收入社会与中等收入社会具有鲜明的区别：

低收入社会	中等收入社会
1. 标准：人均年收入 975 美元	标准：人均收入 3000 美元
我国 1978 年：	我国 2012 年：4500 美元
城市人均收入 343 元人民币	厦门 2012 年：6262 美元
农村人均收入 134 元人民币	（全国排名第六，属于中上等收入）
2. 标准：收入低，主要用于温饱	标准：收入中等，温饱有余
用于食品消费的恩格尔系数 60% 以上	用于食品消费的恩格尔系数 40% 以下
我国 1978 年：	我国 2011 年：
城市：59%；农村 68%	城市：36.3%；农村 40.4
3. 农村人口占多数	城市人口占多数
4. 低收入人群占多数	两头小，中间大，中等收入人群增大
5. 社会需要和结构单一	社会需要与结构多样化

（二）中等收入社会面临的难题

进入中等收入社会对于中国是一个伟大的历史变迁：告别饥饿！由低收入走向中等收入的主题：发展是硬道理！

进入中等收入社会对于中国又面临新的难题：持续发展与有效治理

进入中等收入社会面临的经济挑战是中等收入陷阱。即当一个国家的人均收入达到中等水平后,由于不能顺利实现经济发展方式的转变,导致经济增长动力不足,最终出现经济停滞的一种状态。我国的应对措施是转变经济增长方式,调整经济结构,通过改革释放红利,争取持续发展。中共十八届三中全会提出的改革措施具有极强的针对性。

进入中等收入社会以后还面临着社会挑战:中等收入社会难题。指当一个国家的人均收入达到中等水平时,社会发展滞后、社会矛盾突出、社会事件增长、社会治理困难,最终可能陷入社会危机的一种状态。

我国中等收入社会难题的表现:

1. 经济增速下行与社会矛盾增速上行的风险

低收入到中等收入阶段会经历一个在低平台基础上高速发展的经济起飞时期,但到中等收入时,经济平台抬高,增长速度放缓。由此会出现经济增长下行与社会矛盾增长上行的趋势,并出现相应的社会风险:

一是经济增长时期长期积累的社会矛盾有待解决,二是经济增长下行又会生长新的社会矛盾,如有业不就与难以就业同时并存;社会民生的欠账与新的社会民生增长同时并存;经济进入中等收入阶段与社会未能形成一个稳定的中等收入群体同时并存,高房价有可能造成向"M型社会"扩展,中等收入群体尚未完全形成就呈两极化势态。

2. 经济增长民生改善与社会满意度不对称

中等收入标志着人们的生活水平有了质的飞跃。改革开放以来我国经济发展的"经济奇迹"举世瞩目,高楼、高铁和高速公路建设规模和速度更是世界第一。新世纪以来,政府调整分配结构改善民生的力度也前所未有。仅仅是2012年,政府用于教育、医疗、就业和保障等民生经费的支出均达到2位数以上。

但与经济增长民生改善相比,社会满意度却不对称。相反,在社会情绪方面呈现出一种"普遍性不满",人们的满足感、幸福感不强,甚至出现"社会怨气",网络空间的表达特别强烈。而在现实社会中发生的"反社会事件"增多,并出现极端化倾向。近年来每年发生的群体性事件达10万多起,2013年以来的个体性的反社会事件呈增长态势。2013年6月7日,厦门人陈水总公交车纵火,导致47人身亡。在风景秀丽、生活富足的厦门市发生如此的恶性事件是很难想象的。即便这是孤立的个案,但对于厦门决策者来讲,也会反思造成这一事件背后的社会背景和原因。

3. "积极政府"与社会认同率不对称

中国经济奇迹取决于三大要素,一是开放的市场经济,二是丰富低廉的劳动力,三是积极有为的政府,在世界上很难找到中国政府这样的"勤政"政府。但是,与"积极政府"相对应的是社会认同率不对称,政府与社会的互动关系未能形成良性状态。政府与民众之间互不信任,甚至互相指责,甚至出现民众称官员为"贪官",官员称民众为"刁民"的对立情绪。

(三) 造成中等收入社会难题的原因

中等收入社会难题是由低收入社会进入中等收入社会门槛后面临的新课题,它是社会变化与政府治理社会方式不相适应造成的。

1. 社会的变化与特点

中国在经济收入方面进入到一个中等收入阶段,但从社会领域看,还只是从低收入社会刚迈入中等收入社会的门槛,还没有形成一个成熟完整的中等收入社会,具有相当程度的过渡性、复杂性和不稳定性。

(1) 单一性社会变为多样化社会。中国长期处于农业社会,同时也是一个普遍贫穷的低收入社会。这种社会的诉求一致,温饱生活是共同目标,社会同质性强。而当下的中国是农业社会、工业社会与信息社会并存,社会诉求不一样,社会异质性强。

(2) 平均性社会变为不均衡性社会。在低收入阶段,社会收入水平大体平均,人们意志也容易统一。进入中等收入社会以后,社会财富及其相应的社会地位很不均衡,特别是中国还没有形成一个长期稳定的中等收入群体。

(3) 社会坐标体系由纵向比较变为横向比较。在农业社会和低收入阶段,因为普遍贫穷,人们的社会心理比较是与过去相比,形成可以出现"贫穷的幸福"状态。而在由低收入进入中等收入社会过程中,巨大的物质诱惑、急剧增长的货币支出压力、先富暴富的示范效应会造成社会的"期望革命",即满足需求的能力远远无法适应急剧增长的需要,社会因此形成普遍的浮躁情绪。这是因为当下中国刚进入中等收入社会但还不是一个成熟的中等收入社会。

(4) 义务本位社会变为权利本位社会。农业社会是一个义务本位社会，社会成员对于权威更多的是服从关系。而进入中等收入社会以后，人们的经济收入和文化水平有了提高，呈现出"权利的觉醒"，但受市场迅速全面介入的影响，出现的是个人权利意识急剧膨胀而社会义务观念相对弱化。

（5）群体化社会变为个体化社会。在农业社会和低收入阶段，人们生活在各种社会关系网络之中，受到相应的社会关系庇护或者制约。随着进入中等收入社会，市场经济理性扩张到社会生活领域，强化人的逐利性，形成个人中心主义。中等收入社会应该具有的人与社会的良性互动关系尚未建立起来。

（6）无参与社会变为参与性社会。在农业社会和低收入阶段，人们的最大期盼是温饱生活，他们对政治并没有更多的期盼，常态下也没有意愿通过自己的行动改变自己命运的参与意识和制度空间，因此是无参与社会。而进入中等收入社会，人们愈来愈希望通过参与表达自己的意向和情绪，甚至于"发泄式参与"。如厦门发生因 PX 项目设立而"集体散步"，连 2013 年上半年历史少有的暴雨造成的灾害也引起民众对政府的强烈不满并以上访行动加以表达。

从社会的角度看，中国从一个低收入社会进入中等收入社会不久，犹如子女成长，正处于"青春叛逆期"。因此对社会治理提出了更高要求。

2. 政府治理的不适应性

长期历史以来，中国处于农业社会和低收入阶段，政府是在一个贫穷的、低收入社会进行治理的，并形成一种"爸爸式治理"风格。这种治理已愈来愈不适应中等收入社会变化。

（1）权力集中与责任无限。从政治学的角度看，权力与责任是对等的。在中国历史上，治理社会的权力集中于政府，形成官管民的格局。这种体制有助于做大事，但也意味着无限责任。在农业社会和低收入阶段，政府对社会的责任很少，社会自治空间较大，社会治理难度较小。而在一个多样性的中等收入社会里，社会诉求不一，社会参与意识增强，社会治理权力过分集中于政府，必然导致社会参与空间小，社会自主能力弱，对政府的责任要求愈来愈高，民众很容易因为政府难以履行其愈来愈多的责任而责怪政府。

（2）主导性和包办性治理。长期历史以来，政府犹如父亲主导和包办所有事务，形成"父爱主义"，低收入者也满足于政府主导和包办。进入中等收入社会以后，政府不可能包办所有事务，且这种包办还有可能产生反感，"吃力不讨好"。

（3）单向度与强制性治理。"爸爸式治理"的理论基础是爸爸天然比子女强，拥有管教子女的权力和合法性。子女未成年，对这种管教也习惯性服从。而进入中等收入社会之后，人们的权利增长造成与单向度强制性治理有可能产生冲突。新世纪以来，我国政治生活中出现"两维"，即民众维权与政府维稳并行，且维稳处于被动状态。

（4）治理思维的滞后与惯性。治理中等收入社会远比治理贫困社会难度更大，但治理思维和模式还停留在低收入社会时期。如民众参与意识增强，如何将民众参与与政府行为协调一致，建立社会参与机制方面还缺乏足够的思想和行动准备。

要应对中等收入社会难题，必须创新社会治理，转变政府治理方式，充分吸纳民众参与，建构政府与社会的互动共治机制，从而实现有效治理，建设一个完整成熟的中等收入社会。

"美丽厦门·共同缔造"的提出，尽管有因"陈水总纵火案"造成社会震动的个案背景，但更主要的是厦门超越了具体个案，而是将个案放在整个中国社会治理变迁的大背景下考察，适应了中等收入社会的来临，并为破解中等收入社会难题提出了战略性思路和行动方略。

二　在"共同缔造"中创新社会治理

十八届三中全会提出创新社会治理体制。这就意味着社会治理是一个系统工程，过往的社会治理体制尚存在诸多障碍，最突出的问题是单一的政府治理，缺乏社会有效参与，只有政府主导，缺乏人民主体。由此就需要在继续发挥政府主导作用的同时，着力强化社会参与，实现政府治理和社会自我调节、居民自我调节良性互动。厦门市的"美丽厦门·共同缔造"体现了社会治理创新精神，特别强化"共谋、共建、共管、共享"的共同缔造行动，并在其中创新社会治理。

（一）凝聚社会共识，彰显共同体精神

中等收入社会是一个多样化的社会，建构社会共识特别重要，否则就会陷入社会分裂和对立。社会共识又称社会合意，即社会成员对社会事物及其相互关系的大体一致或接近的看法。社会要作为一个统一的整体存在下去，需要该社会成员对社会有一种"共识"，即一致或接近的认识，只有在这个基础上，人们的判断和行动才会有共通的基础，社会生活才能实现协调。

中共十八届三中全会强调，创新社会治理，必须着眼于维护最广大人民根本利益，最大限度增强和谐因素。这就必须凝聚共同一致的目标。从整个中国而言，中国特色社会主义是建设目标。就地方而言，也有自己的地方性目标。"美丽厦门"是厦门人的共同目标，通过这一目标可以最大限度凝聚社会人心，达到社会共识。无论贫穷与富贵，无论是本地人与外来工作人员，无论大陆人还是台湾人，任何人都希望有一个富饶、舒适、和谐的美丽厦门。"美丽厦门"是从不同的厦门人意识中提炼和概括出的"社会最大公约数"。

凝聚社会共识，需要彰显共同体精神。德国社会学家滕尼斯在其著名的《共同体与社会》一书认为："共同体是一种持久的和真正的共同生活"。共同体与社会不同，它更强调"共同性"。美丽厦门与厦门不同，后者是一个地域性社会，而前者更强调的是厦门的"共同性"。这种"共同性"是每个厦门人共同向往的生活共同体。厦门人生活是否幸福和谐美满与美丽厦门息息相关；是每个厦门人共同受益的利益共同体。厦门人能否从厦门发展中共享成果，各得其所，与美丽厦门密切相关；是每个厦门人共同发展的命运共同体。厦门人的当下与未来能否持续发展，生活在一个值得向往的环境里，与美丽厦门命运相连；是每个厦门人对未来美好生活寄予美好希望的想象共同体。尽管厦门的现实还不尽理想，但美丽厦门给每个人以美好的愿景。"共同体"的功能就在于最大限度将不同的人连接和粘合起来，拉近个人与社会，民众与政府的距离，并形成共同行动。这是"共谋、共建、共管、共享"的社会基础。

（二）强化社会行动，推动共同性缔造

在滕尼斯看来，共同体是自然形成的社会单位，诸如家庭、乡村社区、教区等。而在一个更大的区域范围形成共同体，则在于共同体成员的共同建构。在由低收入社会进入中等收入社会时，民众更多的是获得个人利益最大化的个体行动。尽管社会愈来愈发展，但共同体的意识却相对淡漠、疏离和隔阂，缺乏沟通、交流和理解。人与人、官与民的紧张关系很大程度是由此造成的。这就需要将大量的个体行动转化为社会行动，推动共同性的缔造。

社会行动是当行动者采取行动的目的在于影响另外一个人或更多的人的行动时，这种行动就是社会行动。社会行动不是仅仅基于个人目的的行动，它注重行动带来的社会影响及其社会效果。通过这种具有社会价值的共同行动，达到一定的社会目的。美丽厦门是所有厦门人的共同愿景就需要每个厦门人通过社会行动共同缔造。"美丽厦门·共同缔造"特别强调行动性，而这种行动不是孤立的个人行动，也不是政府的单一行动，而是所有人在相互影响下的社会行动。厦门市委王蒙徽书记因此特别强调美丽厦门建设要着眼于"共同"，着手于"共同"。

社会行动不是自发的，必须有发动者。在中国，政府是共同缔造的主要发动者。发动是为了更多人行动，因此需要社会共同行动。由于治理思维惯性，"美丽厦门·共同缔造"启动之初，相当多数的政府工作人员仍然只是将其作为一项政府工作，由政府出资出力帮助民众做一些好事实事。这种政府单一行动并不能获得广泛的社会参与，因此也很难转化为普遍的社会行动，不利于共同性缔造。为此，作为"美丽厦门·共同缔造"试点单位之一的海沧区通过专家授课、到外地学习取经，深刻理解到"共同缔造"的真谛在于"共同"，如果仅仅是政府动手，就无法建构起"共同性"，因此特别需要所有人的参与。

通过共同缔造可以构造政府与社会良性互动。在共同缔造中使政府能够从社会民众中获得决策依据，决策更科学、更符合民意。如海沧在城市交通建设中，主动问需于民，问计于民，根据所在地方外来务工人员多、上班时间不一致的特点，着重于自行车道的建设，这种"积极政府行为"就得到了广泛的赞同。同时，在这一过程中使民众能够充分了解政府的意

图和决策，强化了对政府决策的认同、理解和支持，一些企业自动参与到自行车道建设。而这种认同、理解和参与又可以大大强化公众的社会责任、公共精神。社会行动强调的共同参与，而不是事不关己的指责、评论。事非经过不知难。人们正是在共同缔造行动中获得对共同缔造的认知和感悟。如海沧区所推动的"共驻共建"就充分体现了共同缔造的理念。过往，企业的目的只是赚钱，大量的社会事务由政府和社区办理。在共同缔造中，企业也需要承担社会责任，参与解决社会问题。由此就将大量仅仅只是个体化的单个转化为共同缔造的社会行动。

（三）完善社会组织，推动协同治理

在由低收入进入中等收入社会时期，呈现为一个"个体化社会"，同住一栋楼，"猫狗之声相闻，老死不相往来"。但人不可能离群索居。没有组织的个人是软弱的，很容易受到外部压制，没有组织的个人也是极其危险的，往往会以极端的方式表达自己。一个成熟的中等收入社会应该是通过完善社会组织，满足人的各种社会性需要的社会。

通过完善社会组织可以建立个人与社会的联结。社会组织是为了实现特定的目标而有意识地组合起来的社会群体。组织是一个体系和网络，能够使所有人都能进入组织体系中，获得组织的关怀和照顾。我国现有的组织体系的缺陷能够"纵向到底"、行政组织可以一直延伸到基层，但难以做到"横向到边"，让每家每人都存在于不同类型的社会组织之中。十八届三中全会《决定》特别强调激发社会组织活力，正确处理政府与社会关系，加快实施政社分开，推进社会组织明确权责，依法自治，发挥作用。

完善社会组织，首先为基层主体组织减负。我国基层组织属于群众自治组织，但是承担了大量政府下达的任务，有的社区承担的政府事务达到100多项，挂的牌子达50多块。大量事务都要进社区，社区不堪重负，对本社区自治事务有心无力。厦门思明区是老城区，传统的基层自治组织发达，但也存在基层自治组织大量承担政府工作，无暇顾及自治事务的问题。在"美丽厦门·共同缔造"行动中，该区开始明晰政府与社会关系，注意为社区减负，政府做的事务由政府做，政府做不了的事务委托给社区做，政府需要"费随事转，权随责走"，特别是由政府购买服务，由此改变过往政府包办的社会治理方式。

完善社会组织，其次是发育多种类型的社区社会自治组织。这类组织是功能性组织，不承担行政事务，只是满足于社区民众的需要，协同主体组织联结民众，利用平台参与基层治理。厦门海沧区山边村是一个城郊村，外来务工人员多，基层主体组织发达，但居民大多成为房屋出租户，分散性谋利性强，社会治安等大量公共需求增多，也需要更多的社会组织来承接。在"美丽厦门·共同缔造"，该村建立起由多方面人士参与的村民理事会。通过这一社会组织更广泛地联结居民和外来人口。

（四）扩大社会参与，让自治运转起来

进入中等收入社会后，民众的参与意识增强，为此需要扩大社会参与。社会参与是社会成员以主体的身份参与社会治理活动。我国的社会参与包括两个层面：一是通过代表制对上层治理的间接参与；二是通过自治制对基层治理的直接参与。我国建立了基层群众自治制度，并构成中国政治制度的四个支柱之一。但是，目前我国基层自治制度在许多地方属于空转，有制度而无实际行为。特别是城市社会，大量公共事务由政府包办，缺乏自治的历史、制度空间和意识。扩大社会参与，就要让自治运转起来，让每个人在日常生活中能够实施自我管理、自我教育、自我服务的行为，并以此增强自治意识。

在"美丽厦门·共同缔造"行动中，海沧区扩展"微自治"，推动了自治的运转。所谓"微自治"，就是通过一系列微小的日常行为实施自治活动，唤起和增强居民的自治意识。如社区内的园林护理本可以由社区和政府承担。但是，海沧积极推行绿地和花木认养活动，居民认领一块绿地和一排树木，负责管理。这一看不起眼的活动将居民带入到公共生活领域，形成公共意识和公共精神。

自治是民主的基础。没有自治，民主无从谈起。"微自治"推动着自治制度的运转，将自治带入日常生活。这是建设中国特色社会主义民主的基石。新中国成立以来，我国通过群众运动发展"大民主"造成的是社会动乱；改革开放以来通过基层自治的"小民主"，但局限于若干年一次的基层自治组织选举；通过"微自治"的"微民主"，让居民在日常生活中建构起主人意识，这有助于共同体的建构，形成对共同体的归属感、认同感，将共同体视之为自己的家园。

（五）发展社会事业，实现精细化治理

中等收入社会是社会需要多样化，人们对生活品质要求愈来愈高的社会。进入中等收入社会以后，主干道、大马路已形成，大修大建基本完成，缺乏的是直接方便民众的细节性服务。当前的社会怨气大多由此。为此需要发展社会事业。

社会事业是指为了社会公益目的，由国家机关或其他组织举办的从事教育、科技、文化、卫生、养老等活动的社会服务活动，直接关系到每个人的具体生活。

发展社会事业的主体是政府。但政府要充分了解民众的需要，实行精细化治理而不是粗放型治理。中国进入到中等收入社会，但并不是所有人成为中等收入人群，还有相当部分的人生活贫困，特别是心理贫困的人增多。在低收入社会，政府关注较多的是大众普惠的"大事"或者"多数"。进入中等收入社会以后，政府要特别关注那些主流之外的"边缘人"和"极端人"。这些人虽少，但往往处于社会治理中的"跑、冒、滴、漏"环节，容易出事。如厦门公交车纵火案犯陈水总，政府对其关心支持还是积极的，但对于其心理上的问题却注意不够，以致发生"惊天大案"。许多有重大社会影响的社会事件正是这些平常不经意的"小人物"造成的。在"美丽厦门·共同缔造"中，特别注重从小事做起，从细节着手，推动治理方式创新。

发展社会事业更需要充分依靠民众和社会。因为任何一个政府的能力总是有限的，大量社会需要必须依托广泛的参与来满足。厦门海沧区在"美丽厦门·共同缔造"中积极倡导人人参与，从细小生活开始的"微公益"。特别是该区注重搭建平台，从机制上保障"义工"行为的普遍化、制度化，形成"我为人人，人人为我"的"义工精神"。如有人从事公益活动就可以在该区一家台资医院获得某项优惠。这种"微公益"是大家都可以做得到的，只是平时没有公益意识而已；同时各方面人士都可以通过不同方式实施"微公益"活动，并得到相应的激励，使历史上的"雷锋精神"固化下来，并建立起良好的社会资本。这是共同体缔造的基础。

（原文刊载于《社会科学战线》2014年第9期）

第十二章 国家一体化进程中的边疆治理

中国是一个在长期历史中形成的多民族大国。边疆地区辽阔，差异性大，与中心地带的互动关系复杂。国家长治久安，要在边疆。当今中国边疆治理处于前所未有的大变动之中，由历史上的"背靠背"的区域分居格局走向各民族民众密切往来的"面对面"状态。这一状态反映了国家一体化的趋势，有助于前所未有的大融合，同时也可能带来前所未有的社会大碰撞。解释问题是解答问题的前提。本文结合新疆维吾尔族库尔班江的个人家庭生活史的案例，① 从国家一体化的角度对当下出现的大碰撞现象作了解释和分析。

一 国家一体化：由"背靠背"到"面对面"

在相当长的时间时，世界各民族处于相互隔离的状态。自18世纪以来，各种因素推动着世界一体化进程，世界各民族由相互分离走向紧密联系。19世纪，马克思、恩格斯在《共产党宣言》中描述了这一过程。在他们看来，地理大发现，商业、航海业、工业的空前高涨，特别是资本的流动，"把一切民族甚至最野蛮的民族都卷到文明中来了。""过去那种地方的和民族的自给自足和闭关自守状态，被各民族的各方面的互相往来和

---

① 《库尔班江：一个维吾尔人的家庭史》，《凤凰周刊》2014年第12期（总第505期）。20世纪80年代起，库尔班江的父亲做玉石生意，走出新疆，频繁进入内地。独特的经历和开阔的视野改变了他对教育、宗教、民族的观念，亦影响了四个子女此后的人生轨迹。库尔班江随后著有《我从新疆来》一书，并得到全国政协主席俞正声的接见，俞推荐地方领导阅读此书。以下引文均来自库尔班江的自述。

各方面的互相依赖所代替了。"① 由此就发生了世界的一体化，或者说全球化。这一浪潮由于信息传播的进步，如互联网的发明而持续深入扩展。

与世界一体化进程相伴随的是国家一体化。从现代民族国家的起源看，最初发生于四分五裂的欧洲封建社会。在吉登斯看来，传统国家的本质特性是它的裂变性，"传统国家有边陲（frontiers）而无国界（borders）。"② 因为战争的推动和市场经济发展。一些欧洲国家从四分五裂状态中走了出来，形成中央集权的统一的民族国家。而世界一体化更加快了国家一体化进程。"各自独立的、几乎只有同盟关系的、各有不同利益、不同法律、不同政府、不同关税的各个地区，现在已经结合为一个拥有统一的政府、统一的法律、统一的民族阶级利益和统一的关税和统一的民族。"③

概括来讲，无论是世界一体化，还是国家的一体化，都是一个由"多"到"一"的过程。只是这一过程在不同国家有不同的路径。

在世界文明史上，中国属于早熟国家。早在 2000 多年前，我国经历了春秋战国时代，由秦王朝统一中国，建立了统一的多民族国家。但作为一个地域辽阔的超大国家，国家的各个部分处于相对独立状态。中国是一个历史形成的文明国家，其整体与部分的关系具有中心—边缘的特点。尽管中华民族是多元一体，但多元中有主体，这就是汉民族主体，具有多元一主一体性。汉民族居住在中心地带，少数民族主要居住在边疆地区，表现为"大杂居、小聚居"的特点。各个地方的差异性强，特别是表现为不同民族之间的巨大差异。

中国地理学家胡焕庸（1901—1998）在 1935 年提出的划分我国人口密度的对比线，最初称"瑷珲—腾冲一线"，后因地名变迁，先后改称"爱辉—腾冲一线""黑河—腾冲一线"。线东南半壁 36% 的土地供养了全国 96% 的人口；西北半壁 64% 的土地仅供养 4% 的人口。二者平均人口密度比为 42.6∶1。线东南以平原、水网、丘陵、喀斯特和丹霞地貌为主要地理结构，自古以农耕为经济基础；线西北方人口密度极低，是草

---

① 《马克思恩格斯选集》第 1 卷，人民出版社 1995 年版，第 276 页。
② ［英］安东尼·吉登斯：《民族—国家与暴力》，生活、读书、新知三联书店 1998 年版，第 4 页。
③ 《马克思恩格斯选集》第 1 卷，人民出版社 1995 年版，第 277 页。

原、沙漠和雪域高原的世界，自古游牧民族的天下，表现为"东田西草"的地域差异。而西北正是边疆民族生存的地域。在长期历史上，不同地域的民众世世代代生活在不同区域里，处于"背靠背"（Back to back）状态。不同地域的人口由此形成自己特有的生产方式、生活方式、生活习俗、精神信仰，并由此构成一个个有着强大自我认同和归属感的地域"共同体"。民族共同体之间存在着巨大的文明差异，即东南农耕文明与西北游牧文明。

由于江河高山大漠阻隔的交通技术等原因，中心地带的中央政权并不能对边疆地区直接行使有效的治理。正如韦伯所说："政权领域的各个部分，离统治者官邸愈远，就愈脱离统治者的影响；行政管理技术的一切手段都阻止不了这种情况的发生。"① 秦始皇可以做到"书同文"，但无法实现"言同声"；可以做到"车同轨"，但无法实现"路同样"；可以做到"行同伦"，但无法实现"俗同一"。因此，传统中国的"统一"与现代国家的"统一"不同，属于"统而不一"。秦统一中国只是统治权的范围，但内部的差异性导致边疆地方是"统而不治"，中央掌握统治权，相当部分的治权为边疆地方行使。中心地区实行中央直接管辖的郡县制，许多边疆地区实行的是地方自治制，即"因俗而治"。在中央政府的统辖下，边疆民族地方依据当地习惯法自主管理，保持着经济、文化和社会的原有形态。如西藏经济上实行领主庄园制，治理上实行政教合一制。蒙古实行部落制和军事贵族制。西南边疆民族地区有"头人制""土司制"等。由此呈现出"一国多制"的治理状态。这一治理方式一直到现当代的民族区域自治。在国家治理方面，除了在中心地带的"皇权不下县"以外，还表现为边疆地区的"皇权不到边"。

正是由于边疆地区的"皇权"，即国家统治权薄弱，造成国家战乱不断，中心地带民族与边疆地带民族的交往表现为暴力互动，特别是差异性强的农业民族与游牧民族之间的争斗。秦朝是介于两大民族文明的混合体，汉代以中心农耕民族为主，因此中国主体民族为"汉族"；汉之后到唐是两大文明的混乱和混合体；唐之后的宋以中心农耕民族为主；宋之后的元以边疆游牧民族为统治者；明以中心农耕民族为主；明之后的清又以

---

① ［德］马克斯·韦伯：《经济与社会》下卷，商务印书馆1997年版，第375页。

边疆游牧民族为统治者。中华民族正是在中心地带民族与边疆地带民族的互动中形成的，只是互动的方式主要表现为暴力征服与臣服。这种互动促进了各民族之间的大融合，同时因为民族冲突也种下了民族之间的大隔阂，产生了不同的民族认同心理。如岳飞在汉民族中被称之为"民族英雄"，而少数民族就不一定认同。

无论如何，在长期历史上，中国内部各个部分之间不仅存在巨大差异，而且存在着分离、冲突和隔阂，连近代辛亥革命都以"驱逐鞑虏"为旗帜。但是，相对而言，各民族民众还是生活在自己相对封闭的地域之内，处于你不理我，我不理你的"背靠背"状态。

自19世纪开始的全球化不仅将全世界各个民族国家席卷到一个共同世界，而且推动着各个国家内部的一体化。没有国家内部的一体化，就无法建立起统一的主权国家，形成国家整体力量，从而在世界立足。外部力量可以利用传统中国的"统而不一"和"统而不治"进行"分而治之"。如日本操纵的"满蒙独立"。

伴随现代国家的建构，必然要求结束长期历史上的"背靠背"状态，进入到一个各民族之间日常生活交往的"面对面"的生存状态（Face to face）。

与西方国家首先通过经济力量推进国家一体化的进程不同，中国首先是以军事—政治力量推进国家一体化，由此实现主权与治权的合一。政党的力量进入边疆地区并占主导地位。大量内地干部在边疆地区工作，并发展当地人成为拥护中国共产党统一领导的干部。中央与边疆地方的政治连结因此而打通。中国虽然在边疆民族地区实行民族区域自治，但是在国家法律高度统一前提下的有限自治，国家的政党领导体制、中央领导地方的单一体制、地方的经济体制与治理基本架构都与全国一致，由此在国家治理上达到了"既统又一"和"既统又治"。国家权力不仅下了乡，而且也"到了边"。边疆民族地区不仅政治上由中央所统辖，经济、文化和社会形态也发生了巨大变化，日益与内地形成一个整体。一部分政治精英与边疆地区的民众"面对面"生活。只是这种"面对面"的生存状态主要是服从中央的政治精英在边疆地区生活，且他们直接掌握着民族政策。因此，总体上各民族之间作为"一家人"相安无事。

20世纪90年代兴起的市场经济将全国所有的人都卷入开放的经济过

程之中，社会处于高度流动的一体化状态。一是大量的内地人流动到边疆地区，直至深入到从未有外人去过的"在那遥远的地方"。与此同时，大量的边疆民众也流入到内地。为了缩小内地与边疆地区的经济差距，政府还有意识地组织边疆地区的民众到内地务工。仅2008年，新疆就有24万多人到经济发达地区务工。内地和边疆地区的民众第一次全面深入地"面对面"工作和生活。这是历史上前所未有的社会现象。库尔班江的父亲长年在外做生意，他最担心的是弟弟：

> 我最小的弟弟，高中没好好上，前几年是我家最头疼的问题。2007年，才读高一就退学了，和社会上的小青年一起混。我爸跟我说，想想办法，你弟弟在和田这种环境继续待下去，很危险，必须把他带出去上学。我就问他，你想学什么？要么到北京来，学什么都行。但他死活不愿意离开和田。
>
> 幸好2007年年底，一个四川的朋友在和田开影楼，我就让他去了影楼。拍照、灯光，或者后期，喜欢什么干什么。我想让他对某个东西感兴趣，转移一下注意力。他对后期处理感兴趣，一坐就是八九个小时。

二 "面对面"：社会大融合中的冲突

社会大流动形成的"面对面"，无疑大大加快了国家内部的大融合。广大的社会民众在日常工作与生活中"面对面"的相互交流，相互理解，相互认同，由此为国家一体化提供深厚的社会经济基础，促使国家建构的"机械团结"向民众生活谁也离不开谁的"有机团结"的转变。

但是，历史性的大转变必然相伴随着曲折。这是因为市场经济推动下国家一体化进程是内地和边疆地区的双向流动，主要是经济利益驱动。流动的成员缺失对其他民族民众的了解和理解，同时也缺乏民族政策意识。而长期历史造成的各族群之间的差异是客观存在的。这种差异在相互不往来的"背靠背"状态下不一定构成冲突，而在"面对面"的工作和生活中则可能产生磨擦，甚至引起冲突。新疆"七·五事件"的起因便是由于新疆籍的民工与内地民工的冲突引起的。而不同族群的人从感情上会产生不同的认识。以下是维吾尔人库尔班江的记述：

> 2009年"七五事件"发生后，一些员工之间开始有了冲突，影楼除他之外都是汉族人。冲突的起因，其实都是小事。有一次听歌，一个汉族小伙子正在听周杰伦的歌，但我弟弟喜欢BEYOND乐队，觉得有感觉，他就换了BEYOND的歌。汉族小伙子不干了，说了一句：你这个"缠头"（对维吾尔的蔑称），给我把那个换回来。我弟弟说，你说什么呢？就把喝水的杯子扔了过去。就这么一件小事，立即演变成了民族与民族之间的矛盾。
>
> 我朋友把那个汉族小伙子开除了，把我弟弟也狠狠说了一顿。被开除的那个汉族小伙子觉得处理不公，偏向维吾尔族，就想把店砸了。他带了20多个打工的赶到店里，堵着门要打我弟弟。我的朋友摁着我弟弟，不让他出去。但我弟弟也已经打了电话，找了四五十个维吾尔人过来。你想，刚发生"七五事件"，聚集的又全都是年轻人，多可怕。我朋友还没反应过来，看到来了一群维吾尔族青年，不知道发生了什么事，赶紧给我打了电话。我就紧张了，对朋友说：千万别出什么事，赶快报警！还有，我弟弟不能让他出去，我知道他的性格，出去肯定打起来。报警后公安局来人，把他们全都抓走了。这才避免了冲突。

为什么一个偶然事件会引起民族冲突呢？其深刻的历史根源是由于长期历史形成的民族共同体及其之间的差异。

无论是从人类的发源，还是单个人的成长，最初都在一个共同体之内。共同体是人们生活的基本单位，如家庭、村庄等。德国社会学家滕尼斯认为，共同体的类型主要是在建立在自然的基础之上的群体（家庭、宗族）里实现的，此外，它也可能在小的、历史形成的联合体（村庄、城市）以及在思想的联合体（友谊、师徒关系等）里实现。他认为，共同体是建立在有关人员的本能的中意或者习惯制约的适应或者与思想有关的共同的记忆之上的。血缘共同体、地缘共同体和宗教共同体等作为共同体的基本形式，它们不仅仅是它们的各个组成部分加起来的总和，而是有机地浑然生长在一起的整体。"共同体是持久的和真正的共同生活"。①

在人类的发展史上,共同体这种结合的类型早于有的放矢建立的、人的结合的"社会"类型。共同体是自然天成、稳定不变的,社会则是人为的结合的。德国社会学家韦伯则在滕尼斯的基础上,从社会关系和社会行动者的角度,阐述了"共同体关系"和"结合体关系"。

共同体关系是指社会行动的指向建立在参与者主观感受到的互相隶属性上,无论是情感性的或传统性的。结合体关系是指社会行动本身的指向乃基于理性利益的动机,以寻求利益平衡或利益结合。共同体重情,结合体重利。"面对面"是基于利益的结合。利益的基础是利益者个人,并在利益交往中实现。利益实现不可能任何时候都是平衡的、同一的。由此就有可能发生冲突。当发生冲突时,当事人很容易寻求自己所从属的共同体成员的帮助。

血缘共同体、地缘共同体和宗教共同体是共同体的基本形式。其中宗教共同体是各类共同体中最为牢固的。

血缘共同体是基于血缘关系构成的。作为血缘共同体的家庭成员之间的关系并不是牢不可变,不变的是与生俱来的关系,可变的是关系的密切程度。传统社会"父母在不远游"。当今"面对面"社会"父母在也远游"。"在家靠父母,出门靠朋友"。

地缘共同体是基于共同的地域关系形成的共同体,由此形成共同的地域认同。"老乡见老乡,两眼泪汪汪"。地域关系不是恒久不变的。在"背靠背"社会,地域关系相对稳定;在"面对面"社会,地域关系经常变化,且利益化。因为利益甚至可以"老乡见老乡,背后杀一枪"。

宗教共同体是基于信仰关系形成的共同体。信仰是一种精神信念,是人生活和行动的依据。信仰一旦形成不会轻易改变,也不会受时空变化的影响。信仰跟着人身走。人们可以离开家庭,可以离开故乡,但因为共同的信仰将不同家庭和地方的人连结在一起。当进入"面对面"的结合体时,不同地方的人发生冲突,很容易寻求共同信仰的人的帮助和支持。

民族是一种集"血缘、地缘、精神"为一体的共同体,它是持久的

---

① [德]斐迪南·滕尼斯:《共同体与社会:纯粹社会学的基本概念》,商务印书馆1999年版,第54页。

真正的共同生活,"共同体的意志形式,具体表现为信仰,整体表现为宗教"。① 我国边疆民族中,愈是宗教信仰强的地方,共同体愈坚固。而血缘共同体、地缘共同体和宗教共同体三者叠加则会使共同体有着超级的牢固性。这也是新疆、西藏地区边疆问题更为复杂的重要原因。

共同体是在相互分离的格局下形成,它的存在就表明各个共同体之间存在差异。这种差异在互不往来时可以相安无事,人们各自过着各自的生活。偶然性相遇也会因为主客朋友关系友好往来。但在因利益纽带构成的日复一日的工作生活中,其差异性及其由此产生的冲突就会显现出来。而在冲突中蕴藏在人们心理深处的原始情感及其信仰就会被激发出来,成为在冲突中寻求民族认同的原始力量。中国的主体民族是农耕民族,注重的是经验理性和功用主义,缺乏超经验式的宗教信仰。传宗接代、光宗耀祖成为人生的信仰。而边疆民族中相当一部分属于游牧民族。由于恶劣的自然条件、持续不断的战乱、极其贫困的物质生活,使他们建构起强烈的宗教信仰,以作为人生的支撑。这种宗教信仰具有强烈的纯粹性和不可挑战性。如上引文中一个汉族人的不敬之词,在本民族成员之间可能只会造成个体之间的冲突,而在有不同宗教信仰的民族之间则会引发一场民族之间的冲突。

在全球化进程中,国内间的民族冲突又会具有国际因素。与国家一体化并存的是全球化。全球化将世界上所有的人置于相互交往之中。国家内部的族群冲突也因此具有国际因素。特别是那些分布在不同国家内的族群会在全球化进程中寻求自己的族群认同,并与国家认同产生冲突。库尔班江以其亲身经历讲述:

"土耳其人视维吾尔族人为兄弟,但不是那种亲兄弟,是不太平等的那种关系,他们是高高在上的,'弟弟你受委屈了,哥哥在'。是那种'我是你的大哥,靠着我'的感觉。

在土耳其参加一个摄影展,要填表,我说来自中国,QIN(土耳其语里中国叫QIN),就是CHINA,他看我一眼,用土耳其语问,哪

---

① [德]斐迪南·滕尼斯:《共同体与社会:纯粹社会学的基本概念》,商务印书馆1999年版,第321页

里？我说，QIN，新疆。然后他忽然站起来，抱着我，好像我是特别受委屈的一个人，我就愣住了。他说，我知道，你们过得很不容易。"

一些边疆民族是少数民族。在国家一体化进程中，国内的少数民族可能认为自己"吃了亏"，甚至受"歧视"。这种心理驱使一部分少数民族人员在国际上寻求本族群的再认同。那些与该族群同一的主体民族国家正好借此机会充当"大哥"的角色，使得本国少数民族获得"靠着我"的信赖感。在我国边疆民族中，唯有新疆地域的维吾尔族所依靠的国际力量最为雄厚，其寻求对本族群的再认同也最突出。

在族群再认同中，宗教是最为有效的动员力量和凝聚力量。为了获得最大限度的再认同，宗教力量有可能以极端化的方式扩散。自我认为"边缘化"少数民族人群犹如沙漠中的饥渴者一样很容易为那些简单化但又特别吸引人的宗教话语所征服，建立其以本族群信仰为中心的共同体，并为其"理想化"的生活而行动。他们生活在自我建构的"宗教世界"，而与现实生活更为脱节。如库尔班江所述：

> 现在新疆很多人对于宗教的理解和解释，是跟《古兰经》中不一样的，变异得很可怕，越来越狭隘。
>
> 很多人对于宗教的认识出现了问题。本来应该是往前走的，但现在新疆却是往后撤，这是挺可怕的一件事。说是"回到《古兰经》"中去，也不是真正回到《古兰经》，他根本没有理解，政府又没有很好的引导，几方面因素一挤压，宗教与世俗失去平衡，变得越来越极端。他们这是要把新疆引向阿富汗那条路。

正是由于国际因素的存在，造成部分少数边疆民族成员趋于极端，试图以暴力方式加以表达，社会冲突因此进一步扩大化。

三 在"面对面"格局下实现"心连心"

正如全球化一样，国家一体化也是不可改变和规避的大趋势。尽管全球化和国家一体化有可能出现前所未有的"大碰撞",但是总体趋势则是大融合和大联合。由于历史进步而回归自我,甚至向极端自我回归是没有出路的。在面临有可能出现的"大碰撞"的格局下,首先需要临危不乱,相信国家一体化中的"大碰撞"是不可避免的,相信国家一体化进程中的大融合更是不可避免的。库尔班江叙述:

> 后来我想,再不能让他待在和田了,这样下去早晚得出事。我那个朋友说,你弟弟学得也挺好,但和田这种环境,千万别让他在这里待着了,一定要让他看看外面的世界。我就给他打电话,吓唬他,说这件事情特别严重,我已经给你买了机票,明天就去深圳,我给你找了店,你可以到那里学习。
>
> 刚到深圳,老四也不习惯。但在深圳待了半年后,他曾回过一次和田,只待了三天,已经不习惯和田了。"20多年我在和田白活了,还是深圳好,我还是回去吧。"
>
> 四弟跟周围的人相处得很好。公司几千人,他是唯一一个少数民族,唯一一个新疆人。去年开年会,公司包了个体育场,他特别兴奋。公司叫天长地久,他说,我是天长人。很多以前没跟新疆人接触过的人,跟他接触后,觉得新疆人也挺好的。

由于长期历史分居原因,不同族群之间有自己的习俗信仰。如何在国家一体化进程中,特别是因利而"结合"的社会互动中相互了解,彼此尊重,由多元到一体,在"面对面"中实现"心连心"是一个十分困难但又必须完成的任务。这一任务不仅仅是某一个族群的事情,而是所有族群都要面对的工作,特别是作为国家一体化主体的国家公职人员对这一问题要有足够的理论认知。

现代国家是公民国家。政治共同体高于族群共同体。国家法律高于宗教习俗。每个人是公民,然后才是某一族群成员。传统国家恰恰相反,每个人首先是族群一员,国家则是可有可无的。对于边疆民族而言,以国家为上的国家一体化仍然是未完成的任务。而伴随国家一体化进程的是充分尊重各族群的公民地位和族群特性,不可扩大分离。

国家一体化是由分离分裂的地域和族群走向整体,获得一致性的过程。国家认同是国家一体化的精神基础。美国政治发展学者派伊认为："一个新国家中的人民必须把他们的国家领土视为家园，他们必须认识到作为个人，他们的人格认同在某种程度上是被其按领土划界的国家的认同定义的。在大多数新国家中，传统的认同方式都是从部族或种姓集团转到族群和语言集团的，而这种方式是与更大的国家认同感相抵触的。"① 长期历史造成的边疆地区民众的国家认同是最弱的，也是最需要加强的。

政治认同是通过政治社会化的结果，既是一种认识，更是一种内心同意。特别需要处理好政治与文化、共同性与特殊性之间的关系。现代国家具有"共同语言、共同地域、共同经济生活及表现在共同文化上的共同心理素质"的特质。这一特质不是同时间发生的，具有时序性。其中，由于长期历史原因，共同文化上的共同心理素质是最难形成的。在国家一体化进程中，首先追求政治上平等，同时在文化上承认差异。不得因为族群身份获得政治特权，也不得因族群身份受到不公正对待。在"面对面"的时代里，需要每个人而不仅仅是政治精英了解国家和民族知识及政策，成为国家共同体的守护者和族群的尊重者，强化经济、政治、文化和社会连结，努力建构起相互尊重和理解的"心连心"理想生活。

（原文刊载于澳门大学《南国学术》2015年第3期。原文题目《大碰撞：国家一体化进程中的边疆治理》）

---

① ［美］鲁恂·W.派伊：《政治发展面面观》，天津人民出版社2009年版，第81页。

第十三章 "寓法于治"与内生型法治[*]

中共十八届三中全会提出,全面深化改革的总目标是完善和发展中国特色社会主义制度,推进国家治理体系和治理能力现代化,中共十八届四中全会提出了全面依法治国,坚持法治国家、法治政府、法治社会一体化建设。在建设法治中国,推进国家治理现代化进程中,法治社会建设和基层治理现代化是根基。只有将法律制度寓于基层社会治理过程之中,将法律制度条文转化为人们日常生活的实践行为和生活方式,法治社会和基层治理现代化才能获得强大的生命力和持续性。同时,由于历史原因,基层治理法治化又是一个十分薄弱的领域,还有待于在实践中探索中国特色的基层治理法治化的实现路径。笔者通过对湖北恩施州的"律师进村、法律便民"实践的调查,发现法治不仅是国家建设的目标,并已成为基层治理内部的需要,且通过一系列机制将法治寓于基层治理过程之中,开辟出一条内生型法治道路。

一 寓法于治:基层治理现代化的必然要求

治理是在一定经济社会基础上,根据一定的思维,在一定制度下,通过一定的方式解决所面临的问题,从而促进社会发展的政治过程。中国历史就是一部治理历史,从"大禹治水"到如今的治理现代化,都在讲一个字——治。但是"治"背后有"理",根据什么样的方式治理,有其理由及内在的逻辑。治理背后的内在逻辑是什么?理解这一逻辑,需要一定的社会基础。即:在不同历史时期,经济社会基础不同,治理思维、制度

---

[*] 本文与郝亚光合作,在此致谢!

与方式不一样，效果也不同。人们采用什么样的治理方式，与其治理对象，即社会基础相关。法治作为治理现代化的核心元素之一，是随着不同的社会特性及其相应的治理过程变化而生成的。只有从中国基层治理的历史变迁中，才能充分发现和理解湖北恩施州的"律师进村、法律便民"实践的时代价值和意义。

（一）传统中国的基层治理：礼治

从基层治理看，在中国，法治长期以来是稀缺元素。但这不是中国人的思想观念问题，而是受制于社会的构成基础。不少学者认为，法律诞生于市场化的城市，其假设前提是一个陌生人社会或个体主义社会[①]，以城市社会的交往规则为基础[②]，确定的国家法律体系，止步于"熟人社会"。历史以来的中国是一个农业文明发达国家，以农业社会为基础，有其独特的治理方式，其基础便是"礼治"。

传统中国社会的治理是通过两条轨道进行的：一条是自上而下的中央集权的专制体制的轨道，它以皇帝（君主）为中心建立一整套垂直的官僚体系，由官员实施治理；另一条是各个村庄构成的基层组织自治的轨道，它由乡绅等乡村精英进行治理，绅士阶层是乡村社会的实际"统治阶级"，而宗族是士绅进行乡村治理的组织基础。一轨是自上而下的皇权，一轨是自下而上的绅权、族权。这条线从国家自上而下地贯穿下去，从郡县一直到下面的乡里、保甲，依据的是国法；另外一条线是乡土社会内生的绅权、族权，依据的是礼俗。二者平行运作，互相作用，形成了"皇帝无为而天下治"的乡村治理模式，即"双轨政治"[③]。费孝通还宣称："中国乡土社会的基层结构是一种差序格局，是由一个一根根私人联系所构成的网络。皇权政治在人民实际生活中，是松弛和微弱的，是挂名的，是无为的。"[④]

为何"皇帝无为而天下治"？其秘密在其依靠"礼俗"进行治理。传统中国是一个以土为生的国家，人们世世代代居住在一个村庄，是一个血

---

① 苏力：《为什么"送法上门"？》，《社会学研究》1998年第2期。
② 田成有：《乡土社会中的民间法》，法律出版社2005年版，第69页。
③ 费孝通：《乡土中国》，上海人民出版社2007年版，第275—293页。
④ 费孝通：《乡土中国 生育制度》，北京大学出版社1998年版，第32—63页。

缘与地缘叠加的乡土社会①。在这个乡土社会里，人们生活在一起就自然而然形成了一定的礼俗（规矩、规则、习惯等）。自给自足的小农经济不必与外部交往，主要依靠在封闭的血缘与地缘关系基础上形成的"礼俗"进行自我调节。礼俗来自于人们日常的共同生活，人们要在共同体内生活，不仅要接受，而且必须遵守。经过各种社会化活动，礼俗已内化为自己的心理惯习，成为自然而然的日常生活方式。礼是有形的（如各种仪式活动），更是无形的。人们讲"礼兴"，就可以获得亲近和尊重，成为"自己人"，并取得社会地位；反之，就会受到疏远和贬抑，在村子里抬不起头来。正是千百年亘古不变的生活造就了"天不变，道亦不变"的礼，礼治又反过来成就了和谐有序、稳定不变的生活。正如梁治平所言，"基于乡土社会日常生活的内在逻辑，一种非正式制度所构建起来的社会秩序是被乡民所熟悉和接受的，而正式法却是陌生的新知识，所以很难成为日常生活和解决问题的有效指南"②当礼俗能够将社会自我调节，国家法律就不需要下乡了。国家更多的是"因俗而治""依礼而治"。尽管历史上有国法，但在乡土社会运用极其有限，可以说"上法下礼""礼主法辅""国法家规"。正如费正清所说，传统中国的法律"始终是高高地超越农村日常生活水平的、表面上的东西。所以，大部分纠纷是通过法律以外的调停以及根据旧风俗和地方上的意见来解决的。"③

（二）近代以来的基层治理：力治

礼治适用于与外部缺乏交往的乡村小共同体，它在获得小共同体的强大凝聚力的同时，又造成了国家共同体的分散性，有人因此说中国人是"一盘散沙"。当世界进入工业文明和民族国家建构的时代以后，近代以来的中国要解决的大问题是，如何将各自为家的家族社会转变为国家至上的国族社会。国家权力因此下沉到乡村，特别是经过历次的政治冲击，传统的礼俗权威流失，"礼俗社会"向"行政社会"转变。在现代国家建构

---

① ［英］莫里斯·弗里德曼：《中国东南的宗族组织》，刘晓春译，上海人民出版社2000年版，第1页。
② 梁治平：《乡土社会中的法律与秩序》，王铭铭、王斯福主编：《乡土社会的秩序、公正与权威》，中国政法大学出版社1997年版，第416页。
③ ［美］费正清：《美国与中国》，张理京译，世界知识出版社1999年版，第113页。

中，国家权力渗透于全社会，并以国家行政力量的方式组织社会。最为典型的是人民公社体制的形成。人民公社的特点是"政社合一"，即政权组织与经济组织合为一体，实行自上而下纵向的基层治理。治理形式表现为"力治"，即国家行政力量在基层社会治理中占据绝对主导地位。

"力治"对于将处于一盘散沙状态的小农社会组织起来，为国家提供工业化所需要的农产品和人力，兴办水利工程，改善农业生产条件，提供了必要的体制基础。但在"力治"方式下，农民处于被支配的地位，久而久之缺乏生产积极性，最后造成人民公社体制的废除，并引发了整个中国的改革开放。

（三）改革开放以来的基层治理趋向：法治

改革开放以来，农民成为利益主体，特别是市场经济强化了人们的利益意识，人民公社时期的"行政社会"向"利益社会"转变。一方面是市场经济改变了封闭的生产和生活方式，人们与外部世界的交往愈来愈多，对利益的诉求有一种自我强化的趋向；另一方面，随着国家民主法治建设，人们的权利意识增强，原来建立在人民公社体制上的行政权威迅速流失，"群众愈来愈不听话了"。但在中国经济发展过程中，行政力量成为推动经济的主导力量，并形成了一种"压力型体制"，基层政府为了完成各种上级下达的任务，不得不仍然沿用传统的"力治"方式进行基层治理，如以强制方式收取税费、计划生育、征地拆迁等。

利益社会必然带来利益冲突，仅仅依靠"力治"，特别是缺乏合法性的力治，会进一步强化利益冲突。新世纪以来，伴随经济社会发展的是利益冲突日益增多，并形成"群众维权"和"干部维稳"的对立格局。

利益社会需要转换治理方式，即"法治"。"法治"是基于共同认可的规则下进行的治理。所谓"法律面前人人平等"，群众要依法获利、依法维权，干部要依法行政、依法维稳，利益主体和行为主体在法律规则下互动，是一种正和博弈，带来的是"合作共赢"。

法治不是否定，更不是简单替代礼治和力治，而是将法治置于治理的最高层次和基本底线。从中国基层治理历程看，最缺乏的要素是"法"，最稀缺的资源也是"法"。只有将"法"这一优质和稀缺要素寓于治理过程之中，才能逐步改变治理要素结构，获得理想的治理绩效，推进地方善治。

正是在以上背景下,执政党于1990年代后期便及时提出了依法治国,建设社会主义法治国家的治国方略。但要使这一治国方略落地,成为基层治理的理念和行为,则有一个过程。以本文叙述的湖北省恩施州为例。该州历史以来是封闭的农业社会,位于偏远的大山区,土家族、苗族等少数民族人口占总人口的52.76%。由于地理原因,长期实行地方统治的"土司制度",未实施核心地域的郡县制,伴随郡县制的国法极其稀缺。在土司统治下,农民归土司所有,土司以暴力维持统治,导致农民惧威、不惧法,国法意识淡薄。同时,在偏远山区,人们生存条件恶劣,只有依靠各种手段寻求生存,特别是暴力手段,由此形成暴力崇拜。因此,在恩施,"力治"的历史底色特别深厚。其"力"不仅包括国家行政力量,而且包括民间的暴力。改革开放以来,当人们成为利益主体时,这两种力量形成了强烈的冲突,干部以行政强制力开展工作,群众以强力对付干部,以更大的行政力对付基层行政力,由此导致群众上访居高不下。尽管该州位于交通不便的偏僻地方,但相当长时间的超级上访名列全省前列。基层干部限于被动维稳状态,无力推动经济发展。

在习惯于以"力"解决问题的格局下,如果仍然沿袭以往的"力治"模式,势必造成更大反弹,问题将会积聚更多。因此,法治是唯一正确的选择,是从根本上破解群众上访难题的治本之策,尽管这是最难的。正是这一背景下,该州启动了"律师进村、法律便民"活动,将法治的元素引入到基层治理活动中,促使干部与群众学习和运用法治思维、法治方式以维护自己的利益,解决面临的问题。推动基层治理法治化不仅是国家目标,而且成为基层治理的内在需要。

二 法治内生:基层治理法治化的内在机制

我国是在农业社会基础上启动现代化的。长期的农业社会缺乏法治元素和底蕴。早在20世纪80年代,经历了"文化大革命"的邓小平痛定思痛,认为中国最缺乏的是民主和法治的传统[①]。改革开放以来,对于要

---

① 《邓小平文选》第2卷,人民出版社1993年版,第332页。

不要搞法治，已形成共识。特别是中共十八届四中全会提出了全面依法治国的方略，进行全面部署。当然，法治的生命和持续性在于实施，在于从制度条文转换为人们日常行为和生活方式。如何实现这一转换，则有待实践探索。

由于我国缺乏民主和法治传统，近代以来，随着现代化，法治实践表现为两条路径：一是由外向内，引进外国法治观念和法律条文；一是自上而下，由国家向社会传递，"送法下乡"。特别是改革开放以来，我国进行了多次全民普及法律知识的活动。以上两种路径是必要的，也取得了突出成效，但远远不够，因为它们都属于基于行为人以外的外生型法治。只有将法治植入人们的日常生活之中，从行为人中内生出法治意识、法治行为，才能使法治"落地"和"生根"，实现基层治理法治化。

恩施州的"律师进村，法律便民"实践的核心要素，就是通过一系列机制将法治要素植入基层治理和日常生活之中，将法治观念和制度转换成人们的自觉行为，让人们运用法治思维、法治理念、法治话语去解决面临的问题。这些机制不但使法治内生在社会土壤里，而且使基层治理和日常生活的每一个细胞都有法治的因子。概括起来，主要有以下六大机制：

（一）利益机制

马克思主义认为，利益是人们行为的根本出发点，利益关系是社会的根本关系[①]。中国的法治观念输入有一百多年了，之所以成效甚微，未能进入日常生活之中，从根本上说是缺乏内在的利益诉求。无论是在"农业社会"，还是在"行政社会"，通过"礼治""力治"便可解决所有问题。而改革开放以来，利益深入人心并合理化，人们成为利益的主体。作为公众，有正当得利，也有非正当得利；作为政府，有正当行为，也可能有非正当行为。什么是正当，什么是非正当，必须有基准。这个基准就是法律。法律将所有人还原为平等的主体。正是基于这一认识，"律师进村，法律便民"才有可能确立为政府的治理之道。恩施州在实践中运用利益杠杆将人们的行为导入法治轨道，让民众认识到"信法"比"信访"更好，以结果倒引行为主体"信法"。

恩施州是湖北省综治维稳的重点区，也是湖北省信访的重灾区，全州

---

① 《马克思恩格斯全集》第 1 卷，人民出版社 1956 年版，第 82 页。

信访总量从 2010 年起连续三年高居湖北省"前三",信访事项中的受理率、办结率、参评率、满意率在湖北省也排名靠后。究其原因,一方面是恩施州在土司遗风、村寨观念和山民意识影响下,往往"信权、信力、信访"但不"信法"。因为"暴力崇拜",不少农民"口头"解决不了就用"拳头",感觉打赢才"有面子""争了气"。鹤峰县斑竹村两村民,因自来水管漏水动起刀子。建始县村民李某骑自行车被大树砸伤身亡,家人便纠集 100 多人在镇政府闹事。在"暴力思维"的影响下,民众"堵门、堵路、堵工地,闹访、闹丧、闹医"的情况时有发生,使得矛盾冲突不断蔓延。另一方面是基层干部"慢作为、不作为、乱作为"现象日益突出,难以依法行政,导致矛盾纠纷不断恶化,上访问题"居高不下"。恩施州沐抚办事处党委田书记表示,"很多越级上访、'非访'问题80% 在之初都是小纠纷,都是能够解决的,大多都是因为干部绕绕绕、拖拖拖、揉揉揉而造成的"。

面对严重的信访问题,政府部门往往习惯于"摆平搞定",要么"强力维稳",要么"花钱买稳定",反而造成"越维越不稳"。因此,政府为接访、截访等疲于奔命,不但付出了高额的经济成本,而且投入大量的时间成本和机会成本,导致无力、无心、无暇发展当地经济。虽然政府部门不惜消耗人力、财力压制信访事件,但常常出现"案结事不了,止诉不息访"的局面。如建始县业州镇陈某,在其涉及的一起刑事案件经法院判决后,仍长期信访,政府为了"摆平",给其解决生活费 55000 元。但签订息访协议后,陈某反悔,诉求变得越来越高。恩施州实施"律师进村、法律便民"之后,以利益为导向,让民众感受到法律才能界定其利益的正当性,只有"信法"才能获得正当利益;让政府工作人员严格依照法律处理利益矛盾,为农民信法提供便利,从而陆续将民众从"信访轨道"引导到"法治轨道",使其信访更信法,不但节省了大量的"维稳成本",而且腾出来更多精力和时间谋发展,提升当地民众的生产生活水平,实现经济发展与社会治理的良性互动。

(二)公平机制

君子爱财,取之有道。千百年来,中国民众最高期盼"公平",最喜欢主持公道的"包公",最大的愿望是"天下为公"。"不患寡而不患不公",公平正义是生活第一准则。但在长期历史上,能够将公平正义原则植入人们日常生活之中的机制却极度缺乏。人们信上不信下、信访不信法，是为了寻求更大的官主持公道。只有让"公道"在人们触手可及之处，人们才会逐步信法。

为解决农民寻求专业法律服务时"找不到门、找不对路""费时、费力、费钱"等问题，恩施州政府统一购买律师服务，将律师服务延伸到村门、家门，使农民可以免费享受到法律服务，有效调动了农民的用法积极性。首先，"免费问律师"，让法律门好找。恩施州创制的法律便民服务卡，将每个律师的照片、擅长领域、联系方式等信息印在卡片上，发给农户，贴在家门，使农民"一卡在手，问法无忧"。农民亲切地把律师称为"法律的家庭医生，权益的守护门神"。考虑到单个律师的意见可能无法赢得农民的充分信任，恩施州通过建立律师顾问团制度①，由多名律师向农民提供服务。恩施州沐抚办事处沐贡村村民张某在与邻居发生纠纷时，分别致电顾问团的 7 名律师咨询，问到的解决办法基本一致后，才消除办事处领导"忽悠"自己的疑虑。截至 2015 年 5 月，恩施州的法律顾问免费为村民提供咨询服务 3.48 万次。其次，"免费打官司"，让法院门易进。恩施州积极探索"免费打官司"服务，引导农民通过司法途径维权，避免"遇事找干部，有事找政府"，甚至"非访"。如沐抚办事处每年设立 5 万元"免费打官司"专项资金，辖区内的农民可按照程序申请免费代理服务，2014 年法律顾问为辖区农民代理案件 14 起，办事处共花费 3.6 万元。2014 年，恩施州赴省进京上访同比分别下降 32.4% 和 52%，涉法涉诉类进京非访同比下降 72%。2015 年 1 月至 4 月，重复访、越级访同比下降了 80%。再次，"免费请援助"，让政府门能进。为了使弱势群体和贫困家庭农民更好地享受到法律服务，恩施州健全法律援助与法律顾问的衔接机制，畅通了法律援助的"绿色通道"。通过政府统一购买的方式，成立法律援助律师团，符合法律援助条件的当事人均可根据案件的性质，自由选择律师寻求法律援助。截至 2015 年 3 月，恩施州进村法律顾问共办理法律援助案件近 1000 件，法律援助事项 14000 余件，有效维护了弱势群体的合法权益。建始县农民谭某因房屋拆迁安置问题上访了 8

---

① 截至 2015 年 3 月，恩施州已建成法律顾问团 83 个，有 3597 个党政部门、企事业单位、乡（镇）村（居）聘请了法律顾问。

年，2015 年在律师顾问的协助下，申请法律援助，经过恩施州中级人民法院二审判决，拿到了 200 多万元的房屋安置补偿合同款。

为何恩施州要在基层治理体系引入律师服务呢？这在于现阶段基层治理中，政府与民众的根本利益是一致的，但二者又是不同的利益主体，特别是历史上形成的官民关系，造成群众对干部的不信任，权力有倾斜性，缺乏公平。群众与干部作为当事人，各有利害关系。由此需要超越当事人的第三方，特别是能够为所有当事人认可的法律规则的代表人——律师。律师不是当事人，没有利害关系，所信奉的唯一准则是法律，是公平正义的象征。"律师进村、法律便民"，降低了法律使用门槛，人们可以非常便捷地运用法律资源维护正当利益，将公平正义融入日常生活。

（三）需求机制

法律具有针对性。法律只有有用才具有效力，才为人们所接受。法律体系是由各种法律共同构成，不同群体对法律的需求不同。以往国家普法，重在普遍性，缺乏针对性和精准性，不能将法律需求作为第一动力，法律因此悬浮在空中，难以入脑、入耳、入心。

恩施州在实施"律师进村、法律便民"的过程中，避免过去常用的自上而下的"灌输式、填鸭式、运动式"普法，而是将公众对法律的需求作为提供法律知识的第一动力，优先提供群众日常生活中最紧迫需求的法律。人们掌握了这些法律后，很快就能够使用，并发挥效力，由此增强人们遇事找法律而不是"找关系"的意识。首先，摸清群体需求，提供针对性服务。恩施州通过问卷调查、E 信沟通平台、短信投票等方式摸清农民最盼望了解的法律需求，针对性地开展法治宣传和培训课程，做到有的放矢。如针对目前农村"386199"人群较多的情况，恩施州专门结合农村留守老人、妇女儿童的现实需求，利用法律顾问，对这些群体开展针对性的法律服务、法律宣讲。其次，契合职业特点，提供订制服务。恩施州通过采取农民"点菜"、法律顾问"做菜"的模式，为不同职业的人群量身定制法治培训，满足农民多样化的法治需求。如屯堡乡有 5000 多名驾驶员，当地政府多次组织开展题为"交通安全"的法律讲课。通过结合不同职业农民的法律需求，不仅使农民"学法有兴趣"，而且也能"学以致用"。再次，注重差异发展，提供分类服务。传统的法治服务往往采取"撒胡椒粉"的方式，将政府认为有必要的法律法规"打包下放"，忽视了不同村庄的差异性，导致法治服务效果"大打折扣"。恩施州结合村庄发展中的热点、难点问题，借助律师顾问团提供针对性的法治服务。如利川市东城街道拆迁、征地纠纷较多，当地政府安排律师事务所驻村法律顾问，在纠纷调解过程中对争议各方深入浅出讲解"老年人权益保障法""土地承包法"等相关法律规定。针对土地流转、财产继承、赡养、婚姻等问题，召开"被征地农民养老保险及普法工作大会"，通过实际案例进行浅显易懂的讲解；为盘活农村集体资产，发展壮大村级集体经济，创新农村集体经济组织产权制度和运行机制，确保实现集体资产保值、增值与农民真正受益的双赢目标，法律顾问团举行了"城市化进程中的农村集体资产管理与保护"专题法律知识培训。正如当地农民说，"通过律师的讲解，我不用四处去咨询，家门口就学到了很多政策和法规，遇事就不再怕了"。

（四）激励机制

人的行为不是天生的，需要外部激励。"律师进村，法律便民"运用经济、行政的手段激励律师、农民和政府运用法治的方式维护权益。法律顾问团服务卡的口号是"法律的家庭医生，权益的守护门神"。历史上人们在大门上贴门神，是"力"的象征。如歌剧《白毛女》唱道的："门神门神扛大刀"。现在将法治作为门神，这是一个根本性变化。恩施州引入激励机制，赋律师权利、给农民荣誉、重政府规则，增强了法治主体之间的互动，确保法治建设走得远、走得好。

首先给奖励，让律师有"盼头"。为调动法律顾问的工作积极性，恩施州采取了灵活的激励机制。一是给予政治倾斜。2014年，恩施州选派了11名积极参与涉法涉诉信访工作的律师当选恩施州"两代表一委员"。二是给予经济支持。恩施州将律师参与涉法涉诉信访工作经费纳入公共财政全额预算，让其有经济收益。如恩施州对参与案件化解的律师，每个案件给予咨询费1000元，意见采纳奖励3000元。三是给予精神鼓励，2014年，恩施州对14名参与法律服务工作突出的律师记三等功并予以嘉奖。其次赋荣誉，让农民尝"甜头"。依法治国，需全社会形成守法光荣、违法可耻的氛围。对此，恩施州以荣誉激励让守法农民尝到法治"甜头"。一是奖励用法典型。如恩施州对参与调解纠纷的村民小组长和乡贤能人，每成功调解一起纠纷奖励50—100元，并在年终参与"优秀共产党员"

和"优秀小组长"评选。二是激励守法模范。如鹤峰县将农民"守法用法"纳入评选标准,经过农户申报、代表推荐、群众评议、村级海选等环节,选出10名"最美鹤峰人"和10户"最美家庭",由政府向其颁发荣誉证书并发放1万元奖金,同时守法模范还可在农村信用社获取5万元信额贷款。三是鼓励状告政府。民众若状告政府,案件判决后,若农民胜诉则要求其偿还立案费和代理费,若农民败诉则由基层政府承担所有费用。当地政府鼓励民众"打官司",将其自身放在与民众同等的地位,敢于认输,接受法律的判决,为政府工作提出更高、更严格的要求和标准。恩施州通过制定一系列考评与监督的制度性文件,增强了法治政府建设的积极性。一是以考评促激励。恩施州将"普遍建立法律顾问"工作纳入年度目标责任考核体系,州政府将此项工作列入年度五项重点工作之一。二是以督查促整改。恩施州定期组织督察组对各县(市)工作开展情况进行检查验收,以此推动普遍建立法律顾问制度工作不断改进和完善。三是以表彰促进步。恩施州每月将考评结果在全市范围内进行通报,每年对依法行政工作突出的10个先进单位、10名先进个人进行表彰。

(五) 程序机制

相对法治而言,"力治"比较得心应手。"力治行政"具有灵活性,甚至"张口"行政,简单甚至随意。简单化的"力治行政",带来民众的"简单回应"——找更大的官——上访。而法治的特点是程序性,由一系列环节、规则将人们的行为规范化、程序化。正如美国法学家富勒所说,"法律是使人的行为服从规则治理的事业"。[①] 恩施州在依法处理基层矛盾的过程中,以事件分类、层级分解为具体抓手,严控法治程序,实现了"农民维权"与"政府维稳"的动态平衡。

首先,"司法"与"行政"分离,事件分类处理。基层矛盾纷繁复杂,面对不同性质的矛盾,恩施州严格分类处理,避免农民"事事找政府"。其一,涉私矛盾问法律明白人。与邻里之间的小纠纷、小扯皮,由法律明白人出面解决,借助乡里乡亲资源,实现遇事礼让都欢心。其二,涉公纠纷寻司法行政人员。针对土地、财产、赡养类纠纷,由调解委员会出具调解建议书,引导农民合理调解。其三,涉法诉求找律师顾问团。针

---

① Lon L. Fuller, *The Morality of Law*, Yale University Press, 1969, p.106.

对多次调解无果的涉法纠纷，律师全程参与，为当事人提供权威解答和指导。其次，"乡土"与"司法"结合，事件分级处理。恩施州将矛盾调处划分为村（居）民小组长、村（居）驻片干部、村（居）委员会、综治维稳中心及相关办直部门、办事处（乡镇）分管领导五个层级，让矛盾纠纷自下而上按层级逐步调处。一是依托村落单元，让小事不出组。恩施州要求村内任何矛盾纠纷必须先经组长调解，如果小组内未调解而村里直接参与纠纷调解的，将被视为越位。二是依托乡贤资源，让大事不出村。2014年，恩施州对全州3200余名乡土能人开展实用性法律知识培训，引导其用法治途径调解乡村矛盾。三是借力律师顾问，让矛盾不上交。针对村组干部无法调解或调解不好的纠纷，及时提交村庄律师顾问。高台村向某形象地说道，"过了厨子的汤都好喝些，过了律师的纠纷服气些"。五级程序调处，不但能约束大多数矛盾纠纷当事人在基层处理矛盾，而且能督促基层领导干部认真解决矛盾。各个层级有各自的责任，法律是最后的一道关口。通过逐级把关，让人们养成走程序、守规则的意识。最终实现"小事不出村、大事不出镇、矛盾不上访"。

（六）支持机制

在现代社会，政府的主要职能是提供公共物品。公共物品是公众共同的需求，而不是个体化需求。长期以来，政府提供公共物品主要侧重于"硬件"，而较少关注"软件"，尤其是地方政府更关注的是"GDP"。尽管上访也成为考核指标，但只是治标之策，且成本过高。中国民众并不是天生的"访民""刁民"甚或"暴民"，只是他们通过法律解决问题的需求得不到满足。由此，要求政府将法律作为重要的公共物品提供给公众。

恩施州地处贫困山区，经济落后，下辖8个国家级贫困县（市），是全国重点集中连片贫困地区之一，有限的财力难以应对基层法治服务的要求，难以回应群众依法维权的诉求。与此同时，恩施州法治服务的资源和人才非常缺乏[①]，农村法治建设长期依靠乡镇司法系统，直接服务于农民的法治力量捉襟见肘。出于利益考虑，专业律师往往偏爱"进城"，不愿"下乡"，导致农村法治服务的质量明显偏低。为此，恩施州通过加强财政扶持、人才引进和政策保障，构建一套支持机制，为法治建设注入持久

[①] 据统计，恩施州8县市约400万人口，仅有337名律师、157名基层法律工作者。

动力。

首先,单列预算,开通财政支持。其一,为政府开财源。通过单列财政预算,解决了基层政府买不起、不愿买的问题。自2013年起,恩施州政府每年单列财政预算5000万元对法律服务工作予以保障,让全州乡镇政府签订律师顾问团服务。其二,为律师开财源。传统法治,政府靠命令,律师靠奉献,导致律师服务动力不强、不持久。对此,恩施市屯堡乡法律顾问袁律师深有感触地说,"往年提供法律服务,乡镇象征性给一两千元咨询费。如今每年可得基本服务费为6000元,另外接受一次咨询可获50元咨询费、提供一次培训讲解可获500元劳务费,一年有近一万元的收入,付出有了回报"。其次,内牵外引,拓展资源支持。一是向内"使劲",扩充法治队伍。2014年,将州内337名专职律师聘请为乡镇法律顾问,同时将157名法律服务人员、50名法律援助律师纳入法律顾问。二是横向借力,扩充服务途径。恩施州与湖北省相关高校建立"法治建设专家委员会""大学生实习服务基地",仅2014年,便有120位高校专家、1000余名法律专业大学生深入农村提供专业服务。三是向外借智,扩充专业资源。恩施州州委州政府牵头,引进省内10家知名律师事务所,结对帮扶矛盾纠纷集中、法务需求多或财政困难的重点村居开展"律师进村、法律便民"工作。再者,体制开放,放活空间支持。长期以来,政府将律师"助手"当作"对手",导致律师游离于体制之外。对此,恩施州开放体制,将律师从"对手"转为"助手"。一是开放政府管理,2014年,恩施州律师顾问列席各级政府常务会达1152人次,参与政策文件审查820余份,参与重大项目审查312项。二是开放社会管理,2014年,恩施州330余名律师协助有关部门开展社会矛盾化解5500余起,参与涉法涉诉案件处理达412起,突破了以往政府包办、独办的局限。三是开放政府监督,恩施州将11名律师顾问推选为"两代表一委员",以此形成对政府的常态化监督。

"律师下乡""法律下乡"作为工作方法,虽然在其他一些地方有过尝试,但既未能持续,也没有制度化、机制化,原因就在于政府未将其作为政府的公共物品来提供。在恩施州,政府将其作为公共物品来提供,由公共政策、公共财政作为支撑,形成一种可持续的政府行为。

三 体制保障：深化基层治理法治化

机制是实现目标的手段，若使机制持续不断地良性运转，还需要对体制加以保障，形成制度化的治理，以深化和巩固基层治理法治化。

（一）纵向到底：解决"最后一公里"问题

我国的基层治理体制是由县、乡、村构成的。恩施州搭建了一个由不同层级主体构成的治理体系：以县市为主体的公共服务体系、以乡镇为主体的法律制度体系、以村级为主体的领导组织体系。但要将基层治理现代化进一步"落地"和"生根"，纵向到底，还必须重视村以下的基层组织，即最接近民众的微观组织问题。人民公社延续20多年，得益于"三级所有，队为基础"，队主要是指生产小队这一微观组织。但改革开放以后，基层组织定位在村，特别在合村并组并乡后，行政村规模过大[①]，如恩施州沐抚办事处的营上村6000多人，只有六位村干部，亟需在行政村以下增强微观组织细胞，以便解决好公共服务、法律便民、领导组织的"最后一公里"问题，实现源头治理。

恩施州沐抚办事处在解决法治落地的过程中，正在进行一场静悄悄的革命，重新恢复了人民公社时期的生产小组基础的村民小组建制。特别是赋予村民小组长权利和责任，让他们发挥作用。给他们配的一个挂包中，里面装有法律材料，还有印章。这枚印章极具象征意义，标志着农村的细胞组织被激活，80%的矛盾可以在组内解决。由此可见，通过激活村民小组这一"细胞组织"，进一步完善我国基层治理体系，打通基层治理现代化的"最后一公里"。

（二）横向到边：强化法治的社会基础

法治的实现需要自治的支持。中央纪委书记王岐山同志推荐的《旧

[①] 我国农村村委会在1999年到2011年间，由80.1万个减少到59万个，总数减少了26.34%。截至2014年底，村委会58.5万个，村民小组470.4万个，每个行政村约有8.04个村民小组、3.94位村委会委员。——该数据由《民政事业发展统计公报》（2000年、2011年）统计分析所得。

制度与大革命》的作者是法国学者夏尔·阿列克西·德·托克维尔，他还有一部重要的著作是《论美国的民主》。托克维尔认为是地理、法制、民情①等三个关键因素，导致了法国实施民主的结果是大动乱，美国推行民主带来的结果却是大繁荣。三个因素中"民情"最为重要。民情就是民众在日常生活中养成的讲规矩的习惯，并成为一种自觉的信仰。这种习惯是在自治中形成的，来自不同地方的人群根据共同的规则在一起生活，自我管理、自我教育，实行自治。有规则的自治扩大到公共生活领域就是法治，这样的法治才有根。

我国纵向行政治理发达，横向的自治管理较弱，这就需要强化自治，发挥各类乡土社会组织的作用，为法治提供牢固的社会基础。相对于全州300多万人口、每年上万件的纠纷而言，自治州聘请337名专职律师作为乡镇法律顾问的法治资源还是有限的，但自治资源无穷。如通过发挥村民理事会、议事会、经济合作社，甚至家族组织的积极功能，把农民组织起来，将情、理、法结合起来。在中国，解决争端首先必须考虑"情"，其次是"礼"，再次是"理"，最后才会诉诸"法"② 对于百姓而言，产生矛盾、纠纷，不一定非得打官司，虽不打官司伤身体，但打官司伤心，甚至伤几辈子心。因此，多用社会组织的方式去解决问题，将自治与法治相结合，可以"让百姓自我管理不找官"，实现法治建设横向到边。

（三）关进笼子：规范公权力的运行过程

"律师进村、法律便民"是自下而上启动的，随着法治观念的落地生根，人们的法治意识愈来愈强，对公权力的要求愈来愈高。法治与力治的根本不同之处在于后者主要约束民，前者既管民也管官。相对于民众权利而言，公权力在法治化治理中起主导作用。公权力要将自己摆入"律师进村、法律便民"的进程之中，而不是置身之外，甚至高居之上。党的十八届四中全会提出推进法治中国建设，重要内容是法治政府建设。坚持用制度管权管事管人，让人民监督权力，让权力在阳光下运行。③ 在恩施

---

① ［法］托克维尔：《论美国的民主》，董果良译，商务印书馆1991年版，第320页。
② ［法］勒内·达维德：《当代主要法律体系》，漆竹生译，上海译文出版社1984年版，第487页。
③ 应松年：《把权力关进制度的笼子》，《中国行政管理》2014年第6期。

州，公权力为法治化治理提供公共政策和公共财政保障，同时需要规范公权力，将行政过程贯穿法律精神之中，列举权力清单，便于公众监督。与此同时，将自下而上的层级把关与自上而下的体制有效衔接，形成上下懂法、守法、用法的长效机制。

（四）理顺关系：强化律师的公平正义

"律师进村、法律便民"让法律和代表法律的律师进入治理过程，承担着维护公平正义的重要责任。但在历史上，帮助打官司的人常被称之为"讼棍"。讼棍就是诉讼的掮客，在当事人与法庭之间充当中间人，为法官的权力寻租提供服务，为当事人的非法诉讼利益提供帮助，而且为了金钱的目的去使用这种关系。中国古代的司法是典型的行政化，司法官吏附属于行政机构，司法是统治阶级的暴力机器。诉讼中司法官吏实际上充当了一方当事人的角色，其裁决的独断导致当事人只能是被动的应付，毫无诉讼权利，诉讼的掮客由此而生。现代律师与诉棍的本质区别在于，律师不是法官与当事人之间的中间人，律师是一方当事人的利益的维护者，法官则是一种居中的裁断者，在这个过程中法官与当事人及其律师之间原则上不发生关系。当事人及其律师仅与对方的当事人及其律师发生一种对抗的关系。但在市场经济条件下，更强化了利益驱动，在这种工作关系中律师可能成为诉讼掮客，无法担当维护公平正义的责任。为此，要处理好律师的公益性与私利性的关系，强化律师的公平、正义、责任，在治理过程当中带入理想角色，从体制上保障"律师进村、法律便民"的长效性。如，在进入"寓法于治"的治理过程之前，律师仅仅是依法取得律师执业证书，接受委托或者指定，为当事人提供法律服务的执业人员。而在"寓法于治"的过程中，律师不仅要懂专业，还要懂政策、懂民俗。因为律师熟悉的是成文法，而老百姓熟悉的是习惯法，如何将成文法和习惯法结合起来，实现最佳治理效果，需要律师有较强的公益性意识以及处理好与私立性之间的关系。

（原文刊载于《新疆师范大学学报》2017 年第 2 期）

第十四章　城市居民自治的有效实现形式*

当今中国正处于迅速变动时期，在经济社会发展充满活力的同时，对一个变动中的社会进行有效治理无疑成为重大问题。伴随大量现代工商业城市的崛起和愈来愈多的农村人口进入城市，城市治理现代化日益紧迫。城市治理是多种治理主体相互作用的结果。其中，居民自治是城市治理体系的重要构成要素。尽管作为我国居民自治载体的居民委员会已正式产生60多年，但居民自治进程与城市化及其城市治理现代化远远不相适应。近些年，在城市治理中，政府治理和社区治理居于主导地位，居民自治的发展相当有限。其中的重要原因之一是居民自治的有效实现形式还有待探索。2014年中共中央1号文件提出，探索不同情况下村民自治的有效实现形式。这一提法同样适用于居民自治，甚至对于居民自治更为紧迫。本文试图对在城市治理中培育自治及其居民自治的有效实现形式问题作一些探讨。

一　城市治理与居民自治的内在价值

城市是国家的伴生物。如果说国家是人类迈入文明的门槛，那么，城市则是人类文明的结晶。马克思曾经对现代城市与农村进行了对比，认为："城市已经表明了人口、生产工具、资本、享乐和需求的集中这个事实；而在乡村则是完全相反的情况：隔绝和分散。"①

与乡村的分散性相比，城市的特性在于集中性。正因为如此，自人类

---

* 本文与贺磊合作，在此致谢！
① 《马克思恩格斯选集》第1卷，人民出版社1995年第2版，第104页。

的远古时期开始，城市便成为国家统治的堡垒。"随着城市的出现，必然要有行政机关、警察、赋税等等，一句话，必然要有公共的政治机构，从而也就必然要有一般政治。"① 城市人口主要是从事政治统治及为其服务的人口。城市治理主要是政府治理，即由政府行使治理权，建构森严规范的统治秩序。一般人口的自主性很小，且基本上缺乏自我治理的空间。

相对政治性城市，古代西方产生了一些工商性城市。这些城市的人口主要是从事工商活动的市民。他们有一定自主活动的可能，并形成居民参与治理的城市治理体系，如古希腊时期的城邦制。进入中世纪以后，在封建社会的缝隙里出现一个个工商业城市。这些工商业城市的人口主要由所谓的自由的"市民"（相对农村人口的农奴而言）组成。他们为了获得从事工商业活动的自由，以各种方式从统治者那里获得自治权，由此形成自治性城市。"自治市的自治民从一开始就表现出自治和独立。"② 相对农村而言，"城市空气使人自由"。③ 在这些城市里，每个市民在人格上都是自由自主的，享受参与城市治理的平等权利，遵守各种自我约定的契约，以形成城市治理秩序。由此可见，居民自治是与工商业城市的崛起相关的。

与西方海洋商业文明相对，中国是一个典型的内陆农业文明国家。在漫长的历史上，农业是主要产业，城市一直是政治统治的堡垒，城市的工商业及其人口高度依附于政治统治者。黑格尔因此直接将中国城市称之为"政治建筑"。④ 城市治理完全依赖于政府治理，居民自治的因素极少。"城市空气使人窒息"。这种格局与西方完全不同。正如韦伯所说：在古代中国，城市"主要是理性行政的产物"，"'城市'就是官员所在的非自治地区；而'村落'则是无官员的自治地区"。⑤

---

① 《马克思恩格斯选集》第1卷，人民出版社1995年版，第104页。
② [美]斯塔夫里阿诺斯：《全球通史》，吴象婴、梁赤民译，上海社会科学出版社1988年版，第464页。
③ [美]汤普逊：《中世纪经济社会史》（下），耿淡如译，商务印书馆1963年版，第426页。
④ [德]黑格尔：《历史哲学》，王造时译，生活·读书·新知三联书店1956年版，第135页。
⑤ [德]马克斯·韦伯：《韦伯作品集》，康乐、简惠美译，广西师范大学出版社2004年版，第48、146页。

"现代历史是乡村城市化"①。"城市的发展是衡量现代化的尺度。"②进入 20 世纪以后,中国开始由农业国家向工业国家转变。特别是改革开放以来,中国的工业化、城市化加速,现代工商业城市大量崛起,城市人口急剧增长,有效的城市治理日益紧迫。长期延续的政府治理传统及其为迅速应对城市治理的紧迫问题,中国的城市治理主要依靠的是政府治理,而居民自治发育和发展相对落后,无法适应城市治理现代化的需要。

为什么城市治理现代化需要培育居民自治呢?这在于居民自治的内在价值。自治是指"某个人或集体管理其自身事务,并且单独对其行为和命运负责的一种状态"③。自治与他治相对而言。当国家产生以后,自治便处于国家治理体系之中,反映国家治理主体之间的关系,具有相对独立性的特殊地位。从国家的特性看,国家垄断着合法的暴力,拥有大量治理资源,是国家基本秩序的制定者和守护者,作为国家组织的政府因此成为国家治理的主体。但是,国家是由多个层级的地域和全体国民构成的政治实体。地域和国民在国家治理中也扮演着重要角色。地域和国民的自我发展能力强,国家发展能力也强;地域和国民自我管理能力强,国家治理的稳定性也强。从世界历史看,地方自治体制可以在中央与民众之间起着缓冲作用,较少有民众与中央政府之间的冲突,如印度。在实行中央直接管辖的郡县体制的古代中国,由底层民众直接推翻中央政权的王朝更迭成为周期性现象。而基层社会自治则可以以社会力量补充国家治理之不足,及时修复国家治理的断裂。古代中国的根基在乡村,稳定和持续的基础在乡村自治。随着现代城市和现代国家的兴起,国家治理能力空前强大,一直渗透到地方各领域和社会生活各个方面。但与日益复杂和多样化的社会相比,国家治理能力总是有限的,政府不可能包办所有社会事务,更不可能做到让所有人满意。愈是城市社会,愈是如此。亨廷顿因此认为,"政治

---

① 《马克思恩格斯全集》第 46 卷(上),人民出版社 1979 年版,第 480 页。
② [美]塞缪尔·P. 亨廷顿:《变化社会中的政治秩序》,王冠华等译,生活·读书·新知三联书店 1989 年版,第 66 页。
③ [英]戴维·米勒、韦农·波格丹诺:《布莱克维尔政治学百科全书》,邓正来译,中国政法大学出版社 1992 年版,第 693—694 页。

越是变为城市化的政治，它就越加不稳定。"①

在城市治理中，居民自治扮演着重要角色，有其内在的特殊价值。一是获得自主性。自主性是行为主体按自己意愿行事的动机、能力或特性，包括自由表达意志，独立做出决定，自行推进行动的进程等。自主性是人类持续发展的源泉，也是自治的前提。在国家和社会治理中，居民通过自治不断获得和建构起自主性。我国将居民自治组织定义为居民自我管理、自我服务的组织，突出"自我"，便体现了自治中的自主性价值。二是培育自力性。自力性是依靠自己的力量和尽自己的力量从事某一事务，体现着一种能力。这种能力与资源占有有一定关系，但并不完全取决于对外部资源的占有。在国家和社会治理中，如果每个人或者群体通过自治，尽其所能处理好与自己相关的事务，则会大大减少其外部性依赖，从而降低国家治理的成本。我国城市社区建设中提出"社区是我家，建设靠大家"的口号便体现出在自治中培育自力性的价值。三是培育自律性。自律是人们在自我认同的规范下对其行为的自我约束。与乡村共同体不同，城市是一个异质性的陌生人社会。人们在城市中获得自主性，并具有较强的自力性，但如果没有相应的规范和秩序，便会导致冲突。自律内在于自治中。人们在作出自己的行为时必须对其行为及其后果负责。国家治理秩序除了国家法律的外在规范以外，还需要植根于人们日常生活中的自治规则。自治规则来自于居民的自我约定和认同，更具有持续性。我国居民自治组织包含居民的自我教育，就体现着居民自治的自律性。四是培育公共精神。公共精神是人们对与自己相关但同时关乎其他人利益的共同事务的关心。人不是孤立的存在体，个人的生活状态与命运总是与他人和社会相联系。自治无论是个体的还是群体的都是在一定领域内发生的，人们在共同体内从事自治行为，培育公共精神，共同创造自己的幸福生活。如果说传统乡村社会自治具有地域的狭隘性，难以培育公共精神，那么现代城市居民自治在开放的地域空间内进行，特别需要也容易培育出公共精神。五是激发参与意识。参与是人们对与自己相关的事务及其共同性事务的参加，并达到一定目的。国家的有效治理建立在政府与民众的互动基础上。没有广大

---

① [美] 塞缪尔·P. 亨廷顿：《变化社会中的政治秩序》，王冠华等译，生活·读书·新知三联书店1989年版，第68页。

民众的参与，可能获得一时的稳定，但难以持续。古代中国一治一乱的周期律便与缺失民众的日常参与相关。国家和城市治理现代化的重要内容是民众的有序参与。通过居民自治激发参与意识，形成有序参与的行为和规则则是起点和基础。正因为如此，中共十七大报告要求将包括居民自治在内的基层民主作为社会主义民主的基础性工程重点推进。

居民自治的内在价值只是从城市治理的一般规律和政治逻辑来讲的。它的实现还必须寻求有效的形式。有效的实现形式则受制于一定的历史条件，在不同历史时期的表现有所不同。

二 我国城市居民自治实现形式的三个波段及特点

自治与其他政治现象一样是一个发生发展的过程，一波连着一波，起伏不一，并具有阶段性特点。1949年以来，我国城市居民自治的实现形式可以概括为三个阶段。

（一）国家组织边缘群体的吸纳性居民自治

在中国长期的历史上，城市治理主要实行政府直接管理的治理方式。近代以来，随着城市工商人口的增加，城市基层社会开始建制化，如城市坊里制等。1949年中华人民共和国成立后，城市主要人口工作和生活在企事业和行政组织单位之中，形成"单位制"社会，实行的是以"单位"为基础的治理。"国家犹如一个巨大的'蜂巢'一样将一个个单位吸附于其中，而单位又如'类蜂巢'将一个个社会成员吸附于其中"。[①] 单位不仅是城市人口的工作机构，同时也是生活场所，包揽着人们生活的一切事务。除此之外，城市还有一些非单位人员。他们没有进入正式单位工作，甚至没有正式工作。相当多数为妇女和老年人。为了将这些居住在城市，却没有工作单位的人组织起来，国家设立了居民委员会。1954年12月国家颁布《城市居民委员会组织条例》，将城市基层居民组织名称统一规定为居民委员会，并将其定性为"群众自治性的居民组织"。1982年宪法第

---

① 参见徐勇《论城市社区建设中的社区居民自治》，《华中师范大学学报》（社会科学版）2001年第3期。

一百一十一条明确规定:"城市和农村居住地区设立的居民委员会或者村民委员会是基层群众性自治组织。"1989年七届全国人大常委会第十一次会议通过了《中华人民共和国居民委员会组织法》,对居民委员会的性质和任务作了较为详细的规定。

居民委员会的设立及其对自治原则的确定,为城市居民开展自治活动提供了基本的制度基础。城市居民通过居民委员会依法办理自己的事情,满足了居民的一些内在需要,居民自治的有效实现形式得以呈现。首先是有了居民自己的组织,居民可以通过自己的组织解决一些自己的问题,培养出一定的自力性。其次是产生了一批热心于公共事务和公益事业的居民精英。这对于长期历史上城市社会缺乏公共精神是十分难得的。再次是居委会的组织形式能够适应居民开展自治活动的需要。如居民委员会的规模在100到700户之间,居民委员会可以下设居民小组,在15户和40户之间。他们长期居住在一起,有紧密的邻里关系,有利于形成认同感和归属感。

从总体上看,从1950年代开始萌生的居民自治及其实现形式,是当时历史条件的产物,在程度上属于低度自治,在特性上属于国家吸纳性的居民自治。首先,与单一的农村基层体制有所不同,城市长期存在着两种治理体制,主体是单位制,居民委员会体制是补充者,两者都是自上而下的纵向组织,互相交集很少。这就意味着城市主体人口很少通过居民委员会组织开展自治活动。其次,居民委员会是国家基于对城市边缘群体的组织需要建立的,尽管制度规定为居民自治组织,但其主要工作内容是配合政府工作。《城市居民委员会组织条例》规定设立居民委员会是"为了加强城市街道居民的组织和工作",居民委员会的重要任务,是"动员居民响应政府号召并遵守法律",还要协助政府及其派出机构开展工作。与农村居民不同,城市居民没有共同的产权基础,自治的内容十分有限。居民自治活动主要是补充政府治理之不足,并为国家体系所吸纳,其独立性较小。

(二)国家推动社区建设中的建构性居民自治

在城市化进程大大加快,城市人口急剧增长的背景下,地域性的居民委员会开始发挥更大作用。1990年代初,一些城市通过居民委员会为城市居民提供社会服务。这种服务更多的是居民自我服务而非政府和"单位"服务,具有更多的自治性。当然,由于居民委员会所拥有的资源十分有限,居民的自我服务不能满足居民迅速增长的需要。大量的城市问题也使原有的居民委员会体制难以适应城市的需要。1990年代后期,国家民政部开始推行城市社区建设,将城市基层组织社区化。其主要内容就是将原有的居民委员会合并,建立规模更大、人口更多的社区居民委员会。社区建设实质是国家建设社区,由政府主导建设城市居民生活共同体,具有"规划性变迁"的特点。[1]

社区建设为城市居民自治提供了更多资源,自治的内容和活动更为丰富。从这个方面看,社区建设为居民自治的实现创造了更为有利的物质基础。但是,社区体制还未能自动创设出居民自治的有效实现形式,甚至一定程度上限制了居民自治的有效实现。首先,社区建设是国家为了迅速有效解决城市治理的紧迫问题而进行的,政府是推动者,其主要依托是行政力量而非居民力量。在社区建设中,许多地方"仿照国家系统一样,也建立了所谓的'四大班子'领导机构。"[2] 其次,正是在政府强力推动下,政府的力量渗透到居民日常生活之中,大量事务由政府办理,社区组织高度行政化。居民的自我管理、自我服务和自我教育相对萎缩,未能与政府治理同步增长。再次,社区组织的规模大大超过原有的居民委员会规模,不仅人口增多,且居住方式楼房化,人们的生活联系减少了,大量的需求依赖于政府和市场的供给。人们居住在社区,却缺乏对社区的认同感和归属感。居民以社区为单位开展自治活动较为困难。正因为如此,居民自治在相当程度上为社区建设、社区治理或者社区自治的话语所替代。

当然,国家推动社区建设,在制度上仍然赋予社区居民以自治权。只是这种自治权由于缺乏有效的形式而未能实现。居民自治更多的是停留在制度文本上,未能实际运转。这种居民自治可以说是建构性居民自治,即有制度而缺行为,制度未"落地"和"运转"。

---

[1] 参见徐勇《论城市社区建设中的社区居民自治》,《华中师范大学学报》(社会科学版)2001年第3期。

[2] 徐勇:《"绿色崛起"与"都市突破"——中国城市社区自治与农村村民自治比较》,《学习与探索》2002年第4期。

(三) 地方治理创新中催生与激活的内生型居民自治

中国经济改革的重要后果是国家与社会的相对分离，一个相对自由自主的社会开始成长，并内生出居民自治的意愿，孕育着居民自治的土壤。而在新的土壤上催生出居民自治的成长则伴随着地方治理的创新过程。中国的经济改革是自下而上展开的，地方在推动经济发展中扮演着重要的主动性角色。由于大量社会需要和社会矛盾具体发生于地方和基层，随着经济社会发展，地方也在不断探索治理的新途径。尽管1990年代兴起的社区建设解决了许多紧迫问题，但是，一些地方也发现社区建设仅仅依靠政府投入并由政府直接治理是远远不够的，同时也需要作为社区建设受益者的居民的积极参与，其重要途径就是运用居民自治的制度资源，通过相应的机制催生和激活居民自治。

福建省厦门市海沧区是一个由30多年前的小村镇崛起的现代城区，来自四面八方的大量居民每天居住在崭新的小区楼房里，却缺乏对生活社区的认同感和归属感，居民朝夕相处却如路人一般，公共生活和公共意识极为匮乏。这种相互陌生而冷漠的生活显然不是理想的生活状态。一些居民自发地改变这一状态，如该区的兴旺社区居民主动认养小区内的花草等。居民自发参与社区建设的行为给予社区领导以启示，就是从微小的、看得见的和大家共同关心的事情着手，动员广大居民共同建设自己的家园。大量事情由居民自己来办，可以激活居民的主体和参与意识，培育其公共精神。该社区的做法得到了区领导的支持，得到进一步推进和推广，并加以归纳为"微自治"。2013年，厦门市推进"共同缔造·美丽厦门"工作，兴旺社区的"微自治"得以深化扩展并逐步完备。兴旺社区因此被评为全国十大创新社区之一。

类似海沧的探索在全国也有不少。其共同的做法是：一是着眼于居民的内在需求和内在力量，居民不仅仅是政府治理的被动受益者，同时也是社会生活共同体的主动参与者；二是在社区之下的更小规模范围内建立居民理事会之类的自治组织，便于居民直接参与公共生活和社区建设；三是通过各种微观机制激活居民的内在力量，培育居民的自主参与意识，着力于让自治运转起来，让居民自治制度"落地"，并取得了良好的成效。

从我国居民自治进程的三个波段看，第一波是确立了居民自治原则并构建了基本制度；第二波是推进社区建设，将居民自治纳入到社区建设体系中；第三波是在社区之下催生和激活居民自治，让自治运转起来，寻求居民自治的有效实现形式。

三 培育多层次多样式多类型的居民自治体系

从我国居民自治发展的历程看，居民自治发展时间不长，效果还不明显，特别是与迅速变化的城市发展及其城市治理的紧迫需要相比，还很不相适应。

居民自治发展不甚理想的重要原因是长期历史延续下来的政府治理居于绝对主导地位，居民自治未能得到足够的重视，城市治理缺乏牢固的基础。福建省厦门市是中国最早设立的四个特区之一，改革开放以来经济社会发展迅速，已率先进入中等收入社会，城市治理的成效显著。但是，现有的城市治理还是不能充分适应城市经济社会变动的需要，出现了不少新矛盾和新问题。特别是在 2013 年发生了"陈水总事件"，造成了严重的损失和后果。[①] 从政府来看，陈水总的物质生活得到了相应的保障，政府应尽的责任都已尽到。但是，陈水总个人的心理问题却未能得到及时化解，由此也引发其极端行为。这一事件充分暴露出政府治理的有限性。政府治理不可能完全满足居民所有的需要并包办所有的问题。没有居民自治，没有居民日常生活的密切交往和有机联系，没有居民在日常参与中获得主体意识建立认同感和归属感，城市治理就缺乏作为主体的居民支持。"陈水总事件"之后，厦门市很快启动"共同缔造·美丽厦门"活动，核心就是"共同"，以形成政府治理与居民参与的良性互动机制，释放自治的活力。

居民自治的生命力在于其内在价值。但其内在价值能否得到体现，还需要有效的实现形式。我国建立居民自治制度已有 60 多年，之所以成效不显著，就是没有随着时代的变化，根据变化了的条件寻求其有效的实现形式。居民自治作为制度和行为，需要相应的条件作为支撑。一是利益相

[①] 2013 年 6 月 7 日下午 6 时 22 分，发生在厦门 BRT 快 1 线途经金山站往南 500 米处发生的公交车起火事故。事故造成 47 人死亡、34 人受伤的严重后果。纵火者是厦门市民陈水总。

关。利益是行为的基础和动力。城市居民虽然没有农村居民那样有生产资料所有制带来的利益，但也有其他方面的利益，如由于住房和公共生活秩序产生的利益。特别是城市居民的个人利益与公共利益交集性、重叠性强，也会产生相应的利益冲突。大量国家提供的公共产品要通过居住社区进入居民日常生活之中，直接关系居民的利益。这些利益构成居民自治的动机，需要通过居民自治才能更好地满足和化解有可能产生的利益冲突。愈是利益关联度强的地方和领域，居民自治的行为动力愈强。二是地域相近。自治是个人和群体的一种自我治理行为，具有直接参与性。而参与需要在一定地域空间范围内进行才有效。城市居民区主要是生活共同体。地域相近的人们在生活方面的交往和利益的联结更为紧密，更有利于培育自治，形成对共同体的认同感和归属感。1990年代前城市居民大多居住在平房院落内，物质条件比当下较差，但自治活动更为活跃，重要原因之一就是居民自治单位与居住空间能够相适应。三是文化相连。文化是共同体的精神基础，也是共同体内自治行为的基础。农村村民自治的重要来源就是有长期历史形成的文化传统。城市没有农村那样的文化根基，其利益来源于多元化，更需要建构文化将陌生而又冷漠的居民联结起来。四是规模适度。自治的直接参与性需要适度的组织规模加以体现。1990年代以后的居民自治进行较为困难的重要原因就是社区规模较大——一般均有数千户，上万人，居民直接参与社区居委会层面的自治行为受到约束。这正是海沧"微自治"产生的重要原因。五是便于自治。1949年后的城市基层组织主要是从便于政府管理角度而设立的，考虑便于群众自治的因素较少。随着城市政府治理架构设立的基本完成，基层组织主要是强化居民间的横向联系和居民与政府之间的互动更多要从便于居民自治的角度考虑。

从我国城市治理和居民自治看，居民自治的有效实现形式应该是一个多层次多样式多类型的体系。所谓多层次，指居民自治的组织形式在多个层次展开。当下，城市居民自治的组织形式和活动范围主要在社区这一层面。社区的行政化和规模过大不利于居民自治的开展。为此，居民自治组织重心需要下沉到与居民利益更为直接紧密且便于自治的社区居委会以下的层面。在这一过程中，社区这一层面的自治特性也需要保留。一则居民的许多利益与社区相关联。二是技术的发达可以克服居民直接参与的诸多困难。所谓多样式，是指居民自治的形式表现出多样性。长期以来，我国城市居民自治的组织载体主要依托于居委会。随着经济社会发展，城市居民构成多样化，生活需要也多样化，仅仅依靠单一的自治组织已无法满足居民自治的需要，因此需要培育多样化的居民自治组织形式。所谓多类型，是指居民自治的类型呈多样化。我国居民自治长期以来主要是配合政府治理展开的，这一传统仍然要保留和延续。但是，随着城市居民需求的多样化和居民自主性的增强，仅仅是配合政府治理的居民自治远远不够，根据居民内在需要而产生的自治将愈来愈多。如基于居民内在文化生活需要形成的文化活动类自治，基于居民内在的自我实现需要形成的公益活动类自治，基于居民内在美好环境需要的环境活动类自治等。

由于长期历史上形成的城市治理格局的影响，我国居民自治发展还很不充分，特别需要培育，也特别需要根据城市治理的需要，培育多层次多样式多类型的居民自治有效实现形式。在这一过程中，需要注重以下三个方面：一是促进居民自治与政府治理的良性互动。强有力的政府治理是城市治理的主导力量，也是居民自治的重要动力。政府治理需要改变以往包揽所有事务的做法，能够交由居民自治办理的事务尽可能交由居民自治办理，积极培育各种类型的居民自治组织，并加以引导。随着多样化的自治组织的产生，特别是自治组织的自主性的增强，也要强化居民自治与政府治理的适应和衔接。为此，需要厘清城市治理主体的功能，从主体功能的角度界定不同主体的主要功能。大量政务主要应该由政府及其派出机构承担，将社区从沉重的政务中解放出来。社区的主要功能是服务，既包括政府的公共服务，也包括居民的自我服务，通过社区服务将政府治理与居民自治衔接起来，形成服务型社区。社区内的事务主要通过各种自治组织加以办理，社区以下的自治组织是完整性的、不具有行政功能的自治组织。二是推动居民自治与法治社会的配合和衔接。法治化是我国城市治理的总体要求和趋势。多层次多样式多类型的居民自治有效实现形式的培育需要法治加以保障，并纳入到能够体现所有人意志的法治轨道。同时，城市居民自治的重要目的是构建法治社会，将法治体现在日常生活之中。我国城市发展充满活力，但城市发展的治理需要的公共规则和公共意识却相当欠缺，公共交往中行为边界极不清晰，建设法治社会的任务相当艰巨。而居民自治在其中扮演着重要角色，特别是随着居民自主性的增强，要强化居民的自律性。居民自治中的自律要素为法治社会的建构奠定牢固的基础。

三是强化居民自治中的协商民主方式。自治意味着平等的主体共同参与与自己相关的公共事务。传统居民自治是政府主导下的,更多的是基于政府治理的需要,方法主要是自上而下的传达、贯彻、动员、落实,居民自治的自主性较强。要充分实现居民自治,主要依靠居民间平等的交流、沟通、讨论、妥协等协商民主方式,最后达成共同一致,共同处理自己的事务。也正是通过经常性的协商活动,使居民感受到作为主体的存在,形成公共精神。

(原文刊载于《东南学术》2014年第5期,原文题目《培育自治:居民自治有效实现形式探索》)

第十五章 以服务为重心的基层与地方治理

在人类社会发展中，产业与生活形态是不断提升的。传统社会，以农业为主，主要满足人们的温饱生活。进入现代社会，以工业为主，人们的物质生活进入充裕阶段。随着现代社会的发展，服务业成为主要产业，人们的生活以富足舒适为目标。与此相应，基层与地方治理也正进入到一个新的历史阶段，即以为全体民众提供广泛的服务为重心。以下结合对日本的实地考察，作一探讨。

一 以服务为重心的基层与地方治理的转变

基层与地方治理是直接面对社会大众的治理，包括社会的自我治理和政府主体及民众参与的治理。基层与地方治理和人们的生活直接相关，并直接面对社会民众。基层与地方治理伴随着人类社会发展而不断变化，可分为三个阶段。

（一）政府无为而治，社会自我服务

在传统农业社会，生产的物质产品有限，人们的生活简单。基层与地方治理主要以社会的自我治理为主。社会成员联合起来，形成社会自治组织，进行自我服务。由于剩余产品较少，财政能力有限，社会自我服务较简单。而依靠民众税收支撑的政府，主要功能是疆土的保卫和对人民的统治，适当举办大型公共工程，不直接向民众提供服务，对于民众的日常生活实行的是"无为而治"。

(二) 政府管理主导,社会自治收缩

随着农业社会向工业社会的转变,民族国家的建构,一方面是分散的社会权力向国家集中,另一方面是集中的国家权力向社会渗透。在基层与地方治理中,政府的地位日益突出,但其功能主要是管理,以保障社会转变中的权威与秩序。与此同时,大量农村人口向城市转移,依托于传统社会的自治组织的地位日益下降,社会自治迅速收缩。

(三) 以服务为重心,健全服务体系

在现代化的中高级阶段,一是城市化使得社会由城乡二元结构走向城乡一体化,形成一元性的国民国家;二是人们的生活需要日益丰富,依靠充裕的税收形成的国家能力愈来愈强,人们与政府的联系愈来愈广泛。在基层与地方治理中,政府因为拥有强大的资源,满足人们广泛的社会需求,提供丰富的公共产品,其功能由管理为主向服务为主转变,社会自我服务则是补充,由此形成以服务为重心的基层与地方治理体系。基层与地方治理都是以服务为重心运转的。

经过1960年代到1970年代的经济腾飞,日本进入发达国家行列。在发达国家中,日本的第三产业不仅已超过70%以上,更重要的是生活品质和环境有了质的飞跃,干净整洁安全有序也位居世界前列。在这一巨大转变之中,日本的基层与地方治理也发生了重大转变,形成了以服务为重心的治理体系和治理能力。表现为如下特点:

1. 基层政府成为主导性的治理力量

在农业社会和现代化初期,由于以统治和管理为中心,治理力量主要集中于高层,政府与民众相距甚远。进入现代化中期以后,治理重心下沉,基层政府的地位日益突出,权限得以扩大。这一趋势被日本称为进入到了一个"地方的时代"。[①] 1989年日本政府出台《关于今后社会福利的状况》报告,明确福利权限向基层政府转移的原则。2006年制定的《地方分权改革推进法》,进一步强化了基层政府的权限。而基层政府的权限

---

① 礒崎初仁、金井利之、伊藤正次:《日本地方自治》,张青松译,社会科学文献出版社2010年版,第22页。

增大和机构扩张不是管理的扩张,主要是服务的扩张,是服务为重心的治理体系的主要承载者。

日本实行地方自治制度,其政府分为三级:中央、都道府县、区市町村。区市町村的人口数量和性质有所不同,但都是同级政府。如北海道首府札幌市中央区人口 20 多万,留寿都村所辖人口仅 1800 多人,但区和村的政府都是同级的自治体,即直接面对民众的基层地方政府(相对都道府县层级的地方政府而言)。

"二战"以后,随着经济提升,日本的基层地方政府的机构和公务人员呈不断扩张态势,但所增加的机构和人员主要是提供服务。以扎幌市中央区为例,政府内设户籍住民、保险年金、保健福祉、医疗卫生、环境保护等部门。留寿都村辖人口尽管只有 1800 多人,但公务人员就有 80 多人。这在于与中央区一样设置有相应的部门,承担一样的职能。公务人员明确定义为"地区全体居民的服务者"。

由于基层地方政府涉及到户籍、纳税、保险、保健、福利、环境等诸多与国民日常生活息息相关的事务,使得民众必须与政府打交道。政府直接面对民众,为民众办事。从这个意义上,基层政府与其他服务部门一样,都是为民众提供服务的,实行的是"居民、顾客导向"。差异在于非营利的公共服务与营利的私人服务。政府提供服务的评价引进了类似企业经营质量评价的"ISO 认证"。

为便于提供服务,基层政府的办公方式由"单间主义"转向"大屋主义",众多工作人员在空间上同处于一个大房间,并形成一个相互协调、相互支持的工作系统,实行开放式服务。居民办事不用一个一个房间寻找,而是在一个"大屋"内就可以办妥。

2. 地方和中央政府的服务意识日益增强

除了直接面对民众的基层地方政府以外,其他类型的政府部门的服务意识也日益增强。从层级看,北海道政府并不直接面对民众,但政府办公楼完全开放,民众可以任意进出。高层政府对基层政府不是简单的指令关系,更多的是为基层政府提供指导和服务。日本的警察机构实行垂直管理,与民众有诸多体制上的隔离。但近年来,警察部门愈来愈重视透明度、主动介绍和展示自己的工作,增强与民众的沟通,获得民众的理解,提供便利的服务。在北海道警察署,如居民参观可以提前一个月预约。我们打电话向其说明是中国人,仅仅停留数日,被破例允许第二天参观。唯恐我们登门不便,警署还专门来人到宾馆与我们沟通参观事宜。

3. 基层自治组织发挥日常生活的服务功能

伴随城市化,传统社会的自治功能日益弱化,形成行政和自治二元分离又相互配合的格局。町内会在"二战"前属于国家最基层的行政组织。"二战"后,根据日本地方自治法,町内会成为居民自愿组织的自治团体。居民加入町内会这类居民自治组织要交纳会费,完全自愿。一些地方的町内会则具有强制性,凡居住当地的居民自动成为成员,并交纳会费。在当地的机关团体企业也成为成员,只是不担任职务。居民自治组织主要是自我服务,如组织居民开展文化教育活动,承办政府委托交办的事务。町内会设置文体育委员、消防委员、环境委员、妇幼老人委员、"孩子会"(日语称"子供会",由小学生的家长组成)等。人们的日常生活与町内会息息相关。町内会是完全的自治组织,政府交办的事务由政府支付费用。政府有专门负责联系町内会的人员,但不发号施令。居民自治组织进行自我服务,成为整个服务体系中的重要补充。

在相当长时间里,由于国家主义政策和行政主导框架,日本的社会组织不发达。随着进入发达社会,日本的社会组织迅速兴起,并在基层与地方治理中扮演着重要角色。这些由自愿者参与、非营利性质的公益组织,在社区福利、人居环境、教育文化等方面发挥了特有的作用,成为为民众提供服务的补充力量。1998 年,日本制定了非营利组织法,为社会组织通过服务参与基层与地方治理提供了制度引导和规范。

4. 以服务为重心的基层与地方治理的运行保障机制

以服务为重心,不仅是提供服务,更重要的是提供高质高效的服务。民众是服务的接受者,也是服务的检验者。只有充分吸纳民意,尊重民意,才能保障服务质量。以下机制发挥着重要作用。

一是议会。日本实行地方自治,每一个层级都设有议会和行政。在以管理为重心的体制下,议会与行政属于"强行政弱议会"。随着服务为重心的治理转变,议会的功能日益增强。行政预算必须经过议会批准和审核。议会议员由直接选举产生。选举过程便是吸纳民意的过程。

二是恳谈会。议会虽然能够在一定程度上反映和表达民意,但远远不够。各种形式的恳谈会因此兴起。恳谈会更具有专业性。其参与人员包括议会、行政人员、民众，特别是专业人士，便于对专业性问题做出更有成效的决策。

三是财政体制。财政是服务的支撑。日本实行普遍的国民待遇，民众得以享受均等的公共服务，在于基层与地方治理的财政保障均等化。日本实行一级政府一级税收体系，市町村也有收税权。但对于财政收入欠缺的地方给予专门补助，以做到财政平衡。北海道政府设立有专门的农村振兴局，主管农村振兴事务，通过拨款等方式支持农村发展，保障农村的财政运行。北海道留寿都村的村长与北海道首府的公务员待遇一样。村政府的财政主要为财政补贴。由于有独立的财政支持，村长可以从村外选任更有能力的人担任，只要服务更好。据统计，町村长有50%是行政职员出身，专业化水平高。[①]

四是建制合并。伴随城市化，为了节约资源，有效服务，日本对基层地方建制进行了合并。1889年全国的市町村15859个，1999年有3229个，2006年为1,820个；2010年合并为1,753个，其中有783个市，970个市町村。进一步的合并改革目标是保留1,000个市町村。

二 以服务为重心的治理体系的背景与条件

日本基层与地方治理的变迁，是在现代化由低级向高级阶段转变中发生的，主要背景与条件有以下几个方面。

一是福利国家。随着现代化的进展，国家能力大大提升，国民普遍享受国家福祉成为可能，福利国家得以形成。所谓福利国家，即社会民众普遍能够享受到国民经济增长后的福利。这种福利具有普惠性、保障性。从本质上说，社会福利是社会财富通过国家的方式进行的再分配和再调节。即国家以税收的方式从社会中获取财富，再通过福利的方式进行财富分配，让广大社会民众共同享受经济增长的好处。1959年，日本颁布《国民年金法》，规定20—60岁的人都必须参加国民年金体系。1961年实行全民保险制度，所有国民都必须加入医疗保险。1973年日本政府对70岁

[①] 礒崎初仁、金井利之、伊藤正次：《日本地方自治》，张青松译，社会科学文献出版社2010年版，第56页。

的老人实行医疗养护制度。一系列社会福利制度的实施只能由具有公共性的国家来承担。具体承担者便是政府，特别是直接面向民众的基层政府。基层政府的大量事务都与民众的社会福利相关。从一定意义上说，政府与一般的服务部门没有什么不同，民众是顾客，顾客是上帝。正是在每日每时提供大量服务的活动中，基层政府公务人员发生了变化，这就是为民众提供服务是自身的职责所在。他们不再是过往意义的高高在上的官僚，而是服务的提供者。

二是民主体制。"二战"以后，在美国的刺刀下，日本走上民主化道路。但在相当长时间，民主主要停留在上层和表层。只是在福利国家形成的过程中，民主才深入到广大民众的日常生活中，进入到基层和里层。这是因为，在私人领域，由于存在多个竞争性的提供者，用户可以挑选，可以用脚投票。而在公共服务领域，只有一个提供者，这就是政府，用户要获得更好的服务，就需要用手投票。在日本基层与地方治理中，行政首长和议会实行双直接选举。选民直接挑选服务供给者和意见代表者。由于直接涉及民众的利益，基层与地方的选举更为热烈，参与度更高。

在日本，基层政府的名称特别有意思。政府机构称之为役所（在中国，政府机构曾经被称之为"公所"）。在日文里，"役"有服役、差役、拘役、刑期等意思。如日本报纸报道前韩国总统朴槿惠刑期时，使用的是"役"，"刑"与"役"具有同义性。役所的公职人员虽然是履行公务，但需要处处谨慎，犹如服役一般。在役所，公务人员除经常小跑犹如公司职员，且笑脸相迎犹如主人的差役。

三是集团文化。同样是发达国家，同样是福利国家，同样是民主体制，但日本社会平安平静平和，基层与地方治理运转有序高效。这在相当程度上得力于长期历史形成的层级集团责任文化。

与奉行个体主义的典型欧美国家不同，日本在长期历史上积累而成了层级集团责任文化。首先是家庭集团。家庭实行"长子继承制"，以保证家庭延续，不因分家而造成家庭破产。村落实行村落集团。村落是地方治理基本单元，以村落为单位纳税。村落有严格的村规民约。根据违反村规的程度不同，村民将接受不同的惩罚，如体罚、罚钱、罚粮、没收财物、拆房子、扒屋顶、课以劳务等。村规民约犹如一个国家的宪法，是村落治理的基本法。如笔者 2018 年 4 月访问的日本留寿都村，村长办公室高挂着"留寿都村民宪章"。进入近代，各种组织以集团的方式组成，如"农业协同组合""财团法人"等。都道府县和市町村政府均被定义为"地方公共团体"。总而言之，日本可以说是由一个个大小不一的集团构成的集团社会。任何人都必须依附于集团，与集团保持一致，对集团的存续负有集体责任。这种集体责任有助于形成一致性的集体行动。政府公务员有责任提供服务，民众有责任自我管理和自我服务。长期历史形成的层级集团责任文化底色为建构以服务为中心的基层与地方治理体系提供了必要的条件。如村民自觉定期集体打扫卫生。

三　以服务为重心的治理对中国的启示

中国正在建设社会主义现代化国家，现阶段正在由现代化初级阶段向高级阶段迈进，基层与地方治理正处在转变之中。毫无疑问，中国有自己的历史与国情，基层与地方治理的转变也有自己的方式。但是发达国家基层与地方治理的走向，也为中国提供了不少借鉴。

其一，政府定位。1949年以后，中国一度实行计划经济体制，政府无所不能，无所不包，表现为"大政府小社会"。在由市场经济取代市场经济体制的转变中，提出了"小政府大社会"的理念。受这一理念支配，政府规模不断缩小，特别是基层政府规模大大缩小。大量的行政事务为基层自治组织所承担。但从发达国家看，其政府规模并不小。关键在于政府，特别是基层政府的职能定位。从发展趋势看，政府，特别是基层政府的服务职能愈来愈多，治理体系表现为多层级的"大服务"。政府不是愈小愈好，更主要的是做什么。20世纪初期，为减轻农民负担，我国一些地方进行了以"减人减事减支"的乡镇改革。这一改革对于在当时有其现实意义。但从长远看，乡镇基层政府的改革方向恰恰是要"增人增事增支"，为农民提供更多更好的服务。因此，了解发达国家基层与地方治理的走向，对于改善我国基层与地方治理有重要参考价值，否则，许多改革可能只是就事论事的"无效改革"。①

---

① 参见徐勇《走出"生之者寡，食之者众"的困境——县乡村治理体制反思与改革》，西北大学出版社2004年版。

其二，服务中心。新中国成立以后，为标明与旧政府的区别，中国各级政府都冠以"人民政府"的称号，"为人民服务"成为政府宗旨。近年来，执政党强调执政"以人为本""以人民为中心"。这一理念要通过具体的治理体系转换为实际行动，这就是以服务为中心。民众要通过实实在在的服务，感受和体验到以人民为中心。

其三，重心下移。我国长期历史上的治理结构表现为上重下轻，即政府层级愈高，资源愈多，基层政府人少事多、权小责大、官多员少。从发达国家看，在由现代化初级向中高级转变中，治理重心日益下移，直接面向民众的基层政府的地位愈益重要。基层政府主要是提供服务，经办具体事务。

其四，财政基础。发达国家的典型特征是民众享有愈来愈多的福利，是财富的再分配。随着我国现代化建设，也将通过公共服务均等化实现财富的再分配，使得每个国民都能享受到基本均等的公共服务。无论城市与乡村、无论本地与外地，政府提供同样的服务。由此需要统一的财政支持，从而保障以服务为中心的治理体系的形成和运转。

其五，文化塑造。形成以服务为中心的基层与地方治理体系，需要多方参与，人人尽责。在这方面，中国尤其需要努力。在长期历史上，中国以家户为基本单元，实行的是家户制。这一体制表现出双重特点：一是家户自我责任，家户内能够获得一致性、共同性；二是在家户以外则表现出放任性，缺乏公共性。"各人自扫门前雪，莫管他人瓦上霜。""兔子不吃窝边草，一出窝边乱吃草。"进入近现代以来，特别是进入市场经济时代以来，社会迅速个体化，自由异化为"随意"，由此增加了社会治理的难度。政府穷于、忙于管理，维稳至上，秩序优先，服务中心难以落地。

下篇　国家治理的研究方法

第十六章 政治学研究"田野学派"的崛起

真理只有通过从不同角度揭示其面纱,才能愈来愈显现其真相。学派是作为追求真理的科学兴旺发达的象征。古希腊文明正是因为学派林立而成为西方文明的源头。中国春秋战国时代的"诸子百家"的争鸣至今还是中华文明的思想源泉。从世界范围看,中国的政治学不仅起步较晚,更历经曲折,直到进入21世纪才初步形成学科体系。随着一个年轻的现代的国家的崛起,中国的政治学迎来了前所未有的历史机遇。而只有"百花齐放、百家争鸣",才能促使政治学兴盛,以无愧于一个伟大的新时代。其中,中国政治学的"田野学派",已初具雏形,并由于学派自觉而不断成长起来。

一 政治学研究的两条路径

学派是学说的不同主张和不同方法,具有相对性。学说非凭空而来,有其源流。

作为以国家为对象的政治学,产生于国家诞生和国家发展及国家治理面临问题之际。

在恩格斯看来,国家不是从来就有的。"国家是承认这个社会陷入了不可解决的自我矛盾,分裂为不可调和的对立面而又无力摆脱这些对立面。而为了使这些对立面,这些经济利益互相冲突的阶级,不致在无谓的斗争中把自己和社会消灭,就需要有一种表面上凌驾于社会之上的力量,这种力量应当缓和冲突,把冲突保持在'秩序'的范围以内;这种从社会中产生但又自居于社会之上并且日益同社会相异化的力量,就是国家。"[①]

[①] 《马克思恩格斯选集》第4卷,人民出版社1995年版,第170页。

人类社会是以丰富多彩的路径演进的。在古希腊，由于海洋、地理、战争和商业等原因，使得以个人血缘关系为基础的氏族社会制度被炸毁，在原始氏族社会的废墟上诞生出了一个新的、以地区划分和财产差别为基础的真正的国家制度，人类社会由此出现了一个崭新的政治共同体——国家。正是在这一背景下，在古希腊，率先有了对国家学说的探讨。

在古希腊文明时代，雅典人国家的产生乃是一般国家形成的一种非常典型的例子，其形成过程非常纯粹：使一个具有很高发展形态的国家——民主共和国直接从氏族社会中产生，也就是其内生的高级形式。① 也许是成长太快的缘故，古希腊国家面临着诸多问题，产生出不同的国家学说，由此也构成了政治学的起源。

作为一门科学，政治学与其他学科一样，都要面临着从哪里出发，以何为据的问题。正是对这一终极问题的回答，产生了不同的主张和方法。在古希腊，最有代表性的人物是柏拉图和亚里士多德。黑格尔曾经表示："哲学之作为科学是从柏拉图开始而由亚里士多德完成的。他们比起所有别的哲学家来，应该可以叫做人类的导师。"② 黑格尔的论断显然具有西方中心主义倾向，但柏拉图和亚里士多德确实开创和代表了两种政治学研究的倾向。

柏拉图诞生于希腊城邦国家的危机时期。城邦国家是一个个以城市为中心连同周边农村的小型"城市国家"。这些实行直接民主制的城邦小国很难应对内部分裂和外部挑战，呼唤新的政治共同体的产生。柏拉图因此写下其代表作《理想国》。这一著作的重要特点就是基于理念，即人的理性思考。在此之前，城邦国家是原始氏族社会炸毁后自然成长的，也就是没有经过人类的思考和设计。而在柏拉图看来，城邦国家应该是一个具有伦理目的的共同体，终极目标是"至善"。只有符合"至善"原则的城邦才是理想的城邦国家。换言之，理想的国家是经过人的理性思考设计出来的，而不是自然野蛮生长出来的。

亚里士多德是柏拉图的学生，但"我爱我师，更爱真理"。他撰写了《政治学》著作，可以说是政治学的开山鼻祖，他与柏拉图最大的不同

---

① 参见《马克思恩格斯选集》第 4 卷，人民出版社 1995 年版，第 118 页。
② ［德］黑格尔：《哲学史讲演录》，第一部，第一篇，第三章。商务印书馆 1978 年版。

是，认为国家是历史的产物，人类社会经历了家庭、村坊和城邦国家的阶段。由于不同的环境，生长不同的城邦政体。他从100多个城邦的事实出发，根据一定标准加以分类，进行比较。同时对不同政体产生及其变迁原因进行了分析。尽管他有优劣价值倾向，但这种价值倾向蕴藏在事实比较之中，而不是凌驾于事实之上。

柏拉图和亚里士多德开辟了两种不同的政治学研究的出发点和路径。前者强调"应然"，从理想出发，以理性为据，注重价值规范的内在逻辑；后者强调"实然"，从事实出发，以事实为据，注意事实之间的相互联系。

或许是古希腊文明过于早熟，在古罗马盛极一时之后，西方文明因为蛮族入侵，堕入了所谓的千年"黑暗年代"，即无需人的理性思考的神学年代。直到中世纪后期，人的理性才慢慢复苏。特别是在封建社会夹缝里生出一个个全新的城市，催生着人们思考和设计新的国家样式。

如果从传统与现代的时间维度看，现代政治学的最大特点是以人民为主体。中世纪君权神授的神圣性为人民的神圣性所替代。人民成为政治学研究的原点和中心，其核心思想是天赋人权、主权在民。围绕这一原点，政治学研究又沿着两条路径展开。

（一）以抽象的人民整体为对象的制度建构

强调普遍性、普适性、合理性。通过合理的制度建构，所有人都可以获得自由、民主和福祉。这一路径可以称之为"建制派"。

与传统社会的自然成长不同，现代社会具有人为建构性，即在新社会实体来临之前，就有思想家否定既有制度，重新设计一种新的制度。这就是理性主义的兴起。理性主义从人出发，以理性为据。他们假设一个自然状态，人们建立国家就是要超越自然状态，过更好的生活。国家是依据作为主权者缔结契约而产生的。在他们看来，通过合理的制度建构，所有人都可以获得自由、民主和福祉。天赋人权、主权在民的思想深深地影响着时代，并伴随着一系列革命性的制度建构行为。17世纪，英国通过光荣革命，确立了《权利法案》，建立了君主立宪制。18世纪下半叶，美国经过独立战争，以"民治、民享、民有"为口号，建立起美利坚合众国。18世纪末，法国大革命以"自由、平等"为旗帜，通过了世界上第一个《人权宣言》，建立起民主共和国家。随着人民主权的民主制度的建立,政治哲学继续为世界提供着一系列价值规范,包括公平、正义等。

(二) 以历史与社会关系中的具体的人为对象的行为模式研究

强调特殊性、特定性、差异性。制度并非尽善万能,更非永恒不变。历史与社会关系中的具体的人的条件和处境决定了其行为模式,并制约着政治制度的建构和实施。这一路径称之为"田野派"。

17—18世纪的革命建立起人类从未有过的新型国家,是理性主义政治的实践。但革命的过程却充满着暴力,革命的结果也远非预期那么美好。进入19世纪以后,人们对17—18世纪的理想信念产生了怀疑,不再是抽象地看待人,而是从整体上对人的把握。

柏克首先对17—18世纪流行的理性主义产生怀疑,反对从先验或预设的前提推导出整个政治观念体系。在他看来,人的理性是有限度的。政治体制要充分重视人类过往的经验和传统,不能只是建立在抽象的推理之上。

法国哲学家孔德则将人类认识方法划分为三个阶段。第一个阶段是"神学的"阶段,在这一阶段,一切事件都被归于上帝和神灵的活动;第二个阶段是"形而上学的"阶段,在这一阶段,上帝或神圣的力量的意志被抽象概念所取代;第三个阶段是"实证的"阶段,是当科学的解释取代了形而上学的时候所达到的。他极力推崇实证主义,强调科学研究必须从事实经验出发。

托克维尔向往自由,对争取自由的法国大革命进程进行了深刻的反思,写下《旧制度与大革命》一书。他不是从抽象的人民整体出发,而是分析了不同阶层和群体在大革命中的行为模式及其政治影响。之后他在对美国实地考察的基础上写下了《美国的民主》一书,认为美国民主成功的秘密是:独特的、幸运的地理环境;法制;生活习惯和民情。其中,"自然环境不如法制,法制不如民情。"正是在这部书里,他提出"一个全新的社会,要有一门新的政治科学"。

在政治研究领域产生革命性影响的是马克思和恩格斯。他们创立了历史唯物主义方法,将抽象的人性带入具体的历史与社会关系之中。在《德意志意识形态》中,他们提出:"人们是自己的观念、思想等等的生产者,但这里所说的人们是现实的、从事活动的人们,他们受自己的生产力和与之相适应的交往的一定发展——直到交往的最遥远的形态——所制约。"①人是历史与社会关系中的人,由此将人划分为不同阶级、阶层和群体,并具有相应的政治意识。《路易·波拿巴的雾月十八日》一书对法国小农的生存条件、政治意识和行为进行了深刻的分析。由于从具体的人出发,马克思和恩格斯在研究政治问题时,占有和收集了大量材料,并直接进行了实际调查,如《英国工人阶级状况》;晚年更是对人类学产生了极大兴趣,在充分占有材料的基础上写成了《家庭、私有制和国家的起源》,该书不是抽象地假设自然形态和国家形态,而是从实际材料中发现了国家产生的秘密和国家的性质。

进入20世纪以后,人们运用社会学、心理学、人类学等多种方法,从事实经验出发,展开政治问题的研究,取得了一系列重要成果。如摩尔的《民主与专制的社会起源——现代社会形成中的地主与农民》,将传统社会与现代社会交接点上的地主与农民作为未来社会造型的重要变量。勒庞的《乌合之众:大众心理研究》,则从人的行为模式的角度对"人民"进行了反思,颠覆了抽象的人民的神圣性。鲁斯·本尼迪克特的《菊花与刀》一书,运用人类学的方法解析了日本的民族精神、文化和日本人的性格,得出了"日本政府会投降,但美国难以直接统治日本"的结论。

20世纪的政治学是美国的世纪。其重要标志是行为主义政治学的兴起。1880年,美国将政治学作为一门独立的科学进行研究,一开始便与主要研究一般政治原理和政治规律的欧洲政治学有所不同。第二次世界大战后,行为主义政治学在美国成为主流,追求作为政治学依据的事实可信度和结论的可靠性。强调以经验分析为核心内容的实证性研究,主张政治研究应该是经验性和描述性的。规定分析任务不在于政治的"应然",而在于政治的"实然"。由于行为主义的偏差,导致了后行为主义政治学的产生,主张政治学研究不可能保持价值中立,政治学科要政治化,恢复传统政治学研究应有的地位,重视研究国家。也就是要"找回价值,找回国家"。

通过对西方政治学研究线索的梳理,可以看出两条路径,或是两种流派:

"建制派"以建立一个新制度并维持这个制度为使命。注重提供价值

---

① 《马克思恩格斯选集》第1卷,北京:人民出版社2012年版,第152页。

与规范。主要使用的是抽象的政治哲学方法。注重自上而下的普遍性的国家政治制度建构。"人民"是复数和整体。"以人民的名义"设计的制度具有普遍性和理想性，是一种理想的类型。

"田野派"是以在政治制度下人们的生存状况和政治行为为依据、注重提供事实与经验、主要使用实证的方法、注重自下而上的特殊性人群行为与制度的互构。"人民"是单数和人群，关注更多的是"以什么人的名义"。任何制度下的人都不是同一的，都会因为特定的生存条件产生特有的行为模式。

两条路径各有侧重。前者更多的是政治哲学，基于理念理想；后者则更多的是政治科学，基于事实经验。

二 中国政治学"田野学派"的崛起

中国是世界文明古国，有着自己独特的国家体系演进路径。习近平总书记指出："我国今天的国家治理体系，是在我国历史传承、文化传统、经济社会发展的基础上长期发展、渐进改进、内生性演化的结果。"[①] 中国不是在氏族社会和历史传统被炸毁的废墟上激进式变革突然建立起来的，而是在长期历史进程中渐进演化而成的，并与历史传统的母胎保持着紧密的联系。正因为如此，中国很早就有治国理政的思想，但没有专门探索国家问题的政治学。

只是到了20世纪，作为一门学科的政治学才开始在中国兴起。与其他学科一样，政治学一开始建立主要是向他国学习，先是以西方为师，后是"以俄为师"。在学习过程中，政治学对于传播人民主权思想和马克思主义阶级国家思想发挥了积极作用。但新中国成立以后，政治学作为一门学科而取消。其中很重要的背景，就是人们认为，中国已找到一条通往美好幸福生活之路的最好制度，制度已不再是一个问题。

然而，长达10年的"文化大革命"提示中国人，制度问题并没有一劳永逸的解决。邓小平认为，"文化大革命"的发生固然与个人因素有关，但"领导制度、组织制度问题更带有根本性、全局性、稳定性和长

---

① 习近平：《对国家治理体系的改进和完善要有主张、有定力》，光明网，2014年2月18日。

期性"①，由此要进行党和国家领导制度的改革。与此同时，邓小平提出了作为研究国家和制度问题的政治学要恢复。

中国的政治学一恢复，就是以研究制度问题为己任的，着重提供合理性与规范性。一是以马克思主义国家理论为指导，二是搭建中国政治制度体系。宗旨是坚持和完善中国特色社会主义政治制度。主要成果是提供制度自信的理论基础，研究如何进一步完善制度。近年来，由制度向国家治理研究扩展，研究视域更为开阔。

由于以制度为主要研究对象，其研究对象具有整体性，即对于政治学的核心概念，如人民、国家、政府、政党、民主等，都是作为一个宏观的整体进行研究的。其研究来源主要是与整体社会制度相关的马克思主义理论、中央文件和法律制度，同时借用了一些外国政治术语。政治学研究的主要依据是文本，是依据文本的规范研究。这种规范性研究着重从价值层面研究政治问题，论证什么是好、应当的，对政治生活加以规范。其研究方式主要是论证、解释，重点是回答"为什么"的问题。因此，在相当长时间或从总体上看，中国政治学属于居庙堂之高的学问。这种主要以整体制度为对象，以文本为方法的研究，被称之为"建制学派"。

随着政治学的恢复，政治学人的视野开始从文本走了出来，运用社会调查的方法，关注"是什么"的问题。王沪宁是中国政治学恢复以来十分活跃的中青年学者。他有着较为深厚的政治理论基础，同时又比较早地在政治学科领域使用了实地调查方法，并于1991年出版了《当代中国村落家族文化——对中国社会现代化的一项探索》一书。还有学者运用西方政治科学计量方法，研究了中国人的政治心理与行为，如《中国"政治人"——中国公民政治素质调查报告》（1994）。

但能够持续地将政治学研究由文本带向田野的是村民自治研究。村民自治是中国农村改革中出现的一种新型制度。与其他制度不同，这一制度的实施者是亿万农民，因而又是全新的政治实践。对村民自治的研究，促使一些学者走出文本，深入农村田野。一旦进入田野，研究者发现大量与书本不一样的事实。通过发现事实，使得政治学研究的视野进入到一个全新的通道。

---

① 《邓小平文选》第2卷，人民出版社1994年版，第333页。

一是将居庙堂之高的政治学引入处江湖之远的农村田野。因为在 1980 年代之前,中国的政治学从未"下乡"。二是形成了以调查为基础的研究方法。在这之前,中国的政治家们做过调查,政治学者极少有过调查。三是将研究对象锁定在农民这一群体,而不是人民整体。而中国农民是在特定的历史与社会关系中生存的,并形成农民性。四是不断深化调查,并形成调查自觉。研究者在调查自觉中形成了自己的方法重点,即强调事实先于价值,着力弄清"是什么"的问题,由此提出"实际、实证和实验"。① 村民自治是农民的政治实践。研究村民自治制度,必须了解农民的存在条件、生存状况、文化意识的事实。只有了解由各种历史条件构成的底色,才能把握中国政治发展的路径与特色。五是在调查自觉中形成理论自觉。任何理论都是基于事实,但任何理论都不可能穷尽事实。只有通过调查发现事实,才能在发现事实中建构理论。这种理论具有原创性,或者独创性。村民自治面临"山重水复疑无路"之时,广东清远则是"柳暗花明又一村",将村民自治单位由行政权下沉到自然村。这一现象让研究者反思:为何是清远?在于其宗族社会的底色。宗族为何能够有强大的凝聚力和约束力,在于宗族成员的资格、地位、身份、权利是祖宗赋予的。这一基于事实的追问对"天赋人权"这一近代以来的政治学神圣信条构成挑战。在"天赋人权"问世之前,人们凭借什么获得人的资格、地位、身份和权利?由此触及政治学的核心问题。六是在调查与研究中建构起学术分析视角与方法。如方法论方面的底色决定特色、原点决定路径、原型规制转型;研究范式方面的价值—制度范式、条件—形式范式。

以历史与社会关系中的具体的人为对象,从事实出发的政治学"田野学派"呼之欲出!

华中师范大学的政治学从村民自治研究开始,成为将政治学由殿堂引入田野的先行者,且一直将实证调查作为基本方法,从未中断,不断深化。只是长期致力于以田野调查为基础的政治学研究缺乏学派自觉。随着近年来国家提出建设中国特色、中国风格、中国气派的哲学社会科学,学派自觉才得以萌生。这就是政治学的"田野学派"。

学派是学术兴旺的标志,也是学术分工的要求。通过构建学派,可以

---

① 参见徐勇《中国农村村民自治》,华中师范大学出版社 1997 年版,总序。

在比较辨析中不断深入推进学科发展，提高知识增量，开拓认识视角。现代社会是一个分工和专业化的社会。只有通过专业化分工，才能将一件事做精。学术发展也是如此。更重要的是，由于中国政治学起步较晚，在相当长时间主要是搭建学科建设的基本框架，还未形成自己的学术自主性。大量丰富生动的政治事实为既有的理论所遮蔽。只有借助于从事实出发的研究方法，才能在发现事实中形成自己原创性理论，强化学术自主性。政治学"田野学派"的崛起，有助于中国政治学的发展。

当然，学派的形成是长期努力的过程。作为成熟的学派，至少有两个标志。一是有源流。学派是对过往思想的传承，总要从过往思想中汲取营养。任何学问都不可能凭空而来，自说自话，总是在前人基础上有所前进、有所创造，这样的学派才会延续下去。因为后人总是在前人的思想中汲取知识和智慧泉源。一是有自己的核心观点和方法。学派具有相对性，总是相对某种理论或方法而言的。如经济学的"奥地利学派"强调市场的功能，注重理论建构；"芝加哥学派"认为政府也不可或缺，注重经验事实。学派不是帮派，也不是政治立场，而是以共同的学术观点和方法为纽带的学术共同体。只有建立在共同认可的价值和方法基础上的学派才能延续，并独树一帜。

政治学"田野学派"有两个基本特点，一是在研究对象方面更关注整体性、一般性、抽象性之下的部分性、特殊性、具体性。不是从整体的、一般的宏观制度的角度研究政治问题，而是将政治问题置于特定的历史条件下进行具体分析。因此，在思想源流方面，特别重视马克思主义以历史与社会关系中的人为出发点，从自然历史进程中考察国家、国家治理及其相应的政治问题。二是在研究方法方面强调从事实出发，以事实为据，从事实抽象理论，从事实的关联性推导结论，而不是纯粹的理论演绎。因此，在思想源流方面汲取亚里士多德、孔德及行为主义从事实出发，以事实为据的方法。

学术是天下共享的公器。学派只是学人基于学术分工，相对偏重，扬长避短，多方着力，共同推动学术发展的需要。因此，学派有自己的相对独立性，同时也必须广泛汲取各种思想营养。政治学"田野学派"关注"形而下"的部分性、特殊性、具体性，但是以把握和了解"形而上"的整体性、一般性、抽象性为前提的。如果不能从整体上把握和了解国家的一般特征,就很难了解和把握国家整体之下的部分的特殊属性。政治学"田野学派"强调从事实出发,以事实为据,但不排斥价值与规范,相反要在充分了解价值与规范的基础上才能更好把握事实,认识事实,并通过掌握事实与既有理论对话。这样的从事实出发、以事实为据的研究才有价值,否则就只是事实的"搬运者",从而大大弱化研究功效——这恰恰是与从事实出发,以事实为据的学派追求的可靠性、可用性和准确性的目的背道而驰。美国的后行为主义对行为主义的修正可以为鉴。

如果根据国际上通常使用的政治哲学与政治科学的划分来看,政治学"田野学派"更多的偏向于政治科学,但绝不排斥政治哲学。正如古尔德所说:"政治科学需要阐明政治事务与非政治事务之间的区别;需要提出和回答'什么是政治'的问题。这个问题不可能科学地加以论述而只能辩证地论述,而辩证地论述则必须从前科学知识开始,并且认真加以对待。"[1] "这意味着政治科学的研究虽然面对的是经验的政治现象,但往往需要从政治哲学的讨论出发或者借助分析政治哲学的概念分析。"[2] 因此,政治学"田野学派"注重定性研究与定量研究相结合。定性研究要深挖,定量研究要精确。

从根本上说,中国政治学的"田野学派"是生长在中国大地上的一个研究学派,是相对于传统政治学规范研究而言的。其主要使命是尽可能运用社会调查的方法,去发现大量被遮蔽或迅速变化着的事实现象,去寻找事实现象之间的联系,并通过这种联系进一步深化人们对政治问题的认识。它与规范研究尽管在出发点和方法上有所不同,但目的都一样,都是为了推进政治学科的发展,可以说是殊途同归。它要研究制度下的人,但不排斥制度,且将制度作为人的研究的重要基点。

强大的中国正在崛起。"我们不仅要让世界知道'舌尖上的中国',还要让世界知道'学术中的中国''理论中的中国''哲学社会科学中的中国'"。[3] 而这只有通过人们从不同的角度,运用不同的方法,去进行学

---

[1] [美]詹姆斯·A. 古尔德等著,杨淮生等译:《现代政治思想——关于领域、价值和趋向问题》,商务印书馆1985年版,164页。

[2] 肖滨:《政治科学的概念阐释与引入过程》,郭正林、肖滨:《规范与实证的政治学方法》,广东人民出版社2003年版,第165页。

[3] 习近平:《在哲学社会科学工作座谈会上的讲话》,新华网,2016年5月18日。

术探索与争鸣，才能实现。

政治学"田野学派"将为此努力！

（原文刊载于《政治科学研究》2018 年第 1 期）

第十七章 "关系权"：关系与权力的双重视角

政治属于上层建构领域。但政治是在社会生活土壤上生长出来的。正如有什么民众，就有什么官员一样，有什么社会生活土壤就会生长出什么样的政治现象。中国的政治形态是在漫长独特的历史传承、文化传统、经济社会发展的基础上长期发展、渐进改进、内生性演化的结果。血缘关系与农业文明是中国传统最基本的底色。这一底色上形成私人领域的人际关系在人们日常生活中具有支配性地位，并深刻影响着公共政治领域。公共领域没有与私人领域脱离和分割出来，是中国政治的重要特征之一。通过借助特殊关系获得特殊权力是一种由来已久且具有普遍性的政治现象。这种权力可以归纳为"关系权"。"关系权"包括两层含义：关系即权力，权力在关系中。这一概念既是对政治社会现象的概括，也可以作为一种分析工具。

一 关系权：关系即权力

社会科学是以研究社会现象为对象的科学。社会科学的第一要求是弄清事实。这是19世纪开始社会科学首先以实证科学的方式出现的重要原因。实证科学强调事实依据，为了获得真实的事实，将调查作为主要方法，并在调查中保持价值中立。

从世界范围看，社会科学在中国起步较晚。中国的社会科学是在学习西方的过程中生长发展的，一开始就接受和使用的是西方概念形成的话语体系。但是，任何知识体系都是有限的。由于历史的因素，在中国学术界长期存在两个遮蔽：一是既有理论遮蔽着丰富的事实，二是上层政治遮蔽了基层社会。只有通过大量调查才能揭开这两个遮蔽，在发现事实基础上建构自己的概念。基于此，2015年，在原有调查基础上，华中师范大学中国农村研究院启动了"深度中国调查"工程，取得了大量第一手资料。

中国是一个有着悠久农业文明和小农经济传统的国家。在马克思看来，小农犹如一堆互不联系的马铃薯。"小农人数众多，他们的生活条件相同，但是彼此间并没有发生多种多样的关系。"他们"是由一些同名数简单相加形成的，好像一袋马铃薯是由袋中的一个个马铃薯所集成的那样。"[①] 马克思的这段话被认为是刻画小农的经典论断。从生产方式来看，相对于商品经济产生的广泛社会联系而言，马克思的论断无疑是十分深刻的。但是，从我们对传统形态的农村调查来看，实际生活远远比马克思的论断更为丰富和复杂。

通过实地调查，我们发现，在中国，单个的农民虽然以家户为基本单位，但不可能脱离社会而孤立存在。农民的生产生活都不可能完全独立的完成，由此形成了对其他人的广泛的相互依赖关系。在农民的日常生产生活中，"帮忙"是十分常见的现象。无论是生产领域，还是生活领域，处处可见寻求他人"帮忙"的事例。在日常生活中，找谁帮忙，找关系好的人。进一步追问，与谁的关系好？从次序看，有亲人、邻居、熟人、朋友，即日常生活交往最为密切的人。"关系好"是人们日常生活最重要的条件。这种关系是在长期互动中日积月累形成的，具有相当的情感成分，因此又称之为人情关系。有了这种关系，人们在日常生活中就可以达成默契一致，产生共同信任和共同行为。在寻求他人帮助时，人们自然会想到与自己关系好的人，而不论是否亲人、邻居、熟人和朋友。为了使得日常生活延续下去，人们还必须主动与他人"搞好关系"。其中最为重要的是与那些有影响力和支配力的人搞好关系。从我们调查形成的上亿字村庄调查报告材料看，在农民日常生活中使用频率最高的词就是"关系"：包括家庭内各成员间的关系和家庭外的各种各样的社会关系。可以说，离开了各种"关系"，农民的日常生活根本无法进行下去；如果"关系"不好，简直会寸步难行。然而，这与马克思所说的"彼此间并没有发生多种多样的关系"有所不同，只是这种关系主要限于农业村落之内，属于私人

---

① 《马克思恩格斯选集》第1卷，人民出版社1995年版，第677页。

间交往的人际关系，而不是马克思所说的因为商品交换而产生的广泛的"社会交往"关系。

在中国的历史进程中，血缘关系与农业文明是最基本的底色。这两者有一个共同特性，就是可延续性。人们依靠血缘关系实现代际延续，依靠农业文明提供的源源不断的生存资料而使得同一血缘的种族人口延续下来。而血缘关系与农业文明又是在村落这一空间中进行的。农民生活在一个个村落之中。血缘关系、地缘关系与生产关系三位一体，共同存续于村落。从我们的调查看，大量村庄都是以姓氏而命名。还有相当一部分村庄共有一个祖先，所有村落成员都是具有同一血缘传统的人。人们正是依托于各种自然生成和人为建构的关系而使得生产生活长期延续。

基于血缘关系和农业文明而形成的"关系社会"构成了独特的中国社会底色，并生成了特有的政治。这就是"家国同构"，即私人领域的人际关系成为公共领域的深厚土壤。公共领域的行为依据和来源与私人领域密切相关。私人领域的人际关系与公共领域的社会关系高度重叠。恩格斯在《家庭、私有制和国家的起源》一文中论述了公共领域的国家起源与私人领域的家庭的来源关系，指出私有制和阶级分化造成了个人与血缘母体的分离。但在中国，尽管存在私有制和阶级分化，但社会始终未割断与血缘母体的脐带联系，血缘母体源源不断地向个体输送各种元素。私人生活领域的人际关系原则深深地渗透至公共领域。因此，中国传统社会特别强调"五伦"：君臣、父子、兄弟、夫妇、朋友。君臣如父子。公共领域与私人领域的关系高度重叠。正是在"关系社会"里孕育出"关系政治"。

政治属于众人之事。处理众人之事，必须借助权力。权力是特殊的影响力和支配力。"关系政治"从本质上看，是通过特殊关系获得特殊权力。这种特殊关系又分两类：一是自然天成的，如父子、乡亲关系，一是人为建构的，即通过人的行为形成的特殊联系。如"拉关系""找关系""搞好关系"。那么，人们为什么要"拉"和"找"呢？实际上是为了获得一种特殊的影响力和支配力，也即权力。因此，"关系"作为人与人、人与事之间的某种性质的联系，在一定意义上可以视为一种权力，是一种因为某种特殊关系而获得的影响力和支配力，有了这种力量，便可以占有居于他人之上的地位和影响。我们可以将此类因为"关系"而获得的权力称之为"关系权"。人们通过特定关系赋予自己以权力。在这里，"关系"是作为一种权力资源使用的。它强调了"关系即权力"。

权力是一种支配力和影响力。从权力来源看,它可以分为以下类型:一是实体权,或称物质性权力,是因为占有某种特殊物质而获得的支配力和影响力。这种权力能够通过实在的东西加以度量,如对土地、资本占有而获得的经济权力、对国家权力占有而获得的政治权力、对武装力量占有而获得的军事权力。如马克思所说:"无论如何,财产也是一种权力。例如,经济学家就把资本称为'支配他人劳动的权力'。可见,在我们面前有两种权力:一种是财产权力,也就是所有者的权力,另一种是政治权力,即国家的权力。"[①] 一是意识权,或称非物质性权力,因为占有某种优势思想而获得的支配力和影响力。这种权力没有具体实在的东西加以度量,更多的是一种隐性的存在,如因为信仰而产生的宗教权、因为思想及其传播形成的话语权。还有一种权力并不是人们直接占有物质或思想,而是借助于某种人与人、人与事的特殊联系获得某种权力。这就是"关系权"。借助某种特殊联系形成的"关系权"是与以上两类权力完全不同的权力。如"找关系""拉关系"的人自己并不占有某种权力,而是通过"找"和"拉"关系获得某种权力。因此,"关系权"又体现为一种权力资源。

作为一种特殊权力资源的"关系权",可以依据不同的关系分为不同的类型。一是基于血缘关系而产生的"关系权"。如皇亲国戚,便是基于与皇帝的亲戚关系获得的特殊权力;母以子贵,便是基于儿子地位的母亲所获得的特殊权力。二是基于地缘关系而产生的"关系权"。如经常所见到的"三个公章抵不过一个老乡"。三是基于人际关系而产生的"关系权"。如"在家靠父母,出门靠朋友","熟人""门生""故旧"等都是因为个人关系紧密而产生的特殊权力。可以说,人类社会有什么关系,就可以因为某种关系获得某种权力。

"关系权"的特质在于因为某种关系获得权力。而"关系"又可分为两种类型。一是正式法律明确界定或者为当事人普遍认可的关系,即法定关系。这种关系表现为一种普遍主义,它"独立于行为者与对象在身份上的特殊关系"。[②] 直接占有物质和思想能力形成的权力,一般都通过法

---

① 《马克思恩格斯全集》第4卷,人民出版社1958年版,第330页。
② 引自郑也夫《特殊主义与普遍主义》,《社会学研究》1993年第4期。

定关系确定下来，以形成某种制度。正因为如此，马克思将所有权视之为法定的财产关系。由法定关系产生的权力属于"位置权"，拥有某种正式位置就能获得某种权力。如医生可以拥有处方权，其他人则没有；地主拥有的收租权是天经地义的；官员的控制权、支配权是国家法律界定的。二是非正式法律或者并不具有普遍性的关系，即非法定关系。这种关系体现在具体的人与人、人与事之间，很难用清晰、固定和刚性的制度加以界定。这种关系体现出一种特殊主义。即"凭借与行为之属性的特殊关系而认定对象身上的价值的至上性"。[①] 只有某个特定的人才拥有这种特定的关系。正因为如此，使得那些本来不直接占有某种"位置"的人可以利用与某一位置的特殊关系获得超越一般人的特殊权力。如日常生活中所见到"拉关系""找关系"都属于此类。

"关系权"作为一种基于特殊主义关系的权力类型，有一个时空变迁过程。在中国长期历史上，由于血缘关系和农耕文明底色，人们的社会关系较为狭隘，主要是"五伦"人际关系。这种关系不是抽象的普遍主义关系，而是非常具体和特定的特殊主义关系，相关之间具有紧密的连带性。在这种关系格局下，非常容易产生"关系权"。人们可以凭借或者借助特殊关系获得特殊权力。如"母凭子贵"、"臣代君命""一损俱损、一荣俱荣"等。这种"贵""命""损""荣"便是"关系权"的体现。进入现代社会之后，尽管人们的社会关系领域扩大了，但特殊主义关系仍然发挥重要作用，"拉关系""找关系"成为人们日常生活的经常性行为。

而在西方，由于商业文明造成的异质社会，实行普遍主义的法理统治，大量的权力由明文明确规定且加以固化。如"自由人"与"奴隶"属于两个不同的阶级，且阶级身份明确和固化。自由民所共有的公共领域与每个人特有的私人领域泾渭分明。私有制和阶级分化割断了人与血缘母体的联系。特别是进入近代城市市民社会之后，资产阶级民主革命的重要结果是，造成了私人领域与公共领域的彻底分离，公共领域依据公共约定的规则运行，排除和防止私人领域中人际关系对公共领域的支配和影响。人们要获得某种权力资源只有依靠公共领域的制度约定而不是特殊关系。正因为如此，西方对中国司空见惯的中国式"关系"无法理解，只能用

---

① 引自郑也夫《特殊主义与普遍主义》，《社会学研究》1993年第4期。

汉语"Guanxi"加以表达。由这一汉语"关系"产生的"关系权"是中国历史存续下来的一种社会现象。正是在这一背景下，西方长期以来没有产生和使用"关系权"的概念。

中国是由农业社会直接过渡到现代社会的。虽然经过了近代以来的一系列革命，但数千年的历史传统并不是很快能够改变的，特别是传统社会土壤仍然存在，并时时刻刻影响和制约人们的日常生活，人们会自觉不自觉地将私人领域的人际关系带入公共领域生活之中，利用特殊关系获得特殊权力。由此很容易导致公共权力私人化。如日常生活经常可见的"拉关系、走后门""搞好关系""打官司就是打关系""特定关系人"。2017年播放并收视率奇高的电视剧《人民的名义》，展现了大量借用各种关系获得政治资源的现象。"关系权"正是对这一类政治社会现象的概括。

需要注意的是，"关系权"并非只是历史延续的"负资产"。首先，从中国历史看，特殊的"关系"不仅意味着权力和利益的连带性，而且意味着责任的连带性，实行权责对等原则。即借助和凭借特殊关系获得权力，同时也会因为特殊关系承担责任。其次，从更广泛意义看，特殊主义的"关系权"也并非中国独有，更非传统时代才有，只是程度不一而已。再次，对"关系权"要进行分析。从社会进步的角度看，需要将私人领域的人际关系与公共领域的权力运行剥离开来，但并不能因此否定人际关系的必要性和重要性。如不仅是农民家户，就是现代企业也注意营造良好的人际关系，通过这种关系获得强于他者的特殊影响力和支配力。"关系权"因此具有正向功能。在这方面，日本的企业表现突出。第四，特殊主义与普遍主义不是绝对对立的，也可以将特殊主义关系融入在普遍主义关系之中，形成具有普遍意义的"关系权"。如建设新型的大国关系，相关大国可以获得强于个别国家的特殊影响力和支配力。特别是在社会关系愈益丰富的当今世界，搞好关系成为共同准则。如"睦邻友好"，便是由传统的特殊主义的相邻人居关系演化和扩展为一种普遍主义的国与国的交往准则。

因此，从权力资源看，"关系权"可以提升为一个具有普遍性的概念，有其普遍主义价值。

二 关系权：权力在关系中

"关系权"是对由关系产生权力的普遍性现象的概括，是权力的一种类型，犹如"话语权。这一概念是对相关事实的概括，同时，它更可以作为一种分析工具，运用到对权力的分析中。作为分析工具的"关系权"，它强调"权力在关系中"。

在汉语体系中，"关系"是一个多义词。除了作为因为特殊关系获得权力资源的意思外，就是指事物之间的联系和作用（relationship）。这里所说的"关系"是一个超越时空的普遍性概念。在马克思看来，人是社会关系的总和。而各种社会关系内生着权力。权力本身就是客体与主体之间的支配与被支配的关系。也就是说，只有从关系中才能深刻地理解权力的存在和作用。无关系无权力。权力发生并存续于关系相关人之中。马克斯·韦伯是从关系的角度界定权力的，他认为，"权力意味着在一定社会关系里哪怕是遇到反对也能贯彻自己意志的任何机会，不管这种机会是建立在什么基础之上。"①

"关系权"作为一种分析工具，首先要明确关系相关者；其次要明确相关人因为什么理由产生相互联系；再次要明确相关人结成的关系内生着何种权力；第四要明确在权力运行中相关者的互动作用。

"关系权"作为分析工具，非常强调权力在特定的关系中构成，强调权力一旦构成便是一个动态的、相互影响的运行过程。从这一意义看，福柯关于权力的论述有相当启示意义。在他看来："首先可以确定，权力不是被赠予、交换和补偿的，而是被运用，它只在行动中存在。""从其本身来看，它主要是一种力量关系。"② 它的支配效应不应被归之于"占有"，而应归因于调度、计谋、策略、技术、运作；人们应该从中破译出一个永远处于紧张状态和活动之中的关系网络，而不是读解出人们可能拥有的特权。权力存在于有差异的关系之中。福柯完全否定对权力的占有是片面的，但他将权力视为动态过程，将其置于关系网络中考察的思想，对

---

① ［德］马克斯·韦伯：《经济与社会》（上卷），林荣远译，商务印书馆1997年版，第81页。
② ［法］米歇尔·福柯：《性经验史》（增订版），上海出版集团2005年版，第43页。

于我们将"关系权"作为一种分析工具来认识是有参考价值的。

将"关系权"作为一种分析工具,有助于我们对于大量社会现象事实进行理论分析和概括。血缘关系与农业文明是中国的基本底色,共同特征是继替性和延续性。在血缘关系中,父亲和儿子是两个行为主体,并产生父子关系。父亲和儿子是父子关系的相关者。父亲和儿子是由于血缘继替关系相互联系的。这种血缘关系内生出父亲权力。父亲可以支配儿子,反之则不可。但是,父亲的支配权并不意味着可以为所欲为,他必须履行父亲责任,才能够获得儿子的尊重。即使是同一血缘关系也可以因为行为主体不同而产生不同的"关系权"。如父子关系意味着儿子对财产的继承权,父女关系则意味着女儿没有财产继承权,因为规则是"诸子均分"。当然,在实行"长子继承制"的地方,即使同样是儿子也不可能自动获得对财产的继承权。

经济关系也是如此。地主和农民是两个不同的行为主体,并因为农民向地主租地而形成租佃关系。在这种关系中,地主因为有地,是地的主人而获得收取租金的权力。但是,地主也并不能因为是地的主人可以为所欲为,农民并不只是被动的服从者。农民在交纳租金的同时,也会取得独立经营权,甚至长期的经营权,也会因为天灾而要求减少租金。

即使是非常私人化的关系也可以运用"关系权"加以分析。"找关系""拉关系"是非常私人化的行为。但由这种私人关系产生的"关系权"也是一个动态的过程。"找者"和"被找者"是"找关系"中的两个行为主体。"被找者"因为特殊的地位而成为"找者"的对象,并获得特殊的影响力。"找者"为此要支付某种代价。当然,如果"被找者"并不能满足"找者"的要求,"找者"不再"找",相互关系也就不再成立。

由此可见,作为分析工具的"关系权"是一个动态过程,体现着一种行为规则。这种规则可能是制度,可能是习惯,还可能是利益。作为一种权力资源的"位置权"不是无缘无故而生成的,它体现着某种规则。如凡是儿子都可以获得财产继承权,便体现着"诸子均分"原则,只有长子才能获得财产继承权,则体现着"长子继承"原则。当然,制度也是可以变动的。一旦制度变动,关系会发生变化,甚至不复存在。如取消土地自由出租制度,也意味着租佃关系不再存在。

将"关系权"作为分析工具,还要注意到关系的多层次性和各种关系的叠加性,并由此带来作为权力运行的复杂性。

一般来讲,人类社会所结成的关系起源最原初和本始的关系。但是,这种原初的本始的关系还会扩展、衍生、派生出其他关系,并因为这种关系而获得其他的关系领域的权力。

租佃关系是一种经济关系,产生的是一种经济权力。这种权力仅仅限于经济领域。地主只是地的主人,而不是租佃者人身的主人。这种经济权力是因为租佃关系产生的原初的本始的关系。而这种原初的本始的经济关系还可能扩展、衍生、派生到其他关系领域,并获得其他领域的权力。如地主在租佃关系中居于支配地位,在社会关系中会获得较高的社会地位和社会威望,在文化关系中成为有话语权的人,在政治关系中成为能够影响治理过程的人,因此,地主与"士绅"联为了一体。在租佃关系中,地主无疑居于主导地位,其经济权力会溢出经济领域,成为主导者。我们的调查发现,在传统社会,被称之为"老爷""大老爷"的人,其影响力和支配力最强,其地位甚至高于保长,重要原因就是集多种关系领域的权力于一身。

但是,任何权力都有其特定的"关系领域",并依照关系特性运行。由此会造成不同关系领域的权力相关方的互动。如政治关系是因为政治权力配置而形成的。政治权力是一种超越社会之上的强制力量。由政治关系产生的政治权力经常会影响或者支配经济关系产生的经济权力。如马克思所说:"'权力也统治着财产。'这就是说:财产的手中并没有政治权力,甚至政治权力还通过如任意征税、没收、特权、官僚制度加于工商业的干扰等等办法来捉弄财产。"① 财产关系只产生"财产权"而无其他权力。其他关系中的权力构成对财产关系中"财产权"的影响。在租佃关系中,地主占主导地位,其权力有可能扩展到其他领域。但其他领域的"关系权"也有可能反制地主。地主的生命生活活动得依赖村落社会,如婚丧嫁娶活动。由这类活动形成的社会关系产生的社会权力也会限制地主为所欲为,任意扩大自己的经济权力。否则,地主家的婚丧嫁娶活动可能无人"捧场"。这正是那些在村落生活中的地主必须通过做"善事"获得社会

---

① 《马克思恩格斯全集》第 4 卷,人民出版社 1958 年版,第 330 页。

认可,而不在村的地主则缺乏善举的重要原因。我们的调查发现,有些村落的"土地主"甚至害怕农民,原因在于生活在乡村的"土地主"人数少,国家政权保护鞭长莫及,因此害怕人数众多的农民的冷落,甚至攻击。

将"关系权"作为分析工具,还可以帮助我们认识,"权力在关系中"是一个历史演变过程。马克思在论述个人生产的社会性时指出:"我们越往前追溯历史,个人,从而也是进行生产的个人,就越表现为不独立,从属于一个较大的整体"。[①] 历史越往前追溯,整体性愈强,人的社会关系愈简单,权力的互动性愈弱,权力更多表现为单向的支配权。历史越往前发展,个体性愈强,人的社会关系愈丰富,权力的互动性愈强,权力更多表现为互相影响的过程。如在前资本主义时代的西欧,人与人的关系表现为人身依附关系,领主不仅领有地,也领有人。领主与农奴主要是单向的支配关系。而在中国,实行的是地主经济,地主只是占有地,不占有人,地主只有收取租金的权力而没有支配佃农人身的权力。地主与佃农的权力关系开始具有一定的互动性。资本主义时代的重要特征是个人人身的独立,劳动者有了更多的与资本互动的可能。而在信息时代,话语霸权则难以形成,话语权必须在互动关系中运行。所以19世纪及其之前,包括马克思在内的学者更多从单向的支配权的角度定义权力,随后韦伯开始将关系引入对权力的考察,而再之后的福柯更强调权力的互动过程,强调对权力的反抗。只是韦伯和福柯都没有意识到他们的认识恰恰是马克思所说的人类由整体性走向个体性的历史逻辑结果。

总之,"关系权"的核心思想有二:关系即权力,权力在关系中。前者是对由关系产生权力的现象的一种概括,后者是从关系的角度认识权力的一种分析工具。

(原文刊载于《探索与争鸣》2017年第7期)

[①] 《马克思恩格斯选集》第2卷,人民出版社1995年版,第2页。

第十八章　学术创新中的概念解构与建构

中国特色的哲学社会科学体系是一座大厦。要构建这样一座大厦，需要从概念着手。人类在认识事物的过程中，从感性认识上升到理性认识，把所感知的事物的共同本质特点抽象出来，加以概括，作为自我认知意识的一种表达，由此形成一定的概念。它通常用单词或者短语加以表达。通过概念，对事物进行定义，形成其内涵与外延，使得杂乱无章的事物清晰化、条理化。因此，概念是人类知识体系的基本单位，"是构建人类知识大厦的基石"。① 构建中国特色的哲学社会科学体系，进行学术创新，当从概念入手，包括解构与建构双管齐下。

一　概念并非永恒，解构必不可少

人类的认识是一个永无止境的过程，在这一过程中，通过概念的建构，形成一套能够传播的知识体系。

人类的认识与其他领域一样，都遵循着"先占原则"，即某些人由于对事物的认识在先，能够通过概念对事物加以定义，并能够广泛传播，就会形成"先入为主"的认识，获得话语权。后人在接受这些概念时，自觉不自觉地就会进入其相应的思维通道，形成格式化、规范化的思维。这就是思想意识的力量。

中国很早就有对人类社会的认识，但受农耕文明的经验思维影响，缺乏形成一个由清晰的概念和知识体系构成的社会科学，许多论断只可意

---

① ［美］安德鲁·海伍德：《政治学核心概念》，吴勇译，中国人民大学出版社2017年版，第2页。

会,不可言传。社会科学率先由西方兴起。在社会科学发展过程中,西方人创造了大量的概念,并形成了系统的知识体系,体现了知识生产的"先占"法则。梁启超认为:"大抵西人之著述,必先就其主题立一界说,下一定义,然后循定义以纵说之,横说之"。① 这是中国社会科学不得不向西方社会科学学习,也是深受其影响的重要原因。这些概念已经成为人类知识体系的一部分,今后还需要学习。离开了这些概念,社会科学就没有了立足的根基。从这个意义上说,中国人需要永远保持学习的心态。

但是,人类的认识没有穷尽。任何概念都有其局限性。没有永恒的概念,只有永远的讨论。习近平总书记指出:"我们既要立足本国实际,又要开门搞研究。对人类创造的有益的理论观点和学术成果,我们应该吸收借鉴,但不能把一种理论观点和学术成果当成'唯一准则',不能企图用一种模式来改造整个世界,否则就容易滑入机械论的泥坑。一些理论观点和学术成果可以用来说明一些国家和民族的发展历程,在一定地域和历史文化中具有合理性,但如果硬要把它们套在各国各民族头上、用它们来对人类生活进行格式化,并以此为裁判,那就是荒谬的了。对国外的理论、概念、话语、方法,要有分析、有鉴别,适用的就拿来用,不适用的就不要生搬硬套。哲学社会科学要有批判精神,这是马克思主义最可贵的精神品质。"②

改革开放以来,我国的哲学社会科学处于全方位开放格局下,大量新知识、新概念和新理论被引进,极大地促进了社会科学的发展。但是,由于"先占原则",使得对外来的理论更多的是学习,而少有批判;对外来的概念更多的是接受,而少有解构,由此出现将一种理论观点和学术成果当成"唯一准则"的现象。这种新的教条主义自然会束缚中国学者的原创力。

要建构中国特色的哲学社会科学,除了对国外的理论、概念、话语、方法的学习接受以外,还要有分析、有鉴别,进行学理性批判。在相当长时间,人们对外国的理论、概念、话语、方法采取的是一种政治性批判。批判的武器更多是武器的批判。这种批判很难有效,甚至适得其反。随着政治气候的变化又会发生变化。当下,对国外的理论、概念、话语、方法的

---

① 梁启超:《中国学术思想变迁之大势》第三章第五节,上海古籍出版社 2006 年版。
② 习近平:《在哲学社会科学工作座谈会上的讲话》,新华社,2016 年 5 月 18 日。

分析、鉴别，主要应是学理性批判。其中包括对流行甚久的概念的解构。

解构是一种分解，发现概念的适用性和弱点。任何概念都不是完美无缺的。只有通过深入其内部进行辨析，才能有所发现，从而对原有概念加以补充，扩展，甚至颠覆。

东方专制主义是西方人对东方，包括中国政治的定义，影响甚大。实际上，专制主义作为一种政体，是一种久远的政治历史现象，在世界政治上普遍存在。由于时空的错置，在西方社会进入近代民主政治之后，专制主义政体在东方社会还存续着。与人民主权的民主主义相比，专制主义在正当性方面处于低位。西方学者基于不同目的，将专制主义之前冠以东方，造就"西方自由和东方专制"的框架，并形成思维定式。其集大成者是美国学者魏特夫的《东方专制主义》的大部头著作。毫无疑问，魏特夫的著作下了很大功夫，特别是引用了大量马克思、恩格斯的论述。但魏特夫的东方专制主义概念并不是无懈可击的，甚至有致命的缺陷。他的论述基础是东方国家是一个"水利社会"，因为干旱，国家规模大，需要由政府而不是当事人来组织兴办管理水利公共工程。这一政府依靠暴力强制获得税赋兴办公共工程。这种暴力强制产生的是奴役关系。如果从解构的角度看，魏特夫的论断至少有两个致命的缺陷。一是东方国家并不都是干旱地区，特别是中国有着世界上规模最大的水稻地区。稻作地区主要依靠的是当事人的自愿联合进行水利治理。政府在这类区域是悬浮式的外在权力。[①] 二是在非"水利社会"，同样会产生专制主义。如俄国的专制主义有着很深厚的历史基础，但并非"水利社会"。因此，魏特夫的"东方专制主义"概念只是对传统东方政治的部分概括，但不能作为理解东方政治的"唯一准则"。

二 概念创造不足，建构势所必然

解构是学术创新的重要一步，更重要的是要创造新的概念，形成概念之间的竞争，并在竞争中获得话语权。

[①] 参见徐勇《从中国事实看"东方专制论"的限度——兼对马克思恩格斯有关东方政治论断的辨析与补充》，《政治学研究》2017年第4期。

中国的学术传统长期延续的是"述而不作",即以经验思维和描述事实为主,很少用清晰明确的概念加以表达。进入20世纪,社会科学得以作为一门学科产生,但深受文化传统的影响,著书而少"立说"。如从中国学术著作的名称便可以看出,大量的是"中国的……",主要是陈述一种事实,而缺乏诸如"东方专制主义"这样的概念加以概括,难以形成一种思维范式,将人的思维模式化,从而大大弱化了中国哲学社会科学的发展和影响力。建构概念则是西方学术的优势并能够取得话语权的重要原因。政治学者海伍德指出:"要形成关于政治世界的知识,不能只靠观察,还要开发和提炼可以帮助我们理解它的概念。"① 如中国从事人类学研究的学者不少。但美国人类学家斯科特在做人类社会调查的过程中建构了一系列标识性概念,如"弱者的武器""逃避统治的艺术""道义小农"等。这些概念得以广泛传播,形成了巨大的影响力。有人因此认为,当代中国所有人类学者的影响力比不上一个斯科特。

从研究生阅读文献、论文写作参考书目和成果转引率等三个关键学术影响力指标看,外国著作比重都占绝对优势。本来,对于中国改革开放以来的实践,中国人最有条件创造新的概念加以总结,但国际上流行的是在传统威权的概念后面加上一个韧性,从而将人们的思维框架规范在"威权韧性"之内,并由于国际学术传播传到国内和奉为圭臬。

因此,中国的学术创新要改变被动地位,必须从创造概念着手。正如习近平总书记指出的:"发挥我国哲学社会科学作用,要注意加强话语体系建设。在解读中国实践、构建中国理论上,我们应该最有发言权,但实际上我国哲学社会科学在国际上的声音还比较小,还处于有理说不出、说了传不开的境地。要善于提炼标识性概念,打造易于为国际社会所理解和接受的新概念、新范畴、新表述,引导国际学术界展开研究和讨论。这项工作要从学科建设做起,每个学科都要构建成体系的学科理论和概念。"②

创造新的标识性概念,可以从两方面着手。一是发现新的事实,从事实中提炼出新的概念,这类概念可以说是描述性概念。

---

① [美]安德鲁·海伍德:《政治学核心概念》,吴勇译,中国人民大学出版社2017年版,第2页。

② 习近平:《在哲学社会科学工作座谈会上的讲话》,新华社,2016年5月18日。

一般来讲，概念是对事实的概括，通过对一类事实的描述形成一个清晰的概念。但任何概念都是有限的。这在于概念不可能完全穷尽事实，都是对部分事实的概括，同时在概念产生以后还会出现新的事实，是原有概念无法概括的。但是由于知识生产"先入为主"的原则，人们很容易用一个固有的概念去认识所有事物，从而形成思维定式。如西方政治学对东方政治的界定，长期延续的是专制主义、威权主义等概念，使得人们自觉不自觉地使用这一概念去认识东方政治，将思维格式化。然而，专制主义、威权主义只是对东方政治事实的部分概括，有相当的限度。专制主义、威权主义概念的核心是统治者与民众的主—奴关系。从事实的角度看，如果东方，特别是中国的民众都处于奴役地位，如何能够创造出世界最为灿烂的农业文明，改革开放以后又如何能够创造经济增长的"中国奇迹"？[①] 正是在对专制主义、威权主义概念进行解构的过程中，本人根据中国社会事实，提出了"东方自由主义"的概念。因为，在古代农业文明时代，世界大多数国家实行的是村社制、庄园制度的组织制度，其中内含着农奴制关系。马克思恩格斯将东方政治定义为专制主义，在相当程度上是基于这种具有奴役关系的基础社会制度。而在中国，自从秦朝以后，实行的就是一家一户的家户经济和"编户齐民"的政治制度。[②] 国家与农民的纵向关系具有奴役性，但受统治能力的限制，这种奴役性并不是每时每刻地发生在民众身边的。而从日常生活的横向关系看，中国农民是自由的。与西方领主既占有地也占有人不同，中国的地主只占有地不占有人。家户制内含着自主自由的属性。尽管这种属性是自然而然，与生俱来的，并与责任密切相关。这种日常横向关系的自由，从理论上概括便是"东方自由主义"。[③] 事实上，毛泽东早就讲到："中华民族不但以刻苦耐劳著称于世，同时，又是酷爱自由、富于革命传统的民族。"[④] 邓小平也

---

① 参见徐勇《用中国事实定义中国政治——基于"横向竞争与纵向整合"的分析框架》，《河南社会科学》2018年第3期。

② 参见徐勇《中国家户制传统与农村发展道路——以俄国、印度的村社传统为参照》，《中国社会科学》2013年第8期。

③ 参见徐勇《东方自由主义传统的发掘——兼论西方话语体系中的"东方专制主义"》，《学术月刊》2012年第4期。

④ 《毛泽东选集》第2卷，人民出版社1991年第2版，第623页。

多次谈到农村改革就是给农民以自主权。"自由"是人类的共同价值，只是在不同时空里的实现形式有所不同。我们不能因为西方较早提出了"自由"的概念，就自我放弃这一概念，结果是只能让"专制"的概念自我限定。同时，自由只有扎根于人类社会生活土地里，才会有强大的生命力。只有充分挖掘事实，才会发现自由并不是突然出现，也不是外部空降，而是深深植根于社会生活土壤里，只是这一因子受到专制主义政治的压制。而在人民民主政治框架下，"自由"已成为社会主义核心价值观之一。

人类文明进程具有多样性。任何人的认识都受到其生活的历史空间所限制。西方学者从自己的文明进程出发，提出了不少重要概念，并有着广泛影响。"天赋人权"是近代西方政治学的重要概念。但这一概念不是一种描述性概念。大量事实现象无法用这一概念加以概括。如果仅仅限于这一概念，许多事实现象就会被遮蔽。例如，与西方人信奉上帝，处处可见教堂有所不同，中国人信奉祖先，处处可见祠堂。这是因为，在中国人看来，是祖宗赋予后人以生命、资格、地位、权利与义务等。这一理念至今还有相当大的影响。中国人在处理领土边界争端时经常使用的一句话，便是"祖宗留下来的土地一寸都不能丢"。我们在大量实地调查基础上提出了"祖赋人权"的概念，以对这一类事实现象加以描述。[①]

创造新的标识性概念，二是要基于某种价值观念形成新的概念，这类概念可以说是规范性概念。

人类活动是一种有目的的活动，是一种需要价值导向的活动。描述性概念只是对既有事实的概括，而非价值导向性概念。西方政治学之所以领先，其重要原因是西方政治文明进程具有跨越性。早在古希腊文明时期，就产生了一种高级政治形态——民主共和国。其中大量蕴含着现代政治的因子，如自由、民主、权利等。在西方政治文明进程中，文明不断地被"炸毁"，又不断地重建。因此，西方学者特别擅长于根据某种价值理念进行概念建构，以引领社会前进。这种概念并不是基于事实，或者主要不是基于事实，而是主要基于某种价值理念促进和限制某种行为方式，因此属于规范性概念。"天赋人权"便是人们为了摆脱中世纪的等级束缚建构

---

① 参见徐勇《祖赋人权：源于血缘理性的本体建构原则》，《中国社会科学》2018 年第 1 期。

的概念，指引着当时的人们对旧制度的革命。中国的文明进程不同。长期延续的是"祖赋人权"，其中内含着差等意识。因此，近代以来，具有相对先进性的"天赋人权"在中国得以接受和传播。

显然，"天赋人权"这类规范性概念，也有其历史局限性。随着人类文明的发展，人们愈来愈意识到其概念的有限性。但由于长期的历史原因，中国哲学社会科学的概念创造力不足，特别是基于价值理念，构建能够引领人类社会前进并能够得到广泛接受的标识性概念还很有限，还"处于有理说不出、说了传不开的境地。"近几年，这一被动局面正在改变。如习近平总书记提出了"人类命运共同体"的概念。这一概念超越了狭隘的基于利益关系的"国家结盟"和"利益共同体"的传统意识，具有先进性和引领性，愈来愈广泛地为世界所接受。